Taschenschmöker aus Vergangenheit und Gegenwart

Taschenschmöker aus Vergangenheit und Gegenwart

Neu und wieder aufgelegt

Berlin 2022

# Die italienischen Robinsons

Eine Robinsonade von

Emilio Salgari

Aus dem Italienischen von Hedwig Jahn
und Gerd Frank

Edition Dornbrunnen

Taschenschmöker aus Vergangenheit und Gegenwart

Übersetzung des Textes aus dem Italienischen von
Hedwig Jahn und Gerd Frank *(I Robinson italiani)*
im Verlag von Gustav Weise, Stuttgart, 1898

Korrekturen und Lektorat: Dirk Seliger

Die Deutsche Nationalbibliothek verzeichnet diese Publikation in der Deutschen Nationalbibliografie; detaillierte bibliografische Daten sind im Internet über
http://dnb.d-nb.de
abrufbar.

1. Auflage 2022

ISBN 978-3-943275-65-0

Sven-R. Schulz, Dornbrunner Straße 16, 12437 Berlin
www.edition-dornbrunnen.de
Titelgestaltung: Sven-R. Schulz unter Verwendung einer Illustration
von Gustav Mützel (1839–1893)


Druck und Vertrieb: Books on Demand GmbH, Norderstedt
PNTS35

# Inhalt

## Zum Geleit

Der vorliegende Abenteuerroman von Emilio Salgari (1862 bis 1911) gehört zu den schon recht früh in die deutsche Sprache übertragenen Werken des Autors. Der 1897 im Verlag von Anton Donath (1857 bis 1940) in Genua erschienene Roman fand schon ein Jahr später in einer Übersetzung für die Jugend von Hedwig Jahn (1845 bis 1919) seinen Weg in den deutschen Buchhandel. Wie damals nicht unüblich wurden dabei eine Reihe von Kürzungen und Zusammenfassungen vorgenommen, um wohl die Handlung einerseits zu straffen und andererseits so zu formen, dass sie in einen weitgehend festgelegten Buchumfang passte. Diese Kürzungen betreffen dabei weniger einzelne Handlungsmomente als eher erklärende Beschreibungen und Dialoge, wobei besonders die belehrenden Teile aus den Gesprächen verkürzt wurden. Aber auch zahlreiche humoristische Streitgespräche zwischen dem Seemann Enrico und dem Schiffsjungen, dem kleinen Tonno, wurden teilweise sogar vollständig gestrichen.

Seltsamerweise verzichtete der Verlag Gustav Weise im Gegensatz zu seinen anderen Salgari-Übersetzungen darauf, diesen Roman später noch einmal in anderem Gewand aufzulegen, sodass dieser seit mehr als hundert Jahren nicht mehr im deutschen Buchhandel vertreten ist. Dies führte dazu, dass sich die Edition Dornbrunnen dazu entschloss, dieser Geschichte eine neue Chance zu geben. Auf Basis der Übersetzung von Hedwig Jahn wurde der Text noch einmal mit dem Original verglichen und behutsam angepasst. Dabei wurden fehlende Teile mithilfe mehrerer Helfer ergänzt, sodass der Roman hier nun in einem erheblich erweiterten Umfang gegenüber der ursprünglichen Übersetzung vorliegt.

Der Herausgeber

## 1. Ein Drama auf dem Meer

»Feuer!«

»Ahoi! … Kleiner Tonno[1]! … Träumst du oder bist du wach? …«

»Feuer!«

»Du hast einen über den Durst getrunken, du Taugenichts! …«

»Nein! Ich sehe Rauch!«

»Bei dieser Dunkelheit! … Der Bengel ist verrückt geworden.«

Eine Stimme mit dem durchdringenden Tonfall der Süditaliener hallte wütend vom Oberdeck des Schiffes herab:

»Die große Schaluppe entflieht! … Möchte der heilige Januarius[2] diese Haie in den Grund bohren! …«

»Wer soll in den Grund gebohrt werden?«, schallte es vom Bugspriet[3] her.

»Sie fliehen! … Da rudern sie hin! Der Teufel hole diese Kanaillen!«

»Und an Bord ist Feuer ausgebrochen!«

Geschrei und Fragen tönten durch die Finsternis.

»Die Nichtswürdigen! …«

»Sie haben die Brigg[4] angezündet! …«

»Nicht doch! …«

»Doch! … Es dringt Rauch aus der Vorratskammer!«

»Himmel und Hölle!«

»Kapitän! Vierter Offizier[5]!«

---

1 Thunfisch.

2 Januarius (um 272 bis um 305) war ein Bischof von Neapel sowie Bischof von Benevent. Er gilt als christlicher Märtyrer und ist der Schutzpatron von Neapel.

3 An der Spitze des Rumpfs von Segelschiffen befindliche runde Stange (= Spiere), die zur Stabilisierung des Fockmastes ( = Vor- oder erster Mast) dient.

4 Zweimastiges Segelschiff.

5 Der Vierte Offizier auf einem Schiff ist üblicherweise als Wachoffizier auf See und im Hafen tätig. Hedwig Jahn übersetzte den Vierten Offizier durchgehend mit Steuermann, was aber nicht korrekt ist, da dieser an anderer Stelle von Salgari auch so bezeichnet wird. Die Verwendung eines Vierten Offiziers auf Schiffen ist allerdings sehr selten; meist gibt es nur drei, wobei dieser Dritte Offizier unter anderem für den Brandschutz an Bord eines Schiffes sowie für Rettungseinsätze zuständig ist. Möglich wäre es, dass Salgari bei seinem Kapitän hier davon ausgeht, dass der jeweils Wachhabende den Posten eines Vierten Offiziers bekleidet, auch wenn dieser nur ein einfacher Seemann ist. Ein Indiz dafür könnte sein, dass Salgari an späterer Stelle schreibt, dass der Matrose Enrico vor dem Schiffsunglück den Posten des »Vierten« bekleidete

»Ahoi! Alle auf Deck!«

»Sankt Markus stehe uns bei!«

»An die Pumpen! An die Pumpen!«

»Und die Schurken entfliehen! …«

Ein halbnackter Mann von untersetzter Statur, aber kräftig wie ein junger Stier, das Gesicht von starkem Bart bedeckt, stürzte aus der Luke des Hinterdecks und schrie:

»Was geht hier vor?«

Der Vierte Offizier eilte ihm entgegen und sagte mit gebrochener Stimme:

»Kapitän … die Aufrührer sind entflohen.«

»Die beiden Malteser?«

»Ja, Kapitän.«

»Aber wann?«

»Soeben.«

»Aber wieso? Waren sie denn nicht angekettet?«

»Jawohl, aber sie scheinen die Ketten gesprengt zu haben.«

»Beim Blute des Merkur! Bringt mir ein Gewehr und gebt Befehl, sie zu verfolgen oder ich …«

»Es ist unmöglich, Kapitän.«

»Wer wagt das zu sagen?«, schrie der Kapitän.

»Es ist Feuer an Bord ausgebrochen.«

Bei diesen Worten war der Kapitän zwei Schritte zurückgewichen und seine energische, gebräunte Physiognomie hatte sich verändert.

»Feuer an Bord!«, rief er aus. »Und wir haben Pulver geladen! … Sechs Doppelzentner! Genug, um uns alle in die Luft zu sprengen! Folgen Sie mir, Herr Balbo, und Sie, Bootsmann, lassen Sie die Pumpen in Ordnung bringen und die Schläuche!«

Vom Zweiten Offizier begleitet stürzte er auf das Hinterdeck und warf einen Blick auf das Meer.

Fünfhundert Meter vom Schiff entfernt bemerkte man einen dunklen Fleck, der mit den tintenfarbenen Wellen verschmolz und sich rasch Richtung Süden bewegte. Und obwohl die Entfernung schon beträchtlich war, konnte man die beschleunigten Schläge mehrerer Ruder hören.

»Die Schurken!«, rief der Kapitän mit einer Geste der Wut. »Und

(siehe S. 26, Fußnote 1), was Hedwig Jahn an entsprechender Stelle mit Wache übersetzte. In dieser Ausgabe wurde das genauso beibehalten.

kein Windhauch, der unser Segel auf diesem verdammten Meer anschwellen lässt.«

»Lassen Sie sie gehen, Kapitän Falcone, man wird sie anderswo aufhängen«, antwortete der Zweite Offizier.

»Was sollen wir anfangen, wenn das Schiff verloren ist? Sie haben uns das einzige Rettungsboot genommen, das wir noch hatten. Das kleinere Beiboot wurde uns, wie Sie ja wissen, in der vorigen Woche vom Sturm weggerissen.«

»Dann bauen wir uns ein Floß.«

»Ja …«, sagte der Kapitän, so als würde er mit sich selbst sprechen. »Wenn wir Zeit dazu haben! Aber jetzt an die Pumpen, oder wir sind alle verloren!«

Er wollte gerade vom Aufbau herabsteigen, als ihm plötzlich ein hoffnungsvoller Gedanke durch den Kopf fuhr.

»Herr Balbo, holen Sie mir schnell ein Sprachrohr.«

»Was haben Sie vor?«

»Reden Sie nicht so viel, beeilen Sie sich.«

Der Zweite Offizier sprang, ohne weiter Zeit zu verlieren, über das Deck, stieg die Leiter hinunter, betrat den Gemeinschaftsraum der Besatzung, packte dort das Sprachrohr des Bootsmanns und brachte es dem Kapitän.

Wie eine Trompete schallte die kräftige Stimme des Seemanns über die eiligen Kommandorufe des Bootsmanns, das Geschrei der Matrosen und den Lärm der schon in Tätigkeit tretenden Pumpen hinweg.

»An Bord! …«, hatte der Kapitän gedonnert. – »An Bord, oder ich lasse euch an den Rahen[1] am Mast des Oberbramsegels[2] aufhängen!«

Eine aus der Ferne dringende Stimme antwortete mit ironischem Ton:

»Viel Glück auf den Weg!«

»An Bord, und es soll euch alles vergeben sein.«

»Nein! …«

»Wir folgen euch und schießen euch nieder, ihr Kanaillen!«

Auf diese Drohung erfolgte keine Antwort mehr. Das Boot war in der Dunkelheit verschwunden.

»Gottes Strafe über euch«, sagte der Kapitän mit dumpfer Stimme. »An die Pumpen und Gott stehe uns bei!«

1 Drehbare Rundstangen an den Schiffsmasten, an denen sich die Segel befinden.
2 Das am weitesten oben gelegene Segel.

Der Bootsmann hatte inzwischen die Pumpen des Vorder- und Hinterdecks in Ordnung bringen lassen, die Schläuche ins Meer geleitet und alle verfügbaren Kübel und Eimer auf Deck beordert.

Die zwölf Matrosen, aus denen die Schiffsmannschaft bestand, waren bereit und erwarteten gespannt die Befehle des Kapitäns.

Dicker Rauch, mit scharfem Teergeruch vermischt, drang in Schwaden aus den Ritzen der Hauptluke. Das Feuer musste im Vorratsraum neben der Mannschaftskammer ausgebrochen sein und die Laderäume ergriffen haben.

Der Kapitän hatte Befehl gegeben, die Luke zu öffnen, um den Umfang des Feuers festzustellen. Der Bootsmann und einige Matrosen nahmen schon die eisernen Querstangen ab, die als Verschluss dienen.

Von unten her drang ein dumpfes Summen und Sausen, kleine Detonationen, als ob Gefäße mit alkoholischen Flüssigkeiten zerplatzten, während der Teer in den Fugen des Verdecks, von der inneren Glut darunter erhitzt, zu kochen anfing.

Niemand atmete, aber in den Gesichtern der Männer las man eine entsetzliche Angst. Die von der Äquatorialsonne und den Seewinden gebräunten Gesichter waren blass geworden, und die Stirnen, die sonst auch bei den heftigsten Stürmen ihren heiteren Ausdruck bewahrten, waren düster geworden.

Die letzte Querstange sollte entfernt werden, als sich die Luke plötzlich hob und durch eine geheimnisvolle Kraft aufs Deck geschleudert wurde.

Sofort schoss eine riesige Flamme, eine wahre Feuersäule aus den Tiefen des Laderaums in die Höhe und streckte sich bis zum Mastkorb des Hauptmastes empor; die Nacht erleuchtend und die Wellen mit blutigem Schein färbend.

Ein furchtbarer Schrei des Grauens und Entsetzens erscholl auf dem Verdeck des unglückseligen Schiffes und tönte weithin über das Meer.

Alle waren zurückgewichen, um nicht von der riesigen Flamme ergriffen zu werden, die sich wild schlängelte, sodass sogar die Leute an den Pumpen ihren Platz verlassen hatten.

»Auf eure Posten!«, donnerte der Kapitän.

Nur der Bootsmann, ein Alter mit weißem Bart aber energischen Zügen, regte sich, um die Stangen über den Rand des Laderaums zu schieben.

Der Kapitän wurde blass.

Er ergriff ein an der Seilwinde vergessenes Beil, hob es drohend in die Höhe und wiederholte mit einem Ton, der keinen Widerspruch duldete:

»Auf eure Posten, oder ihr sollt die Schwere dieser Waffe fühlen.«

Die Mannschaft wusste aus Erfahrung, dass der Kapitän keinen Spaß verstand. Nach kurzem Zögern kehrten alle an die Pumpen zurück, während zwei oder drei Seeleute, die auf dem Querbalken keinen Platz fanden, nach Kübeln griffen.

Die Feuersäule, die zuerst gedroht hatte, den großen Mastkorb in Brand zu setzen, hatte sich gesenkt und kehrte allmählich in den Laderaum zurück, aber aus der weit geöffneten Luke drangen in Abständen schwere Wolken aus dichtem schwarzen Rauch hervor, die bei der Windstille fest über dem Verdeck lagerten, und leichte Feuerfunken, die langsam emporstiegen und sich über die schwarzen Wellen des Ozeans verstreuten.

Nachdem der erste Moment des Schreckens vorüber war, hatten sich alle eifrig an die Arbeit begeben, da jeder wusste, welch schrecklicher Tod ihnen drohte, wenn es nicht gelang, das Feuer zu bekämpfen; es war ja kein Rettungsboot mehr an Bord.

Die Pumpen arbeiteten unermüdlich und schleuderten Wasserströme in die glühende Tiefe des Laderaums, während die übrigen Leute fortwährend ihre Kübel und Eimer leerten und durch Rauch und Funken vorwärts drangen.

Der Kapitän hatte sich mit dem Zweiten Offizier auf das Hinterteil des Schiffes zurückgezogen, wo sie mit kräftigen Beilhieben einen Teil der Backbordwand einschlugen. Sie schienen aus diesem Material ein Floß herstellen zu wollen.

Als sie im Begriff waren, auch die Schiffsschanze in Angriff zu nehmen, erschien eine neue Persönlichkeit in der Szenerie auf dem Verdeck.

Es war ein Mann, der die Dreißig um ein paar Jahre überschritten hatte, von kleinerer Statur, etwas unter Durchschnittsgröße, mit stark entwickelter Brust, breiten Schultern und muskulösen Gliedern.

Sein breites, etwas eckiges Gesicht mit spitzem Kinn war blass und leicht vom Salz des Seewindes gebräunt; seine breite Stirn mit den vorzeitigen Furchen verriet den zum Nachdenken geneigten Mann; seine von dichten, hochgeschwungenen Augenbrauen beschatteten Augen lagen tief und funkelten mitunter, als ob sie in die Tiefe der

Herzen dringen möchten; seine schmalen Lippen, die ein rötlicher Schnurrbart bedeckte, deuteten an, dass dieser Unbekannte eine unerschütterliche Energie besaß.

Er sah den Rauch und den Widerschein der Feuerfunken, die sich zwischen den Masten des Schiffes erhoben und sich blutrot auf den Gesichtern der Matrosen projizierten und runzelte die Stirn, ohne aber ein Zeichen der Furcht zu zeigen.

»Ein Feuer?«, sagte er und wandte sich an den Kapitän. »Wenn ich nicht aufgewacht wäre, dann hättet ihr mich wohl ruhig in meiner Kabine braten lassen?«

»Sind Sie es, Herr Emilio?«, fragte der Kommandant sich über das Achterdeck beugend.

»In eigener Person, Herr Kommandant.

»Kommen Sie uns zu Hilfe, wenn Ihnen Ihr Leben lieb ist.«

»Ist die Sache ernst?«

»Sehr ernst, mein Herr. Der Laderaum steht in Flammen und …«

»Was?«

»Wir laufen Gefahr, in die Luft zu fliegen«, fügte der Kapitän leise hinzu, um von den Matrosen nicht gehört zu werden.

»Was sagen Sie? …«

»Unter den Baumwollballen befinden sich sechs Doppelzentner Pulver.«

Der mit Emilio Angeredete fuhr erschrocken zusammen, dann sprang er mit großer Gewandtheit, um die ihn der schnellste Vortoppmann[1] beneiden musste, auf die Schiffsschanze zu den beiden Kommandierenden.

»Dann stehen wir in Gottes Hand«, sagte er, ein Beil ergreifend.

»Ja, und ich weiß nicht, ob wir Zeit genug haben werden, das Floß fertigzustellen.«

»Ich war einst auch Seeoffizier gewesen wie Sie, Herr Kapitän, und verstehe mich auf dergleichen. Ins Wasser mit dem Giekbaum[2] des Gaffelsegels[3] und dann den Hauptmast daran befestigt; das kann uns als erster Stützpunkt dienen.«

»Gut gesagt, Herr Emilio.«

---

1 Ein gehobener Mannschaftsdienstgrad bei den Seemännern für jene Matrosen, die die Segel an der Spitze des Fockmastes hissten und bargen.

2 Unteres Rundholz für Gaffelsegel.

3 Die Gaffel ist eine Art von Segel haltendem Rundholz, das mit einem Ende mittels der sog. Klau direkt am Mast befestigt und höhenverstellbar ist.

Der Giekbaum wurde losgemacht und ins Meer geworfen; ein Greling[1] hielt ihn fest und dann nahmen die drei Männer mit voller Kraft den Hauptmast in Angriff.

Sie gaben sich indessen keiner Täuschung über die Sicherheit des Schiffes mehr hin. Die Feuersbrunst nahm trotz aller Anstrengungen der rastlos arbeitenden Mannschaft, die keinen Moment innehielt und die Pumpen bediente, rasch zu und bedrohte das ganze Mastwerk.

Die riesige, einen Moment gedämpfte Flamme brach von Neuem durch die Luke und ergriff die Segel und das Tauwerk. Jeden Augenblick konnte die gefürchtete Explosion erfolgen.

Der Kapitän und der Zweite Offizier erbleichten sichtlich, obgleich sie fortfuhren, wie rasend mit den Beilen zu arbeiten, und auch ihr Gefährte begann, seine wunderbare Ruhe zu verlieren,

»Rasch! … Rasch! …«, wiederholte der Kapitän.

Der abgehauene Mast schwankte plötzlich mit lautem Krachen, dann stürzte der riesige Baum zerschmetternd auf das Backbord und sank in die rotleuchtenden Wellen, Segel, Stangen und Tauwerk mit sich reißend.

Beinahe im selben Moment ertönte eine dumpfe Detonation im flammenglühenden Innern des Schiffes. Ein Teil des Pulvers schien explodiert zu sein.

Der Kapitän stieß einen Schreckensruf aus.

»Alle ins Wasser! … Das Pulver! Das Pulver! Das Pul… –«

Er kam nicht zu Ende. Während einige der flinksten Leute über Bord sprangen, dröhnte ein furchtbarer Knall über das Meer hin.

Eine riesige Flamme brach aus der Luke hervor; das Verdeck und die Seitenwände des Schiffes barsten mit unbeschreiblicher Gewalt auseinander und die ganze schwimmende Masse wurde von den Wellen in die Höhe gehoben.

Einige Augenblicke schwebte eine kolossale Rauchwolke über dem Ozean; dann stürzte ein Regen von weißglühenden Bruchstücken zischend auf die Wellen herab, und der Rumpf des Schiffes, in das durch alle Sprünge und Fugen das Wasser eingedrungen war, verschwand in den tiefen Schlünden des Sulumeeres[2].

---

[1] Ein kabelweise geschlagenes Tau, auch Pferdeleine genannt, von der Hälfte des Umfangs vom Ankertau desselben Schiffes.

[2] Die Sulusee, ein westliches Nebenmeer des Pazifiks, liegt zwischen Malaysia und den Philippinen.

## 2. Auf dem Hauptmast

Die *Liguria* war am 24. August 1840 von Singapur nach Agagna, der bevölkerungsreichsten Stadt auf den Marianneninseln, abgesegelt, mit einer Ladung von Baumwollwaren für die Hauptstädte dieser Inseln, einer großen Ladung Waffen und sechs Doppelzentnern Pulver für die spanischen Besatzungen.

Obgleich schon vor neun Jahren in einer Genueser Werft vom Stapel gelaufen, war es noch ein schönes Segelschiff von festem Rippenbau und eleganter Form wie alle ligurischen Schiffe, es hatte einen kräftigen Schiffsschnabel und trug stolz seine hohe Briggbemastung.

Kapitän Martino Falcone, ein echter Seewolf der Riviera, voll Kühnheit und Energie, hatte es aus seinen Ersparnissen angekauft und als rechter Nachkomme des großen Kolumbus weite Seefahrten unternommen, die allerdings gefährlicher, aber auch einträglicher als die große oder kleine Küstenschifffahrt waren.

Mit einer auserlesenen Mannschaft, die er in den Häfen der Adria und des Tyrrhenischen Meeres[1] eingesammelt hatte, unternahm er kühne Fahrten nach Indien, dem Fernen Osten und sogar in den großen Pazifik, und hatte weder die Stürme, die Taifune der chinesischen Meere noch die gefährlichen Felsenriffe des Malaiischen Archipels oder Polynesiens gescheut.

Neun Jahre lang hatte er all diese Meere mit beneidenswertem Glück befahren, hatte hübsche Summen erworben, siegreich dem Zorn der Wellen und der Wut gegenüber gestanden und niemals seine braven Schiffsleute gewechselt, über die er sich nie beklagen konnte, aber auf der vorletzten Reise hatte das Glück angefangen, ihn zu verlassen.

Ein Sturm, der ihn beim Eingang der Meerenge von Malakka[2] überfallen, als er sich von Rangun nach Singapur begab, hatte sein Schiff so stark beschädigt, dass er sich bei der Ankunft gezwungen sah, es zu längerer Ausbesserung auf der dortigen Werft zu lassen.

Dieses Unglück sollte ihm verhängnisvoll werden.

Zwei seiner tüchtigsten Matrosen hatten, der langen Ruhe müde

---

[1] Teil des Mittelmeeres; westlich des Italienischen Stiefels gelegen.

[2] Malakka ist eine Hafenstadt auf der Malaiischen Halbinsel. Besagte Meerenge wird heute die Straße von Malakka genannt.

geworden, ihre Anwerbung rückgängig gemacht und sich auf einem anderen Schiff anheuern lassen, sodass er sich im Augenblick der Abfahrt nach Ersatz hatte umsehen müssen, um die Besatzung wieder zu vervollständigen.

Das Unheil hatte ihm zwei maltesische Schiffsleute in den Weg geführt, die wenige Wochen vorher von einem englischen Schiff ausgeschifft waren. Warum sie das Schiff verlassen hatten, das sie vom Mittelländischen Meer[1] her an die Küsten von Malakka gebracht, wusste niemand. Kapitän Falcone, der gerne Seeleute aus dem Mittelmeer, am liebsten Italiener, an Bord hatte, forschte umso weniger nach dem Grund, als das englische Schiff schon vor drei Wochen den Hafen verlassen hatte und nach dem Himmlischen Reich[2] weitergesegelt war.

Nach wenigen Tagen sollte er jedoch die Wahl der neuen Leute bereuen. Sobald sie sich außerhalb der Sichtweite der Küste von Malakka auf offener See befanden, hatten die Malteser angefangen, Zeichen von Ungehorsam zu zeigen.

Sie arbeiteten so wenig wie möglich, erfüllten nicht ihren Wachdienst, weder am Tag noch in der Nacht, und setzten den Befehlen des Bootsmanns, ja sogar denen des Zweiten Offiziers und des Kapitäns Widerstand entgegen.

In Varauni[3], wo angelegt wurde, um einen beträchtlichen Vorrat von Kampferöl einzunehmen, das auch für die Bewohner der Marianneninseln bestimmt war, hatte der Kapitän beschlossen, sich ihrer zu entledigen; aber als man in den Hafen der Hauptstadt des Königreichs Borneo[4] einlief, war den Maltesern, die sich seit einigen Tagen gebessert zu haben schienen, durch tausend Versprechungen gelungen, an Bord behalten zu werden.

In Varauni nahm Kapitän Falcone, auf besondere Empfehlung des holländischen Konsuls, einen Mann an Bord, der Herr Emilio hieß.

Der Passagier war kein Holländer, sondern ein Italiener, wie die ganze Bemannung der *Liguria*. Aus Venedig stammend hatte er sich mehrere Jahre in Borneo niedergelassen und durch Handel mit Kampfer ein beträchtliches Vermögen erworben.

Erst ein alter Marineoffizier, dann Forscher auf Kosten der hollän-

---

[1] Mittelmeer.
[2] China.
[3] Von Salgari verwendeter Alternativname für das auf Borneo gelegene Brunei.
[4] Borneo ist eine indonesische Insel, die wie Java, Sumatra und Sulawesi zu den Großen Sundainseln gehört. Was Salgari hier jedoch meint, ist Brunei bzw. das Sultanat Brunei, ein Staat, der auf der Insel Borneo liegt und an Malaysia grenzt.

dischen Regierung und schließlich sehr reicher Handelsherr, hatte er sich eingeschifft, um auf eigene Hand Forschungen auf den Inseln des großen Ozeans zu machen.

Der sehr unterrichtete, liebenswürdige Mann, der ebenso energisch war wie der Kapitän, hatte mit allen gute Kameradschaft gehalten und war bei den Matrosen ebenso beliebt wie bei ihren Vorgesetzten.

Die Fahrt war unter den angenehmsten Vorbedingungen wieder aufgenommen worden; das Meer war ruhig und der Wind günstig.

Schon hatte die *Liguria* die Küste von Borneo aus den Augen verloren und segelte durch das Sulumeer, das nördlich und östlich von der großen Philippinengruppe, westlich von der langen schmalen Insel Palawan[1] und südlich von Borneo begrenzt wird, als ein heftiger Streit, der später die schrecklichsten Folgen haben sollte, auf Anstiftung der beiden aufrührerischen Malteser ausbrach.

Sie hatten sich geweigert mitzuarbeiten, als die *Liguria* gegen ungünstigen Wind ankämpfte, und ein heißblütiger Palermitaner, den es empörte, die beiden Nichtstuer mit den Händen in den Taschen stehen zu sehen, hatte sich hinreißen lassen, ihnen ein paar derbe Ohrfeigen zu geben.

Die Malteser hatten, heißblütiger als ein Sizilianer, die Messer gezogen und einen Catanesen getötet, der seinem Landsmann zu Hilfe geeilt war.

Durch die Schreie der Streitenden angezogen erschien der Kapitän auf dem Deck, warf die beiden Schurken durch wohl gezielte Schläge nieder und ließ sie dann gefesselt in den Kielraum bringen, um sie später den spanischen Behörden in Guam zu übergeben.

Hiermit schien alles beendet zu sein, als es eines Abends, während die *Liguria* bei vollkommener Windstille unbeweglich im Sulumeer verharrte, den beiden Maltesern, die wahrscheinlich im Besitz einer Feile gewesen waren, geglückt war, sich freizumachen und auf einem Boot, das nach italienischer Sitte noch im Hinterteil des Schiffes befestigt war, zu entfliehen.

Aber dies war noch nicht alles. Die Nichtswürdigen hatten sich wohl für den Schlag des Kapitäns rächen wollen und vor der Flucht den Vorratsraum sowie wahrscheinlich auch die Baumwollballen angezündet.

[1] Insel im Nordwesten der Sulusee.

Die Leser wissen das Übrige; das Schiff flog zwei Stunden darauf in die Luft und die rauchenden Trümmer versanken in den düsteren Wogen des Sulumeeres.

Der furchtbare Krach war kaum vorüber und der Trümmerregen zu Ende, als inmitten des riesigen Strudels, den das Wrack beim Versinken gerissen, eine menschliche Stimme erklang.

Sie tönte bald hell und deutlich und dann wieder erstickt, so als ob die Kehle des Mannes, dem sie gehörte, manchmal von den Wellen des Strudels erstickt wurde.

Eine dunkle Form bewegte sich im Wellenschaum, verschwand einen Augenblick, tauchte dann wieder auf und regte die Arme mit höchster Kraftanstrengung.

Wer war der Glückliche, der diese schreckliche Katastrophe überlebt hatte, während womöglich all die anderen armen Seelen dem Schiff in die Tiefen des Meeres gefolgt waren? …

Der Mond, der soeben am Horizont aufstieg, erlaubte es, in seinem Silberlicht diesen Überlebenden der schrecklichen Explosion zu sehen.

Es war ein noch junger Matrose von höchstens fünfundzwanzig bis achtundzwanzig Jahren, mit gebräunter Hautfarbe, scharf geschnittenen Zügen, schwarzen, lebhaften Augen und tiefschwarzem Haar und Bart. Es war einer dieser Burschen, die man so oft an der Ost- und auch Westküste Liguriens trifft, ein echter Seemann voller Mut und Feuer.

Obwohl er der furchtbaren Gefahr kaum entronnen war und ganz allein auf dem Meere zu sein schien, in dem es wahrscheinlich nur so von blutgierigen Haifischen wimmelte, da diese Bestien in den Gewässern von China und Malaysia recht häufig vorkamen, erschien er doch ganz ruhig.

Er schwamm mit übermenschlicher Energie, erhob sich aus den Wellen, um rasche Blicke um sich zu werfen und zwischen den Hand und Fußschlägen zu schreien:

»Ahoi! … Auf dieser Seite! –«

Aber es antwortete niemand auf sein Rufen außer das Brausen des Wassers, das noch immer von dem Wirbel bewegt wurde, den das versunkene Schiff hinterlassen hatte. Sie schienen alle umgekommen zu sein, die Mannschaft und die Offiziere der *Liguria*! … Fluch über die Elenden, die die Feuersbrunst und Explosion veranlasst hatten!

Der Seemann schwamm immer weiter in der Hoffnung, irgendein

Wrackstück des verunglückten Schiffes zu finden, an dem er sich halten konnte, aber noch war der Mond nicht hell genug, um das Meer um ihn herum ausreichend zu beleuchten: Er musste noch etwas warten, bis der Erdbegleiter weiter am Horizont emporstieg.

Er hatte wohl schon zum zwanzigsten Mal seinen Ruf erschallen lassen, als es ihm vorkam, als ob er in der Entfernung eine menschliche Stimme vernähme.

Er hielt keuchend inne, warf sich auf den Rücken, um sich von den Wellen tragen zu lassen, ohne Arme und Beine zu bewegen, und lauschte, den Atem anhaltend, voll Angst und Aufregung.

Nein, er hatte sich nicht getäuscht! … In einer Entfernung von drei- oder vierhundert Metern ließen sich Stimmen vernehmen.

»Gefährten! …«, rief er tief bewegt aus. »Dann sind doch nicht alle bei der Explosion umgekommen!« –

Mit einer raschen Bewegung einer Ferse gelangte er auf einen Wellenkamm, der ihn überrollen wollte, und blickte sich um.

Auf den silberglänzenden Wogen, die das nächtliche Gestirn erhellte, glaubte er zwei menschliche Gestalten zu erkennen sowie eine schwärzliche Masse mit aufrecht stehenden Segelstangen. Aus seiner Brust brach der laute Schrei:

»Ahoi! … Ahoi! … Zu Hilfe, Kameraden!«

Eine klare, helle Stimme vom offenen Meer her antwortete ihm sogleich:

»Hier, auf dieser Seite!«

»Wer seid ihr?«

»Albani und der kleine Tonno.«

»Herr Emilio und der Schiffsjunge«, murmelte der Matrose. Dann rief er mit erhobener Stimme:

»Wo ist der Kapitän?«

»Verschwunden.«

»Habt ihr ein Wrackstück gefunden?«

»Den Hauptmast, beeil dich.«

»Ich komme!«

Der Matrose setzte seine letzte Kraft ein, um vorwärts zu schwimmen. Jetzt sah er beim bläulichen Mondlicht ganz deutlich seine beiden Gefährten, die sich rittlings auf dem Mastbaum festhielten.

Sie waren nur noch durch eine Kabellänge voneinander getrennt, als er hinter sich einen schweren Fall und ein raues Atmen zu vernehmen glaubte.

Er wandte sich rasch um, sah aber nur eine sich kreisförmig austreibende Schaumwoge.

»Ein paar Leichen, die an die Oberfläche zurückgekehrt sind?«, fragte er sich schaudernd.

Da ertönte ein Schrei von den Wrackteilen her:

»Aufgepasst, du hast einen Haifisch im Rücken über das Meer.«

»Vorsicht, Matrose! …«

»Was seht ihr?«, fragte der Schwimmer beunruhigt.

»Ein Haifisch hinter dir.«

»Großer Gott! …«

»Hast du ein Messer?«

»Mein Klappmesser.«

»Halte es bereit; ich komme dir zu Hilfe!«

Ein Plumpsen war zu hören und Wasser spritzte funkelnd in die Luft. Herr Emilio hatte den Mastbaum losgelassen und schwamm eilends auf den Matrosen zu, um ihm gegen den Angriff des hungrigen Hais zu helfen.

Der Schwimmer, von schrecklicher Angst ergriffen, wohl wissend mit was für einem Feind er es zu tun hatte, schwamm nicht weiter und hatte seine Beine zusammengezogen, aus Furcht, dass sie ihm von einem Moment auf den nächsten abgerissen wurden.

Er hatte jedoch sein Klappmesser aus dem Gürtel genommen, eine Art spanischer Navaja[1], scharf geschliffen und einen halben Fuß lang, eine gefährliche Waffe in der Hand eines entschlossenen Mannes.

Plötzlich sah er, kaum zehn Schritte weit, einen riesigen Kopf auftauchen, unter dem sich ein Maul öffnete, groß wie ein bodenloses Fass und mit mehreren Reihen dreieckiger Zähne besetzt.

»Zu Hilfe! …«, schrie der Unglückselige.

»Fürchte dich nicht«, antwortete eine Stimme. »Wir werden ihn schon zu zweit bekämpfen.«

## 3. Der Angriff des Haifisches

Herr Albani, der als früherer Marineoffizier ein vortrefflicher Schwimmer zu sein schien, war hinter dem Ungeheuer aufgetaucht. Der Mond ließ das Messer aufblitzen, das er zwischen den Zähnen hielt.

[1] Ein spanisches Taschenmesser.

Mit einem letzten Schwimmstoß näherte er sich dem Matrosen, während die Bestie gerade dabei war abzutauchen. Der Seemann wagte es nicht mehr, sich noch zu rühren, hielt aber seine Waffe noch immer in der Hand.

»Fürchte dich nicht, Enrico«, sagte Herr Emilio mit leiser Stimme, »wenn der Haifisch uns angreift, wird er sein Teil bekommen.«

»Aber wenn er uns von unten her packt?«, fragte der Matrose, der Mut gewann, seit er wusste, dass er einen tüchtigen Gefährten zur Seite hatte.

»Der Mond durchleuchtet das Wasser und wir können ihn sehen – warte!«

Er tauchte unter, warf einen raschen Blick unter das Wasser, sah aber nichts. Wieder in die Höhe gekommen bemerkte er zwanzig Schritte entfernt einen leichten Wirbel, der andeutete, dass ein großer Körper dort eben eingetaucht war.

»Wir haben ihn im Rücken«, sagte er. »Nimm dein Messer zwischen die Zähne und lass uns so schnell wie möglich nach dem Mastbaum zurückschwimmen.«

»Wird er uns nicht angreifen?«

»Ich glaube es nicht; er wird genug Leichen finden, sodass er sich nicht um die Lebenden zu kümmern braucht«, entgegnete Herr Emilio mit einem leichten Seufzer.

»Aber glauben Sie denn, dass die anderen alle tot sind?«

»Ich bin mir sicher, dass das so ist. Wir sollten uns trotzdem beeilen.«

Sie schwammen rasch vorwärts, häufig den Kopf wendend, um zu sehen, ob ihnen der Hai folge; aber es schien, als ob das Ungetüm nicht mehr an sie dächte. Es tauchte auf und unter, raue Töne ausstoßend, bewegte auch den Schwanz, der große Wellen hervorbrachte, blieb aber in der Entfernung und schien andere Beute gefunden zu haben, von der keine Gefahr für ihn ausging.

In wenigen Minuten überwanden die Schwimmer die Distanz, die sie vom Mastbaum trennte, auf dem sich ihr Begleiter festhielt, der, wie wir hörten, der kleine Tonno genannt wurde.

Dieser Schiffsjunge war der letzte Überlebende von der *Liguria.* Er war ein Bursche von fünfzehn oder sechzehn Jahren, beweglich wie ein Affe, von gut entwickeltem Körperbau und klugem, pfiffigem Gesicht.

Er hatte große, schwarze, mandelförmige Augen, ein regelmäßiges

Profil, das an die griechisch-albanische Rasse erinnerte, ein Frauenmündchen mit kirschroten Lippen, volle gebräunte Wangen und tiefschwarzes Haar.

Kapitän Falcone hatte ihn vor drei Jahren an Bord genommen, als er ihn halb verhungert an der Küste von Ischia aufgefunden. Er hatte weder Vater noch Mutter gekannt und erinnerte sich nur, seine Kindheit bei einem alten Fischer verlebt zu haben, bis dieser verstorben war.

Allein geblieben war er nach Lust und Laune an der Küste und auf den Inseln umhergeirrt, hatte von Krebsen und Früchten gelebt, die er nachts stahl, bis der Winter kam und er, erschöpft und bis auf die Haut und die Knochen abgemagert, am Ufer niedersank, wo ihn der Kapitän fand, der sich wiederum dort befand, weil er einen alten Verwandten besuchen wollte.

Ubaldo, genannt der kleine Tonno, – das war sein Name, da er nie einen anderen gekannt hatte – half den Gefährten, das Wrack zu besteigen, und sorgte zugleich dafür, dass der Mastbaum sich nicht um sich selbst drehte.

»Uff!«, rief der Matrose, sich das Wasser abschüttelnd, das seine Kleidung durchtränkt hatte. »Noch eine halbe Stunde und ich wäre wie eine Kanonenkugel auf den Grund gesunken.«

»Um von jenem Menschenfresser in zwei Teile zerrissen zu werden, nicht wahr, Kamerad?«, sagte der Schiffsjunge.

»Ohne Herrn Emilio weiß ich nicht, ob ich meine Beine noch am Körper hätte. Dank Ihnen, mein Herr, ich werde nie vergessen …«

»Nicht weiter, Enrico«, unterbrach ihn Albani, »denken wir lieber daran, uns aus dieser wenig behaglichen Lage zu befreien.«

»Ich wünsche mir nichts Besseres.«

»Hast du gar kein Rufen gehört?«

»Nichts, Herr. Ich fürchte, unsere unglücklichen Kameraden sind alle tot.«

»Der arme Kapitän und die armen Seeleute! … Verflucht seien die Verräter!«

»Gott wird sie strafen, mein Herr. Trotz ihres Bootes werden sie nicht weit kommen, weil sie nur wenige Lebensmittel bei sich haben können.«

»Es war nur eine leere Flasche im Boot«, sagte der kleine Tonno in seinem südlichen Akzent. »Ich weiß es, weil ich das Boot erst gestern früh gereinigt habe.«

»Bemerkt ihr keine Wrackstücke?«, fragte Herr Emilio.

»Ich sehe dort hinten nur eine Tonne schwimmen«, antwortete der Seemann.

»Wenn sie wenigstens voll wäre.«

»Sie scheint mir leer zu sein, denn sie ragt mehr als zur Hälfte aus dem Wasser.«

»Nun, Wrackstücke müssen jedenfalls vorhanden sein. Die Segelstangen und der Besanmast[1] müssen schwimmen und ich würde sie mir gerne ansehen.«

»Was erhoffen Sie sich davon, mein Herr?«

»Auf ihnen könnten sich noch weitere Schiffbrüchige gerettet haben.«

»Ich glaube es nicht«, sagte der Matrose, den Kopf schüttelnd. »Sie würden unser Rufen beantwortet haben.«

»Die Trümmer können weit fortgetrieben sein – aber kommt es euch nicht vor, als ob wir uns schon sehr weit von dem Ort der Katastrophe entfernt hätten?«

»In der Tat, mein Herr, es scheint, dass wir uns von ihnen entfernen.«

Vielleicht zieht uns eine Strömung mit sich.«

»Das denke ich auch.«

»Das ist böse.«

»Weshalb?«

»Wenn wir uns von den Wrackstücken entfernen, entgeht uns die Möglichkeit, genug Holz zu sammeln, um ein Floß daraus bauen zu können; auch hätten wir eine Kiste oder ein Fass mit Lebensmitteln finden können.«

»Lassen Sie es uns noch einmal mit Rufen versuchen, meine Herren«, bat Ubaldo, der kleine Tonno. »Wenn es noch einem unserer Kameraden gelungen ist, sich zu retten, werden wir versuchen, ihn zu erreichen, oder er uns.«

»Lasst es uns versuchen«, antwortete Albani.

Drei donnernde Rufe erklangen:

»Ahoi! … Ahoi! … Ahoi! …«

Aber so angespannt sie auch lauschten, es kam keine Antwort zurück.

Sie wiederholten ihren Ruf mit noch größerer Kraft; es war vergeblich. Nur das Rauschen der Wogen und der keuchende Atem des gefräßigen Seeungeheuers erreichten die Ohren der Schiffbrüchigen.

[1] Hinterster Schiffsmast.

»Sie sind alle umgekommen«, sagte der Matrose. »Wir selbst leben zwar, sind aber in der Unendlichkeit des Meeres wohl trotzdem verloren. Wer weiß, zu welchem schrecklichen Schicksal wir aufgespart blieben.«

»Nur nicht verzweifeln«, sagte Albani. »Gott wird uns nicht am Leben erhalten haben, um uns vor Hunger und Durst oder unter den Zähnen dieses Ungeheuers sterben zu lassen.«

»Aber wie sind wir der Katastrophe entkommen?«

»Weil wir noch vor der Explosion über Bord sprangen.«

»Sie vielleicht, Herr, aber ich nicht«, sagte Enrico. »Ich war dabei, die Backbordwand einzuschlagen, als ich plötzlich inmitten einer Wolke von Ranch in die Luft geschleudert wurde und dann unter Trümmern aller Art in die Wellen stürzte. Wie ich wieder lebendig an die Oberfläche gelangt bin, ahne ich nicht.«

»Es ist ein Wunder, dass die Trümmer dich nicht zerschmettert haben.«

»Das denke ich auch, mein Herr. Aber was tun wir jetzt? Werden wir uns retten können oder steht uns ein langer, fürchterlicher Todeskampf bevor?«

Albani schwieg; mit starrem Blick sah er auf den Mond, der durch den wolkenlosen Himmel zog, und schien trüben Gedanken nachzuhängen.

Dachte er darüber nach, wie man aus dieser Situation herauskommt, die von Stunde zu Stunde ernster wurde, oder grübelte er über die letzten Worte des Seemanns?

Seine Gefährten hielten sich rittlings auf dem Überrest der *Liguria* fest und warfen unruhige Blicke über das Meer, in der Hoffnung, an der silbrig schimmernden Horizontlinie einen dunklen Fleck oder einen leuchtenden Punkt zu entdecken, der auf die Anwesenheit eines rettenden Schiffes hindeuten würde.

»Hört mir zu«, sagte der ehemalige Seemann plötzlich, »wisst ihr genau, wo die *Liguria* sich im Augenblick des Unglücks befand? Du warst auf Wache[1], Enrico, wenn ich nicht irre.«

»Östlich von den Suluinseln«, antwortete der Matrose.

»Kennst du die genaue Entfernung?«

»Nein, Herr, ich war nicht dabei, als der Kapitän den Punkt bestimmte.«

[1] Im Original »Vierter« [Offizier]. Siehe S. 9, Fußnote 5.

»Ich auch nicht«, fügte der kleine Tonno hinzu.

»Dann sind wir vielleicht zwei- oder dreihundert Meilen von diesem Archipel entfernt«, sagte Albani leise, so als würde er mit sich selbst reden.

»Das denke ich auch«, sagte Enrico.

»Eine riesige Entfernung für Menschen ohne ein Boot und ohne einen Schluck Wasser und Zwieback.«

»Nicht eingerechnet, dass die Suluinseln von den blutgierigsten Piraten des Malaiischen Meeres bewohnt sind«, fügte der Matrose hinzu.

»Wir werden sehen«, sagte Albani, »wohin uns diese Strömung führt, die uns vom Ort der Katastrophe wegtreibt.«

»Warten Sie, mein Herr«, sagte der Schiffsjunge. »Ich habe einen kleinen Kompass in der Tasche, den mir der Kapitän geschenkt hat.«

Er zog den kostbaren Gegenstand hervor und betrachtete ihn beim Mondschimmer.

»Wir bewegen uns in östlicher Richtung«, sagte er.

»Dem Archipel zu?«, fragte der Matrose.

»Ja«, bestätigte Herr Emilio.

»Welche Schnelligkeit hat wohl die Strömung nach Ihrer Meinung?«

»Vielleicht ein und eine halbe Meile in der Stunde.«

»Nur mal angenommen, der Archipel wäre wirklich dreihundert Meilen entfernt, wie lange bräuchten wir dann?«

»Zweihundert Stunden, das sind acht Tage und acht Stunden.«

»Beim Haifischbauch! ...«, rief der Matrose aus. »Genug, um mit aller Bequemlichkeit zu verhungern und zu verdursten.«

»Wenn auch nicht, um zu verhungern, so doch jedenfalls, um zu verdursten«, sagte Herr Emilio. »Bei der Hitze, die auf diesem Meer herrscht, werden wir nicht lange überleben können.«

»Und dann auch noch acht Tage, ohne ein Auge schließen zu können«, fügte der kleine Tonno hinzu. »Ich befürchte fast, ich werde die Insel Ischia oder Neapel niemals mehr wiedersehen.«

»Und ich nicht meinen guten Freund Papa Merlotti, den Wirt in der Via Sottoripa«, ergänzte der Seemann. »Auf Wiedersehen, Genua«

»Es ist noch nicht die Zeit zum Sterben«, sagte der frühere Seemann. »Es stimmt, dass es in diesem Meer nicht viel Schiffsverkehr gibt, trotzdem können wir einem Schiff begegnen oder zu einer der Inseln des Archipels getrieben werden. Es gibt einige, die sich weit weg von der Hauptgruppe befinden, und wer weiß, vielleicht ist uns eine von ihnen ganz nahe.«

»Aber im Moment sieht man noch keine, mein Herr.«

»Wir sind auch erst eine halbe Stunde unterwegs, Enrico. Warten wir bis morgen früh oder übermorgen.«

»Aber wir haben nichts zu essen, mein Herr.«

»In zwei oder drei Tagen stirbt man nicht.«

»Aber was ist mit Schlafen? Werden wir dagegen ankämpfen können?«

»Es hängen Stricke am Mast und Segelstücke. Wer hindert uns, so gut es geht eine Hängematte zu machen und sie zwischen den Segelstangen aufzuhängen?«

»Das stimmt«, sagte der Schiffsjunge.

»Ruhe«, sagte plötzlich der Matrose.

»Was hörst du?«, fragte Albani.

Es klang wie ein dumpfer Fall hinter dem Mastbaum her. Die drei Schiffbrüchigen drehten sich um und sahen wenige Schritte vor sich eine schwärzliche Masse auftauchen, die zwei runde Augen mit bläulicher Pupille und dunkelgrüner Iris auf sie richtete.

Ein riesiges, halbkreisförmiges Maul öffnete sich und stieß ein raues Brummen aus, wobei es einen Kranz von flachen, dreieckigen Zähnen zeigte, die sich bewegten, als ob sie die ersehnte Beute schon im Voraus schmeckten.

»Schon wieder der verdammte Haifisch!«, rief der erbleichte Matrose aus. »Warum lässt er uns nicht in Ruhe?«

»Achtet auf die Beine«, rief Albani.

»Und auf den Schwanz«, fügte der Schiffsjunge hinzu.

Das Ungeheuer, das dem Wrackstück in der Hoffnung gefolgt war, früher oder später die Opfer zu fressen, streckte den riesigen Kopf vor, als ob es seine Beute näher in Augenschein nehmen wollte, und gelangte durch einen kräftigen Schlag mit dem Schwanze mit halbem Leibe aus dem Wasser heraus.

Die drei Schiffbrüchigen hatten sich instinktmäßig zurückgeworfen, während sie noch immer rittlings auf dem Mastbaum saßen, und hielten sich an dem Tauwerk des Mastkorbs fest, der noch aufrecht hing, obwohl sich bereits eine Hälfte unter Wasser befand.

»Die Beine in die Höhe!«, schrie Albani.

»Donnerwetter!«

»Beim heiligen Januarius, der Schlag möge diesen Menschenfresser treffen!«

»Aufgepasst! …«

Der Hai wollte einen neuen Angriff versuchen, der sicherlich noch heftiger war als der erste, denn diese Ungeheuer sind trotz ihres Gewichts von mitunter fünf- bis sechshundert Kilo von außerordentlicher Gewandtheit. Mit einem Schlag ihres mächtigen Schwanzes können sie sich mehrere Meter hoch aus dem Wasser emporschleudern, und man hat es erlebt, dass einer einmal den Fockmast eines Sklavenschiffes erreichte, um sich eines Leichnams zu bemächtigen, der genau dafür dort aufgehängt worden war. Die Augen des Menschenfressers verrieten eine wütende Gier, das Maul war maßlos aufgerissen und beleuchtete alles mit dem scharfen Licht, das diese Ungeheuer in der Nacht ausstrahlen. Es tauchte noch einen Augenblick unter, als wollte es einen kräftigeren Anlauf nehmen, und stürzte sich dann, mit dem ganzen Körper aus den Wellen tauchend, auf das Wrackstück, traf aber nicht die Schiffbrüchigen, die sich schleunigst hatten fallen lassen, sondern den Mastbaum und fiel auf der anderen Seite herab, wobei es sich in den Segeln, Stangen und Tauen verwickelte.

Beinahe im selben Augenblick hörte man den kleinen Tonno schreien:

»Ein Beil! … ein Beil!«

## 4. Land! … Land! …

Hatte die Angst den Schiffsjungen verrückt gemacht oder hatte er wirklich eine Waffe erblickt? … Der Matrose und Herr Albani, die schleunigst wieder auf den Mastbaum geklettert waren, suchten ihren Gefährten und sahen ihn mit der Geschicklichkeit eines japanischen Balancierkünstlers nach dem äußersten Ende des Stammes laufen; dort beugte er sich herab und machte die verzweifeltsten Anstrengungen, einen tief in das Holz eingedrungenen Gegenstand herauszuziehen.

»Heda, kleiner Tonno! …«, rief der Matrose. »Willst du dich von dem Haifisch fressen lassen?«

»Ein Beil! … ein Beil! …«, wiederholte der Schiffsjunge und verdoppelte seine Anstrengungen.

»Aber wo ist es denn?«, fragte Herr Albani.

»Es steckt hier im Mastbaum.«

»Dort ist ein Beil?«

»Ja, Herr Emilio.«

»Spute dich, kleiner Tonno!«, schrie der Matrose. »Der Haifisch kehrt zurück!«

Der Schiffsjunge setzte seine ganze Kraft ein, und es gelang ihm, mit einem scharfen Ruck das Beil loszureißen, das er mit einem triumphierenden Aufschrei Herrn Emilio überreichte.

Inzwischen hatte sich der Hai von dem Tauwerk befreit, das ihn umstrickt hielt, und kehrte zu dem Mastbaum zurück, um einen dritten, gewiss noch gefährlicheren Angriff zu versuchen. Er schwamm den Schiffbrüchigen bis auf zehn Schritte entgegen, tauchte unter und warf sich dann mit einem heftigen Schlag des Schwanzes in die Höhe, wobei er mit der ganzen Wucht seines riesigen Körpers auf den Mastbaum fiel, der sofort unterging.

Der Matrose und der Schiffsjunge fielen ins Wasser, aber der ehemalige Seemann klammerte sich mit äußerster Anstrengung mit den Beinen fest, erhob rasch wie der Blitz das Beil und liest es mit verzweifelter Energie auf das Seeungeheuer herabfallen, als dieses an ihm vorbeiglitt.

Man hörte einen dumpfen Schlag und ein Blutstrahl spritzte in die Luft.

Der Hai bewegte wütend seinen mächtigen Schwanz, zersplitterte mit einem Schlag die Segelstange des Hauptmastes, die aus dem Wasser herausragte und in einem blubbernden Schaumwirbel verschwand.

»Ist er tot?«, riefen der Matrose und der Schiffsjunge, die sofort wieder an die Oberfläche gekommen waren.

»Ich glaube es nicht, aber er wird genug bekommen haben, um seinen Angriff nicht sobald zu wiederholen«, antwortete Albani.

»Und das Beil? … Es ist doch nicht etwa verloren? …«

»Nein, Enrico, es ist eine zu kostbare Waffe, um sie nicht aufzubewahren.«

»Aber wie konnte eine solche Waffe im Mastbaum steckenbleiben?«

»Ich denke, dass sie unser Bootsmann benutzt hat. Ich erinnere mich, dass er rasch beiseite sprang, als der Mastbaum fiel, um nicht vom Mastkorb zerquetscht zu werden.«

»Aber was passiert, wenn der Haifisch nicht tot ist?«

»Ich versichere dir, dass er es nicht wagt zurückzukehren.«

»Ich wollte aber, wir hätten ihn getötet. Dann hätten wir wenigstens einen Vorrat von Fleisch.«

»Es ist zäher als das eines alten Maulesels.«

»Aber in Ermangelung von etwas Besserem hätten wir es gebrauchen können, Herr Albani. Oh! …«

»Was gibt es noch? …«

»Es erhebt sich eine Brise.«

»Und sie weht von Westen her«, sagte der Schiffsjunge.

»Schön!«, rief Albani aus. »Das bringt uns rascher nach den Suluinseln.«

»Da kommt mir ein Gedanke, mein Herr.«

»Sprich, Enrico.«

»Hier ist ein Stück der Segelstange, die der Hai mit seinem Schwanz zerschlagen hat.«

»Nun, was möchtest du uns damit sagen?«

»Es fehlt uns weder an Seilen noch an Segelleinwand. Wir könnten uns diese Briese also zunutze machen.«

»Das ist wahr, beeilen wir uns, Kameraden.«

Ohne Zeit zu verlieren, machten sich die drei an die Arbeit, da sie aus Erfahrung wussten, dass in diesem warmen Klima die nächtlichen Brisen gewöhnlich mit Sonnenaufgang aufhören.

Sie zogen die noch von einem Seil gehaltene, zerbrochene Segelstange heraus und richteten sie dann wieder auf, indem sie ein Ende davon zwischen die Salinge[1] steckten, welche so auf gewisse Weise als Schraubstock diente.

Nachdem es mit Stücken vom Achterstag[2] und den Wanten befestigt war, zogen sie das Marssegel[3] aus dem Wasser heraus, und indem sie den kleinen Mast als Rah benutzten, stellten sie ihn so gut sie konnten auf, wobei sie versuchten, so lange wie möglich das untere Ende festzuhalten.

Die Brise, die ziemlich frisch wehte, säumte nicht, das Segel zu schwellen, und der Mastbaum fing an, nach Osten zu segeln, wobei er eine leicht aufwirbelnde Kielfurche hinter sich ließ.

Er hielt natürlich keine gerade Linie ein und kam in Ermanglung eines Steuers oder Ruders oft aus der Richtung, aber gelangte doch immer vorwärts, indem die Brise die Strömung unterstützte.

Die drei Schiffbrüchigen, welche die Segelleinen hielten, freuten sich schon über die rasche Fahrt, als sie plötzlich den Hai wieder auftauchen sahen.

---

1 Befestigungsmöglichkeit am Mast für Spann- und Stützleinen (= Wanten)
2 Spannseil, das vom Heck eines Segelschiffes zur Spitze des Besanmastes reicht.
3 Üblicherweise am Mast das zweite Segel von unten.

»Da ist er schon wieder!«, rief der Matrose und streckte seine Fäuste aus. »Willst du uns denn gar nicht mehr verlassen, du verfluchter Menschenfresser? ... Werden wir ihm den Schädel einschlagen müssen, damit er die Jagd aufgibt?«

»Er hat Hunger«, sagte Albani, »und wenn diese Ungeheuer Appetit verspüren, dann verfolgen sie ihre Beute mit unglaublicher Beharrlichkeit.«

»Und doch haben Sie seinen Körper etwas rau angefasst.«

»Pah! Sie besitzen eine ungeheure Lebenskraft und wenn nicht das Herz oder das Gehirn getroffen sind, dann sterben sie auch nicht. Dazu kommt, dass wir Schiffbrüchige sind, und wenn diese wilden Ungeheuer ein Wrack oder ein Floß entdecken, dann verlassen sie es nicht mehr, weil sie sicher sind, früher oder später ihre Beute zu erlangen.«

»Dann hofft er also, dass ein Sturm seine Wellen auf uns wirft, die uns von diesem Mastbaum herunterreißen?«

»Gewiss, Enrico.«

»Glücklicherweise scheint sich das Wetter nicht zu ändern; zumindest für den Moment.«

»Und wenn es sich doch ändert, dann sind wir nahe genug bei den Suluinseln, um nichts mehr befürchten zu müssen.«

»Ach! ... Wenn der Haifisch doch noch einmal mit dem Kopf über den Mastbaum herauskäme!«

»Lass ihn ruhig schwimmen, Enrico. Ich verspreche dir, dass er uns keine Sorgen mehr bereiten wird. Wir wollen uns lieber um unsere Segel kümmern und versuchen, es straff zu halten.«

Die nächtliche Brise hielt an, ja schien sogar zuzunehmen, obgleich nur wenige Stunden noch an der Morgendämmerung fehlten.

Das Wrackstück, das seine Stabilität aufgrund der Fässer und der Aufbauten, welche sie als Ausleger verwendeten, beibehielt, fuhr weiterhin mit einer Geschwindigkeit von zwei oder drei Knoten vorwärts und gelangte dabei immer weiter nach Osten.

Die Strömung half mit, ihm die Fahrt zu erleichtern.

Es waren weitere zwei Stunden verstrichen, als der kleine Tonno, der ab und zu aufsprang, um nach dem Horizont zu spähen, immer in der Hoffnung, dort einen Punkt zu sehen, der ein Schiff sein konnte, einige Vögel signalisierte, die nach Osten flogen.

»Wenn es doch Küstenvögel wären!«, rief Enrico mit einer gewissen Erregung.

»Es ist noch zu dunkel, um sie zu erkennen«, antwortete Albani, der sie mit großer Aufmerksamkeit betrachtete. »Ihrem schwerfälligen Flug nach scheinen es weder Sturmvögel noch Fregattvögel zu sein.«

»Halten sich diese Vögel immer fern von den Küsten?«

»Ja, gewöhnlich, denn man trifft sie bis auf fünf- oder sechshundert Meilen weit vom Festland entfernt.«

»Dann kommen Vögel, die nach dem Osten fliegen, vom Archipel?«

»Normalerweise ja, sie können aber auch ›Wanderer‹ sein, mein Freund, die nicht wissen, wohin ihr Weg sie führen wird.«

»Herr! ...«, rief in diesem Augenblick der Schiffsjunge mit bebender Stimme aus.

»Was gibt es?«, fragte Albani.

»Dort! ... Dort! ... Seht! ...«

»Wo?«

»Vor uns! ... Steht auf!«

Albani und der Matrose beeilten sich zu gehorchen und erblickten in großer Entfernung am Horizont eine dunkle Masse, die sich deutlich von den mondbeschienenen Wellen abhob.

»Eine Insel! ...«, rief der Matrose mit erstickter Stimme.

Der ehemalige Seemann gab keine Antwort. Mit gerunzelter Stirn und starrem Blick betrachtete er mit großer Aufmerksamkeit die schwarze Masse, die ein wenig dem Gipfel eines Berges ähnelte.

»Eine Insel? ...«, wiederholte der Matrose mit steigender Aufregung.

»Ja«, antwortete endlich der Venezianer. »Nein ... wir können uns nicht täuschen ... dort ist Land!«

Lautes Freudengeschrei brach aus der Brust seiner beiden Gefährten.

»Hurra! ... Hurrah! ... Gott sei gelobt, wir sind gerettet! ...«

»Ja!«, wiederholte Albani, der weiter Ausschau hielt. »Land! ... Dort drüben ist Land! ...«

»Erlauben Sie, dass ich Sie umarme, Herr Albani! ...«, rief der Matrose, der vor Freude halb närrisch war.

»Mach schon, aber nimm dich in Acht, nicht zu fallen«, sagte der Venezianer lachend. »Der Haifisch folgt uns noch immer.«

»Ich fürchte ihn nicht mehr«,

Der Matrose schlang die Arme um Albanis Hals und drehte sich dann auch zu dem Schiffsjungen um.

»Auch für dich, mein kleiner Tonno, eine Umarmung«, sagte er.

»Vorsicht! … Ich falle sonst noch vom Mastbaum.«

»Wir werden dich schon wieder auffischen.«

Und der weitgefahrene Matrose umarmte auch den Schiffsjungen.

Das Wrackstück fuhr weiter auf die Insel zu, da der Wind es gerade in dieser Richtung weitertrieb.

Der Berggipfel schien sich immer höher am Horizont abzuheben. Was für ein Land mochte es sein? … War es eine Insel, die zum Suluarchipel[1] gehörte und bewohnt war, oder eines jener öden Felsenriffe, die in jenem Meer so zahlreich sind? Im Moment war das für die Schiffbrüchigen nicht wichtig, es genügte ihnen, an Land zu kommen, um sich dort auszuruhen und ihren Durst zu stillen, da sie sicher waren, etwas Wasser oder wenigstens Früchte zu finden.

Der aufrecht an der Segelstange stehende Albani betrachtete mit wachsender Aufmerksamkeit das immer klarer hervortretende Vorgebirge, das sich bei der beginnenden Dämmerung erhellte. Er schien erraten zu wollen, um was für ein Land es sich handelte.

»Sehen Sie nichts, Herr?«, fragte der Matrose, der nicht imstande war, sich still zu verhalten.

»Nichts«, antwortete der Venezianer.

»Auch kein leuchtendes Pünktchen?«

»Nein.«

»Scheint es eine große Insel zu sein?«

»Wahrscheinlich nicht.«

»Und unbewohnt?«

»Das werde ich dir sagen, wenn wir gelandet sind.«

»Ich wollte lieber, sie wäre unbewohnt, mein Herr«, sagte der Schiffsjunge.

»Spitzbube! Wie sollten wir uns Lebensmittel verschaffen, da wir nicht einmal ein Gewehr besitzen?«

»Wir haben ein Beil und zwei Messer.«

»Was für erbärmliche Robinsons! … Crusoe hatte wenigstens einige Schusswaffen und den Proviant vom Schiff.«

»Wir werden auch mit weniger auskommen.«

»Ich möchte dich wohl auf die Probe stellen.«

»Jetzt sehe ich die Ufer der Insel«, sagte Enrico in diesem Augenblick.

Herr Emilio und der Schiffsjunge, die sich gegenseitig unterstützten, um das Gleichgewicht aufrecht zu erhalten, standen auf.

[1] Der Suluarchipel befindet sich zwischen der Sulusee im Norden und der Celebessee im Süden.

Die Insel war nur noch fünf oder sechs Meilen weit entfernt und jetzt deutlich zu erkennen.

Sie schien nicht sehr groß zu sein, da sich ihre Frontseite nur wenige Meilen von West nach Ost erstreckte, und ihr Gebirge erhob sich drei- oder vierhundert Meter hoch und bildete am Gipfel zwei Spitzen, die wie eine Säge ausgezackt waren.

Vor den Ufern sah man dunkle Massen aufragen, wahrscheinlich Korallenriffe, und um diese herum schäumte das Wasser hoch auf.

»Die Brandung wird dort vorne sehr heftig sein«, sagte der Matrose, »aber wir werden ruhig landen. Lass die Schot[1] los, kleiner Tonno, dann kommen wir rascher vorwärts.«

Die Brise, die mehr zu- als abgenommen hatte, traf das Segel mit ziemlicher Heftigkeit und schüttelte den Mastbaum tüchtig hin und her. Die bis jetzt ruhige Oberfläche des Meeres begann zu brechen und es bildeten sich große Wellen, die von Westen nach Osten liefen.

Um vier Uhr früh, als bei den ersten Strahlen der Morgendämmerung die Sterne zu erblassen begannen, langten unsere Schiffbrüchigen vor den ersten Klippen der Insel an.

Die Brandung machte sich stark bemerkbar. Wellen und Gegenwellen stießen mit großer Wut aufeinander, brachen sich an den Riffen und überschlugen sich mit lautem Brüllen und hoch aufwirbelndem Schaum.

Das von allen Seiten erschütterte Gefährt flog hin und her und drohte, die Schiffbrüchigen ins Wasser zu werfen. Schon waren Stange und Segel gefallen.

Mit einem Mal saß es fest; es war auf den Grund geraten.

»Ins Wasser! ...«, schrie Herr Emilio.

Der Matrose steckte sein Messer in den Gürtel und ließ den Mastbaum los. Er wartete, bis die von der Brandung getriebene Welle vorüber war, und warf sich auf den Strand vor einer Art von Höhle, in welche die Wasser mit lautem Gebrüll stürzten.

Seine Gefährten waren ihm eilends gefolgt.

[1] Segelleine.

## 5. Das Ungeheuer des Ozeans

Beim ersten Anblick bot dieser Teil der Insel gar keine Gelegenheit dar, um das Ufer zu besteigen, das ziemlich hoch war und steil abfiel. Für den Augenblick war die von den Wellen gebildete Höhle der einzige Zufluchtsort.

Weder rechts noch links davon befand sich ein Stück Land, das groß genug wäre, um den Schiffbrüchigen einen Platz zum Sitzen oder gar zum Liegen zu bieten.

Obgleich die Wellen in die Höhle drangen, begab sich der Matrose doch hinein, in der Hoffnung, drinnen ein Fleckchen zu finden, auf dem sie ausruhen konnten.

Er wartete einen Augenblick, bis die Welle wieder herauskam, und drang dann kühn hinein, gefolgt von Herrn Emilio und dem Schiffsjungen, aber plötzlich wich er zurück und stieß einen Schrei der Überraschung und des Schreckens aus.

Eine Art von ziemlich dickem Arm, welcher bei dem ersten Morgenlicht, das mühsam in die Höhlung drang, kaum sichtbar war, hatte ihn von rückwärts erfasst.

Erst glaubte der Matrose, es wäre ein menschlicher Arm, sah aber bald seinen Irrtum ein; vor ihm leuchteten zwei große, runde, phosphoreszierende Augen auf, die ihn mit einem bannenden Blick fixierten, so als wollten sie ihn verhexen.

Der Matrose war mutig, aber als er in diesem Halbdunkel auf dieses geheimnisvolle Ungeheuer stieß, während die Wellen um ihn tobten und ihn niederzureißen drohten, und in der festen Umschlingung dieses Armes fühlte er, wie ihm das Blut erstarrte und die Haare zu Berge stiegen.

»Herr Emilio! …«, schrie er mit erstickter Stimme.

»Was hast du?«, fragte der Venezianer, der nichts sehen konnte, da er sich noch immer hinter ihm befand.

Der Matrose konnte nicht antworten. Der Arm presste ihn bis zum Ersticken und er empfand in den Nieren einen heftigen Schmerz, als ob ihm gewaltsam das Blut ausgesogen würde.

Er hatte jedoch noch nicht ganz die Fassung verloren. Mit verzweifelter Anstrengung zog er das Messer aus dem Gürtel und schnitt mit raschem Entschluss das Glied glatt ab, das solche ungeheure Kraft besaß.

Nun kam ihm der Venezianer zu Hilfe, das Beil fest in der Hand haltend. Er sah auf den ersten Blick, mit was für einem gewaltigen Gegner sie es zu tun hatten.

»Zurück!«, brüllte er.

Der Matrose wandte sich eilends der Öffnung zu, aber zwei neue Arme ergriffen ihn und suchten, ihn in die Höhe zu heben, während drei andere sich auf seinen Gefährten warfen.

»Ha! Kanaille!«, schrie Albani wutschnaubend.

Er hatte sich blindlings auf die beiden großen Augen zu gestürzt, die in der Dunkelheit glänzten, und teilte wütende Schläge aus, während der Matrose wie toll nach rechts und links mit dem Messer stach und hieb.

Plötzlich fühlten sie sich von einer dicken Flüssigkeit überschwemmt, die einen scharfen Moschusgeruch ausströmte, und zugleich sanken die Arme, die sie umschlungen hielten, kraftlos herab.

Halb erstickt und geblendet erreichten sie tastend den Ausgang der Höhle, vor der der Schiffsjunge stand und wie ein Besessener schrie.

»Donnerwetter von Genua!«, rief der Matrose aus und stürzte sich in die Wellen. »Was hat mich denn so geblendet?«

»Aber ihr seid ja von Tinte überschwemmt!«, schrie der Schiffsjunge. »Was ist denn geschehen?«

»Warte, bis ich mich ein wenig gewaschen habe! … Elender Schurke … Ich rieche wie ein Kaiman! …«

Auch der Venezianer war ins Wasser gesprungen und wusch sich mit großer Energie sein Gesicht, seine Haare und die Kleidung.

»Aber was ist nur geschehen?«, fragte der kleine Tonno, angstvolle Blicke auf die Höhle werfend.

»Uff!«, rief endlich der Matrose aus und schwang sich an das Ufer. »Es war Tinte erster Sorte!«

»Aber habt ihr denn mit Tintenfischen gekämpft?«, fragte der Schiffsjunge, der jetzt unmäßig lachte.

»Nein, nur mit einem, aber wenn du ihn gesehen hättest, mein Junge, dann hättest du keinen Blutstropfen mehr im Leibe. Was für Arme! … Und was für Augen! … Wenn er mich noch ein bisschen mehr gedrückt hätte, dann wären mir die Eingeweide zum Mund herausgekommen, das versichere ich dir.«

»Also ein furchtbarer Polyp!«

»Ein riesiger.«

»Und habt ihr ihn getötet?«

»Ich glaube, ja.«

»Und er befand sich in dieser Höhle wie zu Hause?«

»Genau so, kleiner Tonno.«

»Ach! … Heiliger Januarius, zu Hilfe! …«

»Was gibt es?«

»Oh! Das furchtbare Ungeheuer! …«

»Donnerwetter! … Da ist es noch einmal … Herr Emilio! …«

Albani, der mit dem Waschen fertig war, erreichte rasch das Ufer, aber blieb vor Entsetzen starr.

Aus der Höhle kam in diesem Augenblick das Ungetüm heraus, das sie vorher angegriffen hatte, und versuchte, ins Meer zurückzukehren.

Dieser riesige Tintenfisch erregte Entsetzen. Er war von kolossalen Dimensionen, sodass er wohl tausend Kilo wiegen konnte, weißlich und gallertartig, mit sechs Meter langen Armen, die mit zahlreichen Schröpfköpfen besetzt waren, um den Opfern das Blut auszusaugen, einem riesigen Schnabel von hornartiger Substanz, der in der Form an die der Papageien erinnerte, und zwei großen, flachen Augen von meergrüner Farbe.

Er kam mühsam vorwärts, da ihm drei Arme abgeschnitten waren, und versuchte, sich von den Wellen treiben zu lassen, die die Brandung gegen die Höhle warf.

»Flieht!«, rief Herr Emilio.

Auf der rechten Seite der Höhle zog sich eine Reihe von kleinen Klippen hin, die untereinander durch Sandbänke verbunden waren; bei der herrschenden Ebbe lagen sie offen zutage und verbanden sich mit dem anderen Ufer.

Die Schiffbrüchigen stürzten sich ohne Zögern auf diese Klippen und versuchten, an das Ufer zu gelangen, wurden aber durch einen mächtigen Felsen aufgehalten, der sich zwei- oder dreihundert Fuß hoch erhob.

Der riesige Tintenfisch schien glücklicherweise nicht daran zu denken, ihnen einen weiteren Kampf zu liefern, sondern wollte nur das Meer erreichen. Er wartete, bis eine neue Welle an die Höhle schlug und ließ sich dann von ihr zurücktragen.

Einige Augenblicke lang sah man noch, wie sich die Arme im Schaum bewegten, dann verschwand die ganze Masse unter dem Wasser.

»Glückliche Reise!«, rief der Matrose aufatmend. »Potz Blitz! Wie scheußlich er war! Ich habe nie etwas Ähnliches gesehen!«

»Die Cephalopoden[1] sind auch ziemlich selten«, sagte Albani.

»Nennt man diese Ungeheuer Cephalopoden? ...«

»Ja, Enrico.«

»Sind sie gefährlich?«

»Sie besitzen in ihren Armen eine solche Kraft, dass sie den kräftigsten Mann zermalmen können. Dazu kommt noch, dass sie mit ihren Saugnäpfen, wenn sie sie anwenden, das Blut aussaugen, was du an dir erfahren hättest, wenn du unbekleidet gewesen wärest.«

»Aber der Schurke wird sterben, so verstümmelt wie er ist?«

»Das glaube ich nicht, mein Freund. Die Cephalopoden haben ein zähes Leben, und wenn man sie töten will, muss man sie ins Herz oder vielmehr in die Herzen treffen, denn sie haben derer drei.«

»Aber er hat drei Arme verloren, mein Herr.«

»Die bildet er mit der Zeit wieder.«

»Was sagen Sie? Werden denn die Arme wieder wachsen?«

»Ja, in sieben Jahren. Aber lassen wir den Cephalopoden los und versuchen, die Küste zu ersteigen. Ich sehe Bäume dort oben, die Früchte tragen, wenn ich mich nicht irre.«

»Wir sind Seeleute, mein Herr, und ich denke, dass uns das gelingen wird.«

Die Sonne ging jetzt auf und beleuchtete das Meer und die Insel. Zum hohen Ufer blickend konnten die Schiffbrüchigen jetzt deutlich Bäume von riesiger Größe entdecken, die mit dichtem Laub bedeckt waren, in deren Mitte sich einige dicke, stachlige Früchte von länglicher Form zeigten.

»Wenn ich mich nicht irre, sind es Durios[2]«, sagte Herr Emilio. »Es wird etwas schwierig sein, die Früchte herunter zu bekommen, aber vielleicht liegen einige am Boden.«

Sie nahmen jetzt den Felsen in Augenschein, aber er war an seinem Fuß derartig glatt, dass nicht einmal eine Katze oder ein Affe daran hätten emporklettern können. Vier Meter höher jedoch befanden sich zahlreiche Risse, Wurzeln und Gestrüpp, die zum Aufstieg dienen konnten.

»Verdammter zerbrochener Dreimaster![3]«, rief der Matrose aus, der

---

[1] Kopffüßer.

[2] Gemeint sind Durian- oder Zibetbäume, deren Früchte aufgrund ihres üblen Geruchs unter dem Namen »Kotzfrucht« bekannt sind.

[3] Im Original steht: *»Corpo d'un tre alberi sventrato!«* Dieser Fluch lässt sich nicht wirklich adäquat ins Deutsche übersetzen. Hedwig Jahn wählte deshalb in ihrer Übersetzung ein allgemeines »Verteufelt!«, was allerdings zu weit vom Original entfernt ist,

sich nutzlos die Nägel an der harten, glatten Wand abbrach. »Wir kommen nicht hinauf!«

»Mit etwas Geduld werden wir schon Erfolg haben«, sagte Herr Emilio. »Wo ist unser Wrackstück geblieben?«

»Es ist dicht bei der Höhle auf den Sand getrieben«, antwortete der Schiffsjunge.

»Geh und schneide ein Tau vom Mast ab.«

Der Schiffsjunge begab sich nach der Höhle und kehrte bald zurück, das lange und dicke, geteerte Tau hinter sich herziehend.

»Wir wollen jetzt eine menschliche Treppe bilden«, sagte der Venezianer. »Du, Enrico, stütze dich an dem Felsen ab, ich steige auf deine Schultern und der kleine Tonno mit dem Tau auf die meinen.«

»Wirst du denn heraufklettern können?«, fragte der Matrose den Schiffsjungen.

»Es genügt, wenn ich mit einer Hand und einem Fuß eine der Spalten erreichen kann«, antwortete der kleine Tonno.

»Vorwärts denn!«

Der Matrose lehnte sich mit seinem kräftigen Rücken gegen den Felsen, Herr Emilio war mit einem Satz auf seinen Schultern, und der Schiffsjunge, der sich das Seil um die Hüften geschlungen hatte, folgte ihm mit der Gewandtheit eines Eichhörnchens, klammerte sich an einer Wurzel fest und setzte den nackten Fuß in eine Felsspalte.

»Bist du oben?«, fragte der Matrose.

»Ich komme vorwärts«, antwortete der Knabe.

Herr Emilio sprang auf den Boden und sah hinauf. Der kleine Tonno kletterte mit erstaunlicher Schnelligkeit und Sicherheit am Rand des Felsens empor, sich an den Wurzeln und dem Gestrüpp festhaltend und die kleinsten Risse und Spalten geschickt benutzend.

Nach wenigen Augenblicken hatte er glücklich den Gipfel des großen Felsens erreicht, der nach dem Ufer zu abfiel.

»Was siehst du?«, fragte ungeduldig der Matrose.

»Viele Bäume und riesiges Rohr.«

»Sind keine Hütten dort?«, fragte Herr Emilio.

»Ich sehe keine.«

»Binde das Tau fest und wirf es dann herab!«

»Herr Albani! ...«

---

weshalb wir uns bei der vorliegenden Publikation entschlossen haben, eine Formulierung zu wählen, die dem Original etwas näher kommt.

»Was gibt es?«

»Ich sehe Affen!«

»Sie werden eine Giupin[1] nicht ersetzen können, aber als Bratspieß werden sie für unsere ausgehungerten Mägen genügen«, sagte der Matrose. »Herunter mit dem Strick, mein Junge!«

Der Schiffsjunge band ein Ende des Taus um den Vorsprung eines Felsens und warf das andere hinunter, das ins Wasser fiel.

»Erst Sie, Herr«, sagte Enrico.

Albani ergriff das Tau und fing an, mit einer Gewandtheit emporzuklettern, die zeigte, wie vertraut dieser Mann mit gymnastischen Übungen war. Rasch gelangte er zu dem Schiffsjungen, welcher ganz entzückt ein paar Vögel mit bunt leuchtendem Gefieder betrachtete, die um die Bäume herumflatterten.

Dieser Teil der Insel, deren Ufer so steil abfiel, schien ein sehr zerrissenes Terrain zu sein und die letzten Ausläufer des schon bemerkten Berges zu bilden, der sich kaum eine Meile weit vom Ufer erhob.

Der Boden stieg und fiel in sehr ausgeprägten Wellen und war von dichtem Wald bedeckt, der sich auch an den Abhängen des Berges hinaufzog.

Bäume aller Art kreuzten ihre Zweige und wuchsen teils groß und mächtig, teils niedriger und auch gekrümmt und knorrig in die Höhe; alle von rankenden Schlingpflanzen bedeckt, die malerische Girlanden bildeten.

Die verschiedenartigsten Vögel flogen hin und her, während das Ufer mit Scharen von Seeschwalben und anderen Wasservögeln belebt war.

An dieser Küste war keine Spur von menschlichen Bewohnern zu entdecken; weder Boote noch Hütten, kein Feuerschein oder Rauch deutete ihre Anwesenheit an. Stattdessen sah man zahlreiche Affen, die sogenannten Langnasen[2] (*Nasalis larvatus*) mit der komischen Physiognomie und der langen dicken Nase mit der geschwollenen roten Spitze, die an die Bacchusjünger erinnert; sie waren damit beschäftigt, die Früchte der Bäume zu rauben.

»Gar keine Einwohner hier, mein Herr?«, fragte der zu Albani tretende Matrose.

»Bis jetzt nicht«, antwortete dieser.

---

[1] *Zuppa genovese*, genuesische Suppe, eine Fischsuppe mit Gemüse und Spezialität der ligurischen Küche.

[2] Nasenaffen.

»Und nichts, um es sich zwischen die Zähne zu schieben? … Ich habe einen kolossalen Appetit und gäbe ein Jahr meines Lebens für eine Schüssel Giupin, die Papa Merlani so vortrefflich zu bereiten wusste.«

»Und ich zwei für einen Teller Makkaroni mit Tomaten«, sagte der Schiffsjunge.

»Für den Augenblick müsst ihr euch mit den Früchten dieser Durios begnügen«, sagte Albani lächelnd.

»Sind sie wenigstens gut?«, fragte der Matrose.

»Die besten und nahrhaftesten von allen, aber …«

»Was für ein aber?«

»Ich weiß nicht, ob ihr den abscheulichen Geruch überwinden werdet, den sie ausströmen.«

»Sieh an! … Es sind die köstlichen Früchte, aber ihren Geruch verträgt nicht jeder … Was sind das nur für Früchte?«

»Sehr köstliche, wie ich dir schon sagte.«

»Wenn sie auch nach Teer röchen, ich würde sie herunterbringen«, sagte der Schiffsjunge. »Ich habe einen leeren Magen, der gebieterisch sein Frühstück verlangt.«

»Folgt mir«, sagte Albani. »Hier sind einige reife Früchte, die schon herabgefallen sind.«

## 6. Die italienischen Robinsons

In der Nähe eines kleinen Hügels erhob sich eine Gruppe sehr hoher Bäume mit ziemlich dickem, glattem Stamm, der in einer Höhe von sechzig oder siebzig Fuß[1] ein dichtes Laubwerk trug.

Unter diesen Riesenbäumen sah man Früchte von der Größe eines menschlichen Kopfes, aber von etwas länglicher Form, liegen, die von einer gelblich-grünen Schale voller scharfer, mehrere Zentimeter langer Stacheln umhüllt waren.

Einige waren noch geschlossen, aber andere zeigten Risse, aus welchen ein durchaus nicht angenehmer Geruch drang, der an fauligen Käse und verdorbenen Knoblauch erinnerte. Durch die Risse erblickte man aber einen weißen, vielversprechenden Kern.

»Welch ein Geruch!«, rief der Matrose aus, die Nase rümpfend und

[1] 1 Fuß = durchschnittlich etwa 30 cm.

ein Gesicht schneidend. »Das ist ein Baum, der Gorgonzola-Käse produziert, der schon ein wenig schlecht ist.«

»Wie verfaulter Caciocavallo[1]!«, rief der Schiffsjunge.

»Hoho!«, sagte der Venezianer. »Ich biete euch die besten und delikatesten Früchte der hiesigen Flora an, und ihr protestiert schon von vornherein.«

»Ihre Früchte mögen vortrefflich sein, mein Herr, aber ihr Geruch könnte selbst die Hunde verjagen.«

»Und ich sage dir, Enrico, dass die Hunde mit großem Vergnügen den Kern dieser Früchte verzehren würden, da er äußerst schmackhaft ist und mehr an Fleisch als an Früchte erinnert. Kommt schon, seid nicht so wählerisch.«

Herr Albani zerteilte eine Frucht mithilfe des Beils, um sich die Hände nicht an den gefährlichen Stacheln zu verletzen, und holte das Fruchtfleisch heraus, wobei dicke, in ein Häutchen eingehüllte Samenkörner herauskamen.

»Versuch dieses Fruchtfleisch«, sagte er, es dem Matrosen anbietend, »und wenn der Geruch dich stört, dann halte dir die Nase zu.«

Der Matrose, obwohl er noch immer Zweifel an der Qualität der Früchte hatte, steckte ein Stück davon in den Mund und schluckte es gegen alle Erwartung begierig herunter.

»Aber das schmeckt ja köstlich!«, rief er aus. »Besser als die schönste Sahne und die duftigsten Früchte unserer Heimat. Iss, mein kleiner Tonno, iss! … Dein schönstes neapolitanisches Eis ist nichts im Vergleich dazu.«

Der hierdurch ermutigte Schiffsjunge hielt sich die Nase zu und schluckte ein Stück hinunter.

»Wer hätte denken können, dass diese stinkenden Früchte so gut wären!«, rief er aus. »Mehr, Herr Emilio, bitte mehr davon!«

Es gab Früchte im Überfluss, und da sie das Beil besaßen, wurde es unseren Schiffbrüchigen nicht schwer, sie zu öffnen. Schnell an den abscheulichen Geruch gewöhnt, hielten sie eine ordentliche Mahlzeit mit dem zarten und delikaten Fruchtfleisch.

»Aber die Samenkörner kann man wohl nicht essen?«, fragte der Matrose.

»Gewiss«, antwortete Albani. »Man röstet sie wie unsere Kastanien, und sie haben auch einen ähnlichen Geschmack.«

---

[1] Ein birnenförmiger Hartkäse aus Süditalien.

»Herr Albani, lassen Sie uns einen Vorrat dieser Früchte sammeln.«

»Sie verderben zu schnell, Enrico, und sind auch nur bis zu einem gewissen Punkt nahrhaft. Wir müssen uns doch etwas Solideres suchen.«

»Sie meinen Fleisch. Glauben Sie denn, dass sich Tiere auf dieser Insel befinden?«

»Warum nicht? Wir werden *Babirusas*[1] und Tapire finden, Affen und vielleicht auch gefährliche Tiere, wie zum Beispiel Tiger.«

»Tiger! ... Verteufelt! ... Und wir besitzen nichts als ein Beil und zwei Messer! Wer weiß, was uns geschieht, wenn uns eines dieser Tiere angreift! Hören Sie, mein Herr, was gedenken Sie zu tun? Unsere Lage scheint mir nicht gerade schön zu sein.«

»Setzt euch hin und hört mir zu, meine Freunde«, sagte Albani. »Ich weiß nicht, auf was für einer Insel wir gestrandet sind, aber ich glaube, es ist eine von den Suluinseln, und zwar eine unbewohnte.

»Ich irre mich vielleicht, aber ich fürchte, dass wir dazu bestimmt sind, eine Robinsonexistenz zu führen, und schwer kämpfen müssen, um uns aus der Verlegenheit zu ziehen. Dieses wenig bekannte und selten von Schiffen besuchte Meer wird uns, da wir zu weit entfernt sind von der Linie, die von den Sundainseln nach den Philippinen führt, nicht so bald Gelegenheit geben, von einem Schiff aufgenommen zu werden, und wer weiß, wie lange Zeit wir gezwungen sein werden, hier zu bleiben. Glücklicherweise scheint diese verlassene Insel reich an Pflanzen zu sein, und die malaysische Flora kann dem, der sie auszunutzen versteht, tausend Dinge verschaffen, die für den Lebensunterhalt nötig sind. Verzagt daher nicht! Es handelt sich darum zu arbeiten, und wenn Gott uns schützt, dann können wir ruhig und furchtlos die Zeit überstehen, die wir auf dieser Insel zubringen müssen. Wir sind die ärmsten aller Robinsons, denn die anderen, beginnend mit Selkirk[2], dem ersten der Reihe und der Held von Daniel Defoe, besaßen wenigstens Schusswaffen und tausend nützliche Gegenstände aus ihren gescheiterten Schiffen, aber um Energie und guten Willen brauchen wir die anderen nicht zu beneiden. Zunächst, meine Freunde, wollen wir daran denken, uns einen Unterkunftsort

---

[1] Hirscheber (Gattung *Babyrousa*).

[2] Alexander Selkirk (1676 bis 1721) war ein schottischer Seefahrer, der nach erlittenem Schiffbruch ca. 5 Jahre auf einer einsamen Insel zubrachte und dem englischen Schriftsteller Daniel Defoe (1660 bis 1731) als Vorbild für seinen Roman *Robinson Crusoe* (1719) diente.

zu schaffen; das ist das dringend Notwendigste. Mit der Zeit werden wir uns auch Waffen herstellen, die ebenso totbringend sind wie Gewehre …«

»Waffen! …«, riefen die beiden Seeleute erstaunt aus. »Aber wo werden Sie sie finden?«

»Ihr werdet es zu angemessener Zeit schon erfahren«, antwortete Albani. »Später verschaffen wir uns auch Brot …«

»Auch Brot! …«

»Ja, meine Freunde, ich versichere euch, dass der Backofen, den wir uns errichten werden, tüchtig zu arbeiten bekommen wird.«

»Potz Blitz!«

»Beim Ausbruch des Vesuvs!«

»Dann kommt das Übrige. Wir werden Wein, Öl, Kerzen, Geschirr und noch mehr haben. Ich kenne die malaysische Flora und weiß, wie viele Dinge sie hervorbringen kann, die für das Leben unverzichtbar sind. Die Natur wird genügend für uns sorgen.«

»Aber dann sind Sie ein großer Mann, mein Herr!«, rief der Matrose aus.

»Keineswegs«, antwortete Albani lächelnd. »Ich bin aber viel gereist, besonders in Malaysia, und werde alles nutzbringend verwerten, was ich auf meinen Exkursionen gelernt habe. Also an die Arbeit, meine Freunde! … Wir müssen noch vor Abend eine Unterkunft haben.«

»Aber wir haben noch nichts getrunken«, sagte der Matrose, »und ich wäre glücklich, einen Schluck Wasser zu bekommen.«

»Hier ist eine Pflanze, die uns vorzügliches Wasser geben wird«, antwortete der Venezianer. »Die Natur beginnt ihr Amt als Versorgerin der Robinsons.«

Er hatte sich einer Art von Liane Ramosissima[1] genähert, die sich graziös um einen Durio rankte und dabei einige hübsche Girlanden bildete, und das Messer des Schiffsjungen ergriffen.

»Nähert euch mit den Lippen«, sagte er.

Rasch schnitt er die Pflanze durch, und man sah an beiden Enden zwei klare Wasserstrahlen hervorquellen.

»Es wird doch nicht giftig sein, mein Herr?«, fragte der Matrose zögernd.

»Nein, du misstrauischer Mensch! Trinke ruhig, es ist genug für uns alle da.«

[1] Eine verzweigte Liane.

Enrico und der Schiffsjunge setzten ihre Lippen an die beiden Enden der Liane und tranken begierig, dann machten sie Herrn Albani Platz, der sich geweigert hatte, zuerst seinen Durst zu löschen.

»Es ist wirkliches Wasser, mein Herr«, sagte der Matrose. »Aber was für eine Art von Pflanze ist dies, die die Stelle einer Quelle einnimmt?«

»Sie wird von den Bewohnern der Amboina[1] und der Molukken[2] Aier genannt, ist aber bei den europäischen Naturforschern wenig bekannt. Nur Rumfio[3] und unser Landsmann Rienzi[4], der tüchtige Forscher dieser Regionen, haben sie erwähnt. Und doch kommt sie sehr häufig vor, und die Insulaner benutzen sie viel, wenn das Wasser in den Bächen und Wasserbecken spärlich wird.

Ich weiß, dass auch die Früchte dieser Bäume viel wässerige Flüssigkeit enthalten.«

»Was für merkwürdige Pflanzen!«, rief der kleine Tonno aus.

»Wir werden noch andere finden, die Wasser geben, aber jetzt folgt mir, meine Freunde.«

»Wohin führen Sie uns?«

»Wir müssen Material für unsere Hütte suchen. Ich sehe dort unten ein Bambusfeld; die Bambusrohre sind fest und doch leicht zu transportieren und werden uns die trefflichsten Dienste leisten.«

»Können wir nicht unser Wrack dazu gebrauchen?«

Der Venezianer schien von dieser Frage überrascht zu sein.

»Natürlich«, sagte er, »da gibt es Taue, Segel und das Eisen der Segelstangen, die für uns sehr nützlich sein können. Wir wollen alles ans Land bringen, bevor die Flut es ins offene Meer treibt, und begnügen uns für diese Nacht mit einem Zelt.«

Sie kehrten an den Strand zurück und suchten nach einem Weg, der es ihnen erlaubte, zum Meer hinabzusteigen. Sie fanden ihn nur zweihundert Schritte von dem großen Felsen entfernt. Hier fiel das Ufer sanft ab und bildete eine mäßige Bucht, in der ein kleines Schiff gute Unterkunft finden konnte, da sie von einer doppelten Reihe von Klippen beschützt wurde.

---

[1] Ambon, eine Insel, die zu den Molukken gehört.

[2] Indonesische Inselgruppe zwischen Sulawesi und Neuguinea.

[3] Gemeint ist vermutlich der deutsch-niederländische Naturforscher und Botaniker Georg Eberhard Rumpf (1627 bis 1702), auch Georgius Everhardus Rumphius genannt. Er lebte und forschte unter anderem auf der Insel Ambon, wo er auch starb.

[4] Gemeint ist vermutlich der Geograf und Mitglied der Italienischen Akademie Grégoire Louis Domeny de Rienzi (1789 bis 1843), der allerdings französischer Nationalität war.

Mit bloßen Füßen begaben sie sich auf die Sandbänke, welche das Ufer, das wegen der Flut überschwemmt war, säumten, bis zu der Küstenhöhle, vor der ihr Wrackstück noch im Sand steckte.

Sie machten sich sofort an die Arbeit, alles zu bergen, was sie gebrauchen konnten. Das Holz war ohne Bedeutung, da es auf der Insel im Überfluss vorhanden war, und sie zogen es vor, Bambus zu verwenden, der sich besser als alles andere für den Bau von Hütten eignet. Sie ergriffen nun alle Seile vom Achterstag und den Wanten, die ihnen sehr nützlich sein konnten; dann holten sie aus den Rahen alle Eisenteile heraus, insbesondere auch Segelstangen, welche ihnen zur Stütze der Mastwächter dienen konnten, sowie die Segel, von denen es drei gab: das Marssegel, das Vorbramsegel und das große Oberbramsegel.

»Aus den Segeln machen wir uns Hängematten und Kleidungsstücke«, sagte der Venezianer. »Die Leinwand ist noch in einem brauchbaren Zustand.«

»Aber wir haben ja keine Nadeln, mein Herr«, sagte der Schiffsjunge.

»Wir werden schon einen Weg finden, uns welche herzustellen.«

»Aus Stahl?«

»Das behaupte ich nicht, aber gewisse Fischgräten werden sich vortrefflich dazu eignen.«

»Meinen Sie das im Ernst?«, fragte Enrico.

»Gewiss, du ungläubiger Seemann. Glaubst du etwa, dass die Nordländer, zum Beispiel die Eskimos, Nähnadeln aus Stahl haben? … Nein, sie bedienen sich der Fischgräten und wir werden es ihnen nachmachen.«

»Und der Zwirn? …«

»Den bekommen wir aus den Segeln, obgleich wir sicherlich auch Bäume finden, die uns damit versorgen werden. Die *Arenga saccharifera*[1] bringt eine baumwollartige Substanz hervor, die von den Malaien als Zunder gebraucht wird und die man spinnen kann.«

»Aber Sie sind ja ein wunderbarer Mann, Herr Emilio. Sie wissen sich sogar auf einer wüsten Insel alles zu verschaffen.«

»Ja, vorausgesetzt, dass Bäume vorhanden sind«, antwortete der Venezianer lachend. »Doch nun kommt, kehren wir an die Küste zurück!«

[1] Zuckerpalme.

Sie beluden sich mit einem Teil der geborgenen Gegenstände vom Wrackstück und gelangten damit wieder an die Duriogruppe zurück, wo sie ihr Lager aufzuschlagen gedachten, bis sie einen besseren Platz gefunden hatten.

Nachdem sie sich ein wenig ausgeruht, kehrten sie von Neuem an den Strand zurück und holten den Rest.

Es war jetzt vier Uhr nachmittags, nach dem Stand der Sonne zu schließen. Da sie zu müde waren, um neue Arbeiten zu beginnen, machten sie sich mithilfe des großen Segels und einiger Baumäste ein bequemes Zelt zurecht, sammelten dann eine genügende Menge trockenen Holzes, um das Feuer während der Nacht brennend zu erhalten, das sie aus Furcht vor den vierfüßigen Bewohnern der Insel anzünden wollten. Glücklicherweise besaßen sie das Nötige hierzu, weil der Matrose in einer seiner Taschen den Feuerstahl, Stein und Zunder gefunden hatte, die er zugleich mit einer Pfeife in einer Metallschachtel aufbewahrte. Letztere war in Ermanglung von Tabak jetzt überflüssig geworden.

Die Mahlzeit war an diesem Abend etwas mager, aber sie begnügten sich damit. Das Menü war einfach, aber glücklicherweise reichlich, auf Kohlen geröstete Seekrabben, einige Austern, Duriofrüchte und ein Schluck Wasser aus einer anderen Liane, die sie dicht bei der Bambusgruppe entdeckt hatten.

»Wer wird die erste Nachtwache halten?«, fragte Albani. »Es wäre nicht geraten, dass wir alle zugleich einschlafen, da wir nicht wissen, was für Tiere sich in den Wäldern versteckt halten oder was für Menschen diese Insel bewohnen.«

»Ich werde es tun«, sagte der Matrose.

»Achte darauf, dass das Feuer nicht erlischt.«

»Habt keine Furcht.«

»Und wenn du etwas Verdächtiges bemerkst, rufe uns unverzüglich.«

»Schlaft ruhig.«

Herr Emilio und der Schiffsjunge schlüpften unter das Zelt, während der Matrose sich behaglich am Feuer ausstreckte, das Beil dicht neben sich legend.

## 7. Der Tiger

Es schien, als ob diese erste Nacht auf der unbekannten Insel ruhig verlaufen sollte, denn kein Laut drang aus dem Wald heraus, welcher sich nach dem Berg zu hinzog, dessen dunkle Masse sich vom sternbesäten Himmel abhob.

Man hörte nur das eintönige Rauschen der Wellen, welche – von der Flut angetrieben – sanft an die Klippen und sandigen Untiefen brandeten.

Der Matrose ließ sich durch diese Stille jedoch nicht in Sicherheit wiegen, sondern wachte voller Aufmerksamkeit, da er wohl wusste, dass in diesen Regionen zahlreiche und gefährliche Tiere die Wälder und Dschungel bewohnen.

Er schürte alle Augenblicke das Feuer, der einzige Schutz gegen einen Angriff, da er nur wenig auf das Beil als Waffe rechnen konnte, und blickte bald auf das Bambusdickicht, bald auf die hohen Bäume, mit gespannter Aufmerksamkeit auf jedes Geräusch lauschend.

Zwei Stunden mochte er schon gewacht haben, als er in nicht allzu weiter Entfernung einen rauen Schrei hörte, der einem Miauen glich, aber unendlich viel kräftiger klang als Katzengeschrei.

Der Matrose sprang auf und sah sich unruhig um. Dieser kurze, kehlige Ton erklang noch einmal: Es war das Gebrüll eines Tigers.

»Tausend Erdbeben! …«, rief er erblassend aus. »Das ist ja ein gefährlicher Nachbar, der besser im Haus von Meister Beelzebub aufgehoben wäre! … Wenn er uns nahekommt, dann weiß ich nicht, ob Beil und Messer ihn verhindern werden, uns zu verschlingen! … Wenn wir wenigstens Speere oder Spieße hätten! … Halt! … Warum nicht? Das scheint mir möglich zu sein!« –

Seine Blicke waren auf das Holz gefallen, welches für das Feuer gesammelt war, und er hatte darunter zwei junge Bambusstangen von zwei bis drei Metern Länge entdeckt, die zwar leicht, aber von unfehlbarer Widerstandskraft sind und deren sich die Indianer und Javaner bedienen, um die Schäfte ihrer Spieße daraus zu machen.

»Das ist es, was ich brauche, um eine gute Waffe zu haben, die besser ist als das Beil«, sagte er sich.

Er ergriff eines der Rohre, streifte die Blätter ab, zog etwas Bindfaden aus der Tasche und befestigte damit schnell sein Messer an dem einen Ende der Stange.

Kaum war er damit fertig, als eine dunkle Masse aus dem Schatten trat, sich langsam dem Feuer näherte und zwei grünlich schimmernde Augen aufleuchteten. Sie stand auf und senkte sich dann so weit nieder, dass sie mit dem Bauch den Boden berührte, blieb dann stehen, so als wäre sie unentschlossen oder schnüffelte in die Luft, streckte sich dann nach Katzenart aus und wedelte mit ihrem langen, dünnen Schwanz.

Sie schien jedoch keine Eile zu haben, sich dem Lager zu nähern, wohl aus Scheu vor dem Feuer, das einen blutroten Widerschein auf die benachbarten Pflanzen warf.

»Ein Tiger oder eine große Wildkatze?«, fragte sich der immer unruhiger werdende Matrose. »Teufel! Die Sache wird ernst, und es scheint mir der Mühe zu lohnen, meine Gefährten aufzuwecken.«

Er schlüpfte rasch unter das Zelt, schüttelte Albani und den Schiffsjungen kräftig und sagte:

»Kommt schnell heraus! … Es droht uns eine große Gefahr.«

»Wer? … Was ist geschehen?«, fragte der ehemalige Mann des Meeres und rieb sich kräftig seine Augen.

»Ich glaube, es handelt sich um einen Tiger, mein Herr.«

»Ein Tiger? … Lass uns rasch hinausgehen!«

Als sie sich im Freien b-efanden, sahen sie, dass sich das Tier gut dreißig Schritte vom Feuer ruhig niedergekauert hatte.

Es war keine Täuschung mehr möglich, man sah bei dem hellen Licht deutlich, dass es ein wirklicher Tiger war, aber von der malaiischen Art, etwas untersetzter, mit kürzeren Tatzen und weniger elegant als die bengalischen Königstiger.

Die des Sundaarchipels haben ein dickeres, langhaariges Fell, weniger entwickelte Barthaare und Haarbüschel am Bauch und Schenkel.

Sie sind ebenso blutdürstig wie die anderen, aber erregen noch mehr Furcht, weil sie einen so falschen, stechenden Blick haben, dass es einem wehtut, sie anzusehen, und fast immer hängt die Zunge heraus und der Schweif ist gesenkt.

Als das Raubtier die beiden Männer und den Knaben erblickte, hatte es den Kopf erhoben und ein dumpfes Brummen ausgestoßen, das nichts Gutes verkündete, war aber nicht aufgestanden. Nur der Schweif, der die Erde mit krampfhaften Bewegungen fegte, verriet eine gewisse Unruhe oder einen drohenden Zornesausbruch.

»Das ist ein gefährlicher Nachbar«, sagte Herr Albani, ohne jedoch allzu großen Schrecken zu verraten.

»Der heilige Januarius stehe uns bei«, murmelte der Schiffsjunge, mit den Zähnen klappernd.

»Was können wir tun?«, fragte der Matrose, der auch sehr blass geworden war.

»Verhalten wir uns ruhig«, antwortete der Venezianer. »Er wird sich dem Feuer nicht zu nähern wagen.«

»Wird er uns nicht angreifen? …«

»Ich glaube es nicht, aber rühre dich nicht, denn diese Tiere sind mutig, und wenn sie glauben, dass man sie bedroht, dann zögern sie nicht, sich auf den Feind zu stürzen.«

»Und wir besitzen nicht einmal ein Steinschlossgewehr! … Oder eine noch so miserable Pistole! … Herr Albani, wir müssen uns vor allen Dingen Waffen zu verschaffen suchen, sonst fressen uns die Tiger auf.«

»Wenn die Hütte fertig ist, kommen die Waffen dran, und ich verspreche euch, dass es viel furchtbarere sein werden als Gewehre.«

»Aber wo werden Sie sie finden? …«

»Ihr werdet es zurzeit schon erfahren und …«

»Still, Herr«, sagte der Schiffsjunge, ihn unterbrechend.

Von den Bambusstauden her hörte man ein Rascheln im Laub, als ob ein starkes Tier sich einen Weg hindurchbahnen wollte. Der Tiger hatte den Kopf nach diesen Riesenrohren gewendet und war dann mit lebhaften Bewegungen des Schweifes aufgesprungen.

»Es kommt vielleicht ein zweiter Tiger!«, meinte der Matrose.

»Oder irgendwelche Beute«, sagte der Venezianer. »Das wäre sehr gut.«

»Für den Tiger?«

»Und auch für uns, weil er uns diesen unangenehmen Nachbarn vom Hals schaffen würde.«

Die großen Bambusstauden fuhren fort, sich zu bewegen und mit den Blättern zu rauschen, und der Tiger wurde aufmerksamer darauf.

Mit einem Mal erschien am Rande des Gebüsches ein großer Schatten, der sich nach kurzem Zögern dem Feuer näherte, so als würde er von einer unwiderstehlichen Neugier angezogen.

Die Dunkelheit war zu dicht, um ihn zu erkennen, aber es schien ein Tapir oder ein Babirusa zu sein, die auf den malaysischen Inseln recht häufig vorkommen.

Das Tier hatte sich schon bis auf etwa hundert oder hundertzwanzig Schritte genähert, als der Matrose sagte:

»Seht nur den Tiger an!«

Das Raubtier war rasch und geräuschlos hinter eine Gebüschreihe geschlichen und näherte sich der Beute mit leisen Tritten, beinahe auf die Erde niedergekauert.

Plötzlich blieb es stehen, zog sich förmlich in sich zusammen und stürzte sich dann, einen hohen Bogen beschreibend, mit fast mathematischer Genauigkeit auf den Rücken des Tieres.

Man hörte ein dumpfes Brüllen, dem der kehlige Schrei der wilden Bestie folgte, dann sah man die beiden Gegner einige Augenblicke miteinander kämpfen und darauf einen über den anderen hinfallen.

»Sind beide tot?«, fragten der Matrose und der Schiffsjunge, die mit großer Aufregung dem Kampf zugeschaut hatten.

»Nein«, antwortete Albani. »Der Tiger saugt der Beute das Blut aus.«

»Die Kanaille!«, rief der Matrose aus. »Ach, wenn ich doch ein Gewehr hätte!«

»Jetzt richtet er sich wieder auf«, sagte der Schiffsjunge.

In der Tat richtete sich die riesige Katze, die ihren Durst an dem warmen Blut des Opfers gestillt hatte, auf. Sie umkreiste ein paar Mal ihre Beute, packte sie dann im Genick und zog sie, obschon sie größer und stärker war, in das Gebüsch hinein, um sie dort mit aller Bequemlichkeit zu verschlingen.

»Guten Appetit«, sagte der Schiffsjunge.

»Und morgen haben wir frisches Fleisch«, fügte Albani hinzu.

»Wird er uns denn etwas übrig lassen?«, fragte der Matrose.

»Wenn er seinen Hunger gestillt hat, wird er verschwinden, ohne sich weiter um die Essensreste zu bekümmern. Ich bin mir sicher, dass ich morgen im Bambusdickicht noch eine Menge Reste des unglücklichen Tieres finden werde. Geht jetzt zur Ruhe, meine Freunde, ich beginne nun meine Wache.«

»Wird der Tiger nicht zurückkehren? …«

»Ich denke nicht, und wenn doch, dann werde ich euch rufen.«

Die beiden Seeleute zogen sich in das Zelt zurück und der Venezianer setzte sich nun ans Feuer, nachdem er etwas Holz in die Glut geworfen hatte.

Der übrige Teil der Nacht verlief ohne weitere Störung, obgleich Herr Albani und der Schiffsjunge aus dem Innern des Waldes Tigergebrüll, Grunzen und Zischen hörten, was klar zeigte, wie reich die Insel an allen Arten von gefährlichen Bestien war.

Es war daher dringend geboten, eine feste Hütte zu errichten, wo man die Nächte ruhig zubringen konnte, ohne Gefahr zu laufen, angegriffen zu werden und die Nächte in ständiger Alarmbereitschaft zu verbringen.

»Gehen wir an die Arbeit, Freunde«, sagte der Venezianer beim ersten Morgendämmern. »Wir müssen vor dem Abend eine Unterkunft haben.«

»Vergessen wir auch nicht das vom Tiger übrig gelassene frische Fleisch, mein Herr«, sagte der Matrose. »Wenn wir fortfahren, Früchte zu essen, dann können wir uns in zwei Wochen nicht mehr auf den Füßen halten.«

»Mit etwas Geduld werden wir uns alles verschaffen, Enrico. Denke immer daran, dass es uns noch an allem fehlt und dass wir die elendesten aller Robinsons sind und uns die dringend notwendigsten Dinge zuerst beschaffen müssen. In einem Monat hoffe ich, dich nicht mehr klagen zu hören.«

»Ein Monat ist lang, mein Herr. Wissen Sie, dass ich schon anfange, unter dem Mangel an Brot zu leiden? ...«

»Wir werden bald Brot im Überfluss haben.«

»Meinen Sie das im Ernst?«

»Ja, aber erst müssen wir einen Backofen errichten, und ich ziehe augenblicklich eine Hütte vor.«

»Verflixt! Auch einen Ofen! Das wird viel Arbeit geben, bis wir alles fertig haben, was wir zu unserer Existenz brauchen.«

»Vorwärts!«

Sie verließen, mit der Lanze und dem Beil bewaffnet, das Zelt und begaben sich nach dem Bambusdickicht, das sich über eine längere Strecke am Ufer von einer Art Sumpf hinzog, der noch immer Spuren von Feuchtigkeit enthielt.

Das Dickicht bestand aus verschiedenen Bambusarten. Es waren Tuldos vorhanden, die die größten ihrer Art sind und in dreißig Tagen eine Höhe von fünfzehn bis achtzehn Metern und einen Umfang von dreißig Zentimetern erreichen; ferner die Balcua, von den Eingeborenen Balcas-bans genannt, die ebenfalls sehr hoch, aber schlank sind; jene, die Hauer-tgiutgiuk oder auch Blume[1] genannt werden, sind mit gekrümmten Dornen versehen und mit sehr schmalen Blättern bedeckt; die wilden Bambusse, Teba-teba genannt, ge-

[1] Zufällige Homonymie (gleiches Wort, unterschiedliche Bedeutung) mit dem deutschen Begriff für »Blüte«.

krümmt und gleichfalls stachelig, und schließlich die Riesenbambusse, die größten und dicksten von allen, die häufig eine Höhe von dreißig Metern und einen Umfang von anderthalb bis zwei Metern erreichen, aber dennoch die am wenigsten haltbaren sind.

»Hier finden wir alles, was wir brauchen«, sagte der Venezianer. »Ihr könnt euch gar nicht denken, wie viel nützliche Dinge man aus den Pflanzen gewinnen kann.«

»Aus diesem Rohr?«, rief der Matrose mit ungläubigem Ton aus. »Höchstens kann man sie zum Häuserbauen brauchen.«

»Du irrst dich, Enrico; ich versichere dir, dass es nur wenige kostbarere und nutzbringendere Pflanzen als diese gibt.«

»Ich bin neugierig, wofür sie noch von Nutzen sein können.«

»Wenn du willst; beginnen wir mit den Sprossen: Magst du Spargel?«

»Spargel! … Aber was haben diese köstlichen Stangen damit zu tun? …«

»Aha! … Du magst ihn also!«, unterbrach ihn Herr Albani. »Dann sage ich dir also, dass die jungen Sprossen dieser Bambusse, in Wasser gekocht und gewürzt, unseren Spargeln sehr ähnlich sind.«

»Sie scherzen!«

»Nein, wenn wir einen Kochtopf und Öl haben werden, dann sollst du es probieren.«

»Öl!«, riefen der Matrose und der Schiffsjunge erstaunt aus. »Aber hoffen Sie denn, hier Olivenbäume zu finden?«

»Nein, denn sie wachsen hier nicht, aber ich werde es auch ohnedem bekommen.«

»Welch wunderbarer Mann! …«, rief Enrico aus.

»Aus diesen Bambussen, besonders den ganz gewöhnlichen, kann man den Zucker, oder besser gesagt, den Zuckerstoff herausziehen, den die Indianer Tabascir nennen.«

»Erdbeben von Genua!«

»Still, Matrose. Der Samen des gewöhnlichen Bambus wird von vielen Volksstämmen Hinterindiens wie Reis gegessen.«

»Auch Reis! …«

»Das ist noch nicht alles. Aus den Blättern und den zerschnittenen, in Wasser aufgeweichten Stängeln erhält man, mit etwas Baumwolle zusammen, ein von den Chinesen viel benutztes gutes Papier. Aus den in zwei Hälften geschnittenen Stängeln werden ferner Wasserleitungen zur Bewässerung der Felder gemacht, auch benutzt man sie als Ziegel, macht leichte und feste Hütten daraus, Lanzenschäfte, Treppen oder Palisaden, während die stachligen dazu dienen, Zäune so wehrhaft zu machen, dass sie feindliche Angriffe verhindern. Aus den Blättern können Körbe, Matten, Gitter und vieles mehr hergestellt werden.

Wollt ihr schließlich Gefäße haben? Dann braucht ihr nur einen Bambus ober- und unterhalb der beiden Knoten durchzuschneiden und ihr habt ein Tönnchen, worin sich das Wasser vortrefflich hält. Wollt ihr auch ein Boot? Schneidet einen Riesenbambus ab, stopft die beiden Enden zu oder behaltet die beiden Knoten als Vorder- und Hinterteil, und ihr habt ein ausgezeichnetes Boot. Was verlangt ihr noch mehr von einer Pflanze?«

»Aber dieses Rohr ist ja etwas Wunderbares, mein Herr!«, rief der Matrose aus. »Wie nützlich ist es, so vieles zu wissen! … Ich hatte mir kaum einen Stock aus diesen Rohren zu machen gewusst, und stattdessen sind sie so wertvoll! Dieses Bambus würden ja allein genügen, um alles Notwendige zu verschaffen.«

»Nein, Enrico, es genügt nicht, und wir werden im Wald noch andere, wertvollere Pflanzen finden, die uns das geben, wozu dieser nicht imstande ist. Und nun genug: An die Arbeit, meine Freunde!«

## 8. Die luftige Hütte

Die drei Männer begaben sich an die Arbeit, schlugen eine große Anzahl Bambusrohre nieder, besonders von den größeren, aber auch viele von den stachligen, da Herr Albani auch einen Schutzzaun anbringen wollte, um sich gegen die Angriffe der Tiger zu sichern, und der auch dazu dienen konnte, die Tiere einzuschließen, die er zu zähmen beabsichtigte.

Der Matrose und der Schiffsjunge trugen die gefällten Bambusstauden nach dem Ufer, gegenüber der kleinen Bucht, da sie diesen Ort zur Errichtung der Hütte bestimmt hatten, und der mit der Lanze bewaffnete Albani begab sich in das Dickicht hinein, um die Überreste der großen Tigerbeute zu suchen.

Er musste aber noch einen anderen Zweck verfolgen, denn er blieb von Zeit zu Zeit stehen, schob die Bambuszweige auseinander und untersuchte den Erdboden mit großer Aufmerksamkeit, wobei er hier und da ziemlich große Löcher hineinbohrte; manche davon recht tief. Es schien, als wolle er sich von der Beschaffenheit der Erde überzeugen, in der diese Riesen wuchsen.

Er hatte mit der Lanze schon zahlreiche Löcher gemacht, als er vor einem kleinen Wasserbecken stehen blieb, das im tiefsten Dickicht verborgen war.

Er betrachtete prüfend den Grund, da das Wasser ganz klar und sehr niedrig war, und murmelte dann im Aufstehen:

»Ich glaube, ich habe meine Töpfe gefunden! … Wenn dies Wasser nicht aufgesaugt ist, dann ist das ein Zeichen, dass unter der Erdschicht eine undurchdringliche Schicht lagert.«

Er streifte seine Ärmel auf und tauchte bis auf den Grund mit seinen nackten Armen. Während mehrerer Minuten betrachtete er prüfend den herausgeholten Schlamm, worauf er eine graue, ziemlich fette Masse herauszog.

»Tonerde«, sagte er mit einer gewissen Befriedigung. »Ich hatte mich nicht geirrt, meine Töpfe sind gefunden.«

Er fuhr fort zu graben und brachte mehr Tonerde heraus, aus der er einen großen Ball formte, welchen er in seine eigene Jacke wickelte, dann drang er weiter in das Gebüsch ein, einem förmlichen Steg von geknickten und gekrümmten Bambusstauden folgend, den augenscheinlich das Raubtier gemacht hatte. Nach zehn Minuten gelangte er auf eine spärlich bestandene Stelle, in deren Mitte ein großes, halb abgenagtes und blutiges Gerippe auf dem Boden lag.

»Vorsichtig«, murmelte er, die Lanze fest erfassend. »Der Tiger kann noch in der Nähe sein.«

Er roch in der Luft umher, um sich zu überzeugen, ob der Geruch zu spüren war, den diese großen Raubtiere um sich verbreiten, dann schritt er vorsichtig, rechts und links um sich blickend, vorwärts.

Die erlegte Beute des Tigers war ein Babirusa, ein Tier von der Größe eines Hirsches, dessen Fleisch vortrefflich ist und wie Wildschwein schmeckt. Es befand sich noch so viel Fleisch an den Knochen, um zehn hungrige Männer zu sättigen.

Er schnitt ein schönes Stück, welches mehrere Kilogramm wog, ab und verließ dann rasch den gefährlichen Ort, da er fürchtete, von dem Raubtier überrascht zu werden, das vielleicht in der Nachbarschaft schlummerte.

Als er das Gebüsch verließ, wollten Enrico und der Schiffsjunge gerade die letzten Bambusstangen forttragen.

»Haben Sie etwas zum Frühstück gefunden, Herr?«, fragte Enrico.

»Ja, mein Freund, und auch ein paar Töpfe.«

»Töpfe? Sie scherzen wohl?«

»Ich sage nicht, dass ich sie fix und fertig gefunden habe, um sie gleich ans Feuer zu setzen, aber ich bringe Ton mit, um welche daraus zu machen.«

»Sie sind ja die Vorsehung in Person, mein Herr! Dann kann ich ja meinen kleinen Tonno meine Giupin kosten lassen! ... Die Erde von Genua möge erbeben! Er wird sich alle zehn Finger danach abschlecken! ...«

»Und Makkaroni, Herr Emilio? Ach! ... Was würde ich jetzt für einen Teller geben! ... Das ist doch etwas ganz anderes als Giupin!«

»He, du Schlingel«, rief der Matrose. »Verachte mir nicht mein Giupin.«

»Aber sie ist nicht so viel wert wie Makkaroni«, sagte der Schiffsjunge. »Ich würde dir so gerne einen Teller damit bereiten, und ich wette, Seemann, du würdest den ganzen Teller mitessen.«

»Bah! Neapolitanisches Zeug ...«

»Bei der Lava des Vesuv! Verachte mir nicht meine Makkaroni! Du verlierst deinen Kopf, Matrose!«

»Ich sage dir, die Giupin! ...«

»Makkaroni! ...«

»Seid ihr jetzt fertig?«, fragte Herr Emilio lachend, wie sich die beiden über ihr Lieblingsgericht stritten. »Ihr habt genug über Makkaroni und Fischsuppe gestritten, denn wir haben weder das eine noch das andere; ja wir haben noch nicht einmal einen fertigen Behälter dafür. Beruhigt euch also, ihr Burschen, und lasst uns stattdessen erst einmal überlegen, wie wir unser Zuhause bauen wollen.«

»Ich glaube, Sie haben recht, Herr Albani«, lenkte der Matrose ein. »Wir reden über Dinge, die wir noch nicht haben und vielleicht auch nicht bekommen werden.«

»Mit der Zeit, wer weiß ...«

»Sie denken also, dass wir irgendwann vielleicht die Suppe essen werden? ...«

»Vielleicht auch die Makkaroni.«

»Ah! Mein Herr!«, sagte der Schiffsjunge mit leuchtenden Augen.

»Genug für jetzt, lasst uns an den Strand gehen.«

Der Matrose und der Schiffsjunge beluden sich mit den letzten Bambusstangen und begaben sich nach der Küste, während Herr Albani einen dichten Buschwald aufsuchte, von dessen Bäumen zahlreiche pflanzliche Seile herabhingen, die von außerordentlicher Länge zu sein schienen.

»Da haben wir ja Stricke für unsere Stangen«, murmelte er, »es ist wirklich alles zur Hand.«

Es war die Lianenart Rotang (*Calamus*)[1], mit sehr zähen Fasern, die zur Familie der Palmen gehört und im indo-malaiischen Archipel häufig vorkommt. Sie hat Ranken, die wenige Zentimeter stark aber bis dreihundert Meter lang sind.

Sie sind äußerst dauerhaft, auch im Wasser, und die Malaien und Javanern benutzen sie zum Takelwerk ihrer kleinen Segelschiffe.

Er schnitt einige davon ab und begab sich dann zu den Gefährten, um sofort mit dem Bau zu beginnen, damit sie noch vor dem Abend eine Unterkunft hätten, die sie vor einem neuen Angriff des Tigers oder ähnlicher Feinde schützen konnte.

Da ihm sehr lange und feste Bambusstangen zur Verfügung standen, beschloss der Venezianer, von der gewöhnlichen Form der Hütten abzusehen und stattdessen eine Lufthütte – die noch viel mehr Sicherheit vor den Angriffen irgendwelcher Gegner bot – nach dem Brauch der Dajaken[2] zu errichten, die Meister in solchen Bauten sind.

Um rascher arbeiten zu können, baute er zuerst eine Leiter aus vier langen und anderen, kurzen und dünnen Bambusstäben als Sprossen, um dann auf dem Boden ein perfektes Rechteck zu zeichnen, das als Basis für die ganze Hütte dienen sollte.

»Nun machen wir beide uns daran, Enrico«, sagte er dann, »und du, kleiner Tonno, holst indessen die Rotangs, die ich abgeschnitten habe.«

Er wählte dreißig Bambusrohre von der Riesenart aus, ließ sie gleichmäßig lang schneiden und stellte sie dann den Linien des Rechtecks folgend auf, während der auf der Leiter stehende Matrose sie in der Mitte kreuzweise mit den Rotangs zusammenband, die der Schiffsjunge herbeigeholt hatte.

Als dies fertig war, sahen alle diese Bambusstangen wie lauter X aus, deren untere Seiten im Boden feststanden, während die oberen auf die Querstangen warteten, welche den Boden der Hütte bilden sollten. Sie stärkten sich durch etwas Babirusafleisch, das der Schiffs-

[1] Rattan- oder Rotangpalme.
[2] Dayak, Dajak oder Dyak ist eine Sammelbezeichnung für die indigenen Völker von Borneo.

junge gebraten hatte, und setzten dann mit fieberhaftem Eifer ihre Arbeit fort.

Um vier Uhr waren alle Stangen schon untereinander durch zahlreiche Querbalken verbunden. Nun fingen sie an, die Zwischenräume durch die dicksten Bambusstäbe auszufüllen und bildeten auf diese Art den Fußboden der luftigen Hütte, den sie durch fortwährendes Festbinden haltbar machten.

Die Nacht überraschte sie, während sie die letzten Bambusstangen anbrachten.

»Genug«, sagte Herr Albani, der von Schweiß triefte. »Für diesen ersten Tag haben wir mehr als genug getan, und wir dürfen unsere Kräfte nicht erschöpfen. Wir müssen uns diese Nacht damit begnügen, unter freiem Himmel zu schlafen.«

»Es ist ein prächtiges Gebäude, mein Herr«, sagte der Matrose, ganz stolz auf das getane Werk.

»Fest, leicht und sicher.«

»Werden die Tiger nicht heraufklettern?«

»Wir sind zwölf Meter über dem Boden, und ich glaube nicht, dass sie uns mit einem Sprung erreichen können.«

»Aber wie wird es mit dem Herd? Wird unsere Hütte nicht in Flammen aufgehen, wenn wir hier oben kochen?«

»Wir können ihn aus Steinen errichten, aber ich ziehe vor, ihn in der Einzäunung anzulegen, Enrico.«

»Ah! … Wir werden auch einen Zaun machen?«

»Ja, für unsere Tiere.«

»Für was für Tiere?«, fragte der Matrose erstaunt.

»Für die, welche wir einfangen werden, und wir legen auch eine Voliere an.«

»Dass wir Tiere einfangen, kann ich mir schon denken, aber Vögel! … Wollen Sie auch Netze anfertigen?«

»Netze nicht, aber ich hoffe, Vogelleim zu bekommen. Ich habe einen Baum entdeckt, der ihn uns verschaffen wird.«

»Jupiters Blitz! … Ich fange an zu glauben, dass man auf dieser wüsten Insel fett werden wird. Wie viele Robinsons uns beneiden würden! Und wenn man bedenkt, dass wir mit einem einfachen Beil und zwei Messern gelandet sind! … Herr Albani, wenn alle Ihre Versprechungen wahr werden, dann werde ich diese Insel nicht mehr verlassen, selbst wenn zehn Schiffe kommen sollten.«

»Ich hoffe, dass es uns in einem Monat an nichts mehr fehlen wird.«

Das Abendessen war mager, da sie keine Zeit gehabt hatten, sich Früchte zu holen, aber sie waren trotzdem damit zufrieden. Nachdem sie noch ein wenig geplaudert hatten, richteten sie das Zelt auf dem Fußboden der Hütte auf und schliefen fest ein.

Ihr Schlaf wurde durch keinen Zwischenfall unterbrochen. Der Tiger war vielleicht zurückgekehrt, aber hatte es nicht gewagt, das Haus, das besonders bei Nacht einen beeindruckenden Anblick bot, anzugreifen.

Sobald die Sonne am nächsten Morgen wieder erschien, wurde die Arbeit mit neuem Fleiß aufgenommen. Da der Schiffsjunge dabei nicht nötig war, schickte man ihn an den Strand, um Austern und Krabben zu suchen und vielleicht auch Vogeleier, denn man hatte zahlreiche Nester von Wasservögeln entdeckt.

Während des Morgens verstärkten Albani und Enrico die Wände und die Querbalken des Dachs, das sich nach zwei Seiten abdachen sollte, und sie bereiteten auch eine Anzahl Ziegel zu, indem sie mittelstarken Bambus durchspalteten.

In der Zwischenzeit hatte auch der Schiffsjunge seine Zeit nicht vergeudet und einen großen Vorrat von Krebstieren, Austern und Eiern zwischen den Klippen der Küste eingesammelt. Außerdem hatte er verschiedene Orangen mitgebracht, solche, die von den Malaien Giàruk[1] genannt werden, und einige von denen, die so groß wie ein Kinderkopf sind und die der *Citrus decumana*[2] hervorbringt; sie sind in diesen Gegenden unter dem Namen Buâ kadarigsa bekannt.

Die Arbeit wurde auch während des Nachmittags fleißig fortgesetzt. Der Venezianer und der Matrose bedeckten das Dach mit Bambusziegeln und legten große, breite Bananenblätter darauf, die der kleine Tonno gebracht hatte; dann wurden die Wände mit jungen Zweigen und Blättern durchflochten; sie sollten aber später durch stärkere Bambusrohre noch sicherer gemacht werden, für den Fall eines Angriffs von Tieren oder Menschen.

Es blieb nur noch der Zaun übrig, aber da er für den Augenblick nicht nötig war, beschlossen sie, ihn erst bei günstigerer Zeit zu errichten und sich zunächst um Waffen zu kümmern, denn man hatte

[1] Da die Orange bzw. Apfelsine eine natürliche Hybridkreuzung aus Mandarine (*Citrus reticulata*) und Pampelmuse (*Citrus maxima*) in vielfältigsten Varietäten darstellt, lässt sich eine Konkretisierung, welche Art dieser Früchte nun genau gemeint ist, nicht durchführen.

[2] Veraltete Bezeichnung für *Citrus maxima*, die Pampelmuse.

zahlreiche Fußspuren von großen Tieren im Umkreis der Hütte bemerkt. Da sie zu müde waren, einen Marsch in das Innere der Insel zu unternehmen, und Herr Albani erklärt hatte, dass er, um gute Waffen zu machen, eines bestimmten Baumes bedürfe, den er noch nicht in der Umgegend entdeckt hatte, wurde der dritte Tag dazu angewandt, Töpfe anzufertigen. Der Ton war nicht vergessen worden. Der fürsorgliche Venezianer hatte ihn im Schatten eines Gebüsches an einer feuchten Stelle aufbewahrt.

Er holte den großen Ball, machte ihn tüchtig nass und formte zuerst eine Art von Schüssel, die etwas ungeschickt ausfiel, aber für ihre Bedürfnisse genügte, dann zwei Töpfe und schließlich drei Teller.

Die Meisterwerke wurden an die Sonne gestellt, wo sie vollkommen trockneten, sodass sie nicht der Gefahr ausgesetzt waren, beim Feuer sofort zu platzen; am Morgen des fünften Tages ließ er sie dann bei schwacher Flamme brennen.

Drei Stunden später besaßen die Schiffbrüchigen der *Liguria* ihre Schüsseln, Töpfe und Teller und sogar hölzerne Gabeln und Löffel, die der Matrose aus dem harten Holz der Nipa[1] angefertigt hatte, einer Art Palme, die nahe der Küste wuchs.

An diesem Tag aßen sie die erste Fleischbrühe, da sie das Glück gehabt hatten, durch einen Steinwurf einen schwarzen Kakadu zu töten, der sich in einem dornigen Gebüsch verwickelt hatte.

Die Robinsons fingen schon an, mit ihrem Los zufrieden zu sein.

## 9. Die Giftbäume

Der letzte Schrei der Nachtvögel war kaum verklungen, als die Schiffbrüchigen ihre Hütte verließen, um den Baum zu suchen, den sie zur Anfertigung ihrer Waffen brauchten.

Die Morgennebel kämpften noch mit dem Licht, das rasch den Sieg gewann und das Meer mit herrlichen Perlmuttreflexen und silbernen Funken bemalte, die schon bald danach strebten, sich in Gold zu verwandeln.

Durch die Luft flogen immer noch schwerfällig einige jener dicken Fledermäuse, welche von den Malaien Kuleng, von den Naturforschern aber *Pteropus edulis*[2] genannt werden; sie sind sehr hässlich,

[1] Nipapalma (*Nypa fruticans*).
[2] Eine Flughund-Art.

haben die Körperformen eines kleinen Hundes, mit so breiten Flügeln, dass sie ausgebreitet einen Meter bis einen Meter und dreißig Zentimeter messen. Aber schon erhoben sich zwischen den Zweigen Scharen von Papageien mit glänzendem Gefieder; Pärchen von herrlichen *Chimancus albas*[1], in Taubengröße mit langem dünnem Schnabel, schwarzen Federn von samtiger, ziemlich schillernder Art, während die Schwanzfedern schneeweiß sind und in zwei langen lockigen Spitzen enden; ferner *Epimachus speciosus*[2], so groß wie gewöhnliche Falken, mit schwarzem, seidigem Gefieder und Schwanzfedern von einem halben Meter Länge, mit goldigen Reflexen; Scharen von den graziösen *Cicinnurus regius*[3], von der Größe unserer Drosseln mit dunkelroten Rückenfedern mit silbernen Tupfen, grüngoldenem Halskragen, weißer Brust und zwei dicken rosigen und grünlichen Federbüscheln unter der Kehle.

All diese wunderschönen Vögel flatterten furchtlos umher und näherten sich mitunter den Schiffbrüchigen, als ob sie nichts von diesen Männern zu fürchten hätten, was darauf schließen ließ, dass sie noch nie Menschen gesehen hatten.

Über die Bambusstauden hinaus führte Albani die Gefährten in einen dichten Wald, dessen Zweige so verschlungen waren, dass man sich schwer einen Weg hindurchbahnen konnte.

Die Zweige und Blätter all dieser Pflanzen verflochten sich zu einem unbeschreiblichen Wirrwarr, das verhinderte, dass das Licht des Tages bis zum Boden drang, während Tausende und Abertausende von Rotangs sich um die Stämme rankten, bis zu den Büschen hin ausdehnten, in Girlandenform herabhingen oder aber echte Netze bildeten, gegen deren Maschen sich die Dunkelheit stellenweise machtlos fühlte.

Die indo-malaiische Flora, in ihrer ganzen Reichhaltig- und Vielfältigkeit, schien sich in diesem Wald, der sich fast über die ganze Insel zu erstrecken schien, versammelt zu haben. Man sah Pflanzen, die den armen Schiffbrüchigen der *Liguria* tausend nützliche Dinge darbieten konnten, aber Herr Albani schien sich für den Augenblick gar nicht um sie zu kümmern oder vor einer von ihnen Halt machen zu wollen; auch antwortete er nicht auf die Fragen seiner Gefährten,

[1] Eine heute nicht mehr verifizierbare Vogelart.

[2] Veraltete Bezeichnung für eine Paradiesvogel-Art, vermutlich für den Schmalschwanz-Paradieshopf (*Epimachus meyeri*).

[3] Königs-Paradiesvogel.

die trotz ihrer geringen Kenntnisse über jene Bäume Mangos und Kokosnüsse entdeckt hatten.

Mit einmal stieß der Venezianer aber einen Schrei aus:

»Endlich!«

Sie hatten den Rand einer kleiner Waldlichtung erreicht, in deren Mitte sich ein einzeln stehender Baum von etwa dreißig Metern Höhe erhob, mit schlankem, geradem und astfreiem Stamm, der bis zu einer Höhe von drei Vierteln mit dichtem, dunkelgrünem Laub bedeckt war.

In einem Umkreis von mehr als dreißig Metern um den Baum herum war der Boden frei von jeder Pflanze, und die Pflanzen, die am Rande dieses Bereichs wuchsen, sahen kränklich aus und hatten halb vergilbte Blätter, so als würden sie sich in dieser Umgebung unwohl fühlen.

»Nehmt bloß nicht eure Mützen ab«, sagte Albani.

»Aber warum denn, mein Herr?«, fragte der Matrose.

»Weil die Ausdünstungen dieses Baums euch scharfes Kopfweh verursachen würden.«

»Was für ein Baum ist es denn?«

»Einer der giftigsten, die existieren, der Pohon-upas[1].«

»Drehen wir also bei, mein Herr?«

»Ganz im Gegenteil, Enrico. Es ist die Pflanze, nach der ich gesucht habe, um unsere Waffen anzufertigen.«

»Wollen Sie dazu das Gift dieses Baumes verwenden?«

»Ja, und ich kann euch versichern, dass es sehr stark ist.«

»Ich habe von diesem Upas schon in Java und auch in Sumatra sprechen gehört, mein Herr.«

»Das glaube ich dir.«

»Sie wollen die Pfeile mit dem Saft dieser Pflanze vergiften?«

»Jawohl, Enrico.«

»Aber wie wollen wir es herausbekommen?«

»Ich werde es wie die Wilden von Borneo machen; du wirst es gleich sehen.«

Der Venezianer hatte einen Topf und ein Bambusrohr bei sich, das in der Mitte durchgeschnitten und an einem Ende zugespitzt war. Er ergriff das Beil und machte unten am Baume einen tiefen Einschnitt, in den er die kleine Röhre steckte. Darunter stellte er den Topf und

[1] Upasbaum (*Antiaris toxicaria*), auch Javagiftbaum genannt, dessen Saft als Pfeilgift (= Upas Antiar oder Pohon Upas) Verwendung findet.

zog sich dann vorsichtig in das Gebüsch zurück, seine Gefährten auffordernd, ihm zu folgen.

»Es ist nicht klug, diese giftige Luft einzuatmen«, sagte er. »Man riskiert, die Zähne zu verlieren und heftige Schmerzen zu bekommen, die schwer zu heilen sind. Warten wir hier, bis das Gefäß gefüllt ist.«

»Ist denn das Gift dieses Baumes so mächtig?«, fragte der Matrose.

»Wie du siehst, wächst keine Pflanze unter seinem Schatten, und die Vögel, die sich unbemerkt nähern, fallen wie vom Blitz getroffen herab. Wenn du dich unter ihm ausstrecktest, würdest du die heftigsten Schmerzen bekommen und ohne Mütze könntest du deine Haare verlieren.«

»Und wie wollen Sie dieses Gift anwenden?«

»Ich weiß, wie man es benutzt, nachdem ich mehrmals gesehen habe, wie es die Kayan[1] auf Borneo einsammeln und dann behandelt haben.«

»Ein Mann, der von einem mit Upas getränkten Pfeil getroffen wird, stirbt wohl? …«

»Ja, nach zehn oder fünfzehn Minuten. Das Hauptgift des Upas scheint nach den letzten Erkenntnissen der Naturforscher in einem vegetabilischen Alkohol und einer noch nicht festgestellten Säure zu bestehen.

Der von einem vergifteten Pfeil Getroffene empfindet sofort ein heftiges Krampfgefühl, eine grenzenlose Schwäche, dann eine schreckliche Angst und Atemnot; es folgen Erbrechen, Tetanus[2], und der Tod tritt unter entsetzlichen Schmerzen ein.«

»Gibt es denn keine Mittel gegen ein solches Gift?«

»Die Heilung ist sehr schwierig, doch haben es einige Verwundete durch Anwendung großer Mengen von alkoholischen Getränken überstanden. Auch mit Ammoniak soll man gute Resultate erzielt haben.«

»Also genügt es, die Pfeile in den Saft zu tauchen, um sie todbringend zu machen?«

»Nein, er muss erst in der Sonne verdicken und mit anderen Säften vermischt werden. Wenn wir Tabaksblätter hätten, die wir in Wasser auflösen könnten, dann würde es genügen, aber weil wir keinen Tabak haben, werde ich noch etwas Besseres finden.«

»Eine andere Giftpflanze? …«

[1] Zu den Dayak-Völkern zählendes indigenes Volk auf Borneo.
[2] Wundstarrkrampf.

»Nein, Gambirsaft[1]. Ich habe schon mehrere solcher Pflanzen gesehen und weiß, wo sie zu finden sind.«

»Der Saft des Upas alleine reicht also nicht aus …«

»Doch, aber der Upas verliert seine giftigen Eigenschaften leicht, wenn er aber mit Gambir vermischt wird, dann hält er sich ein Jahr lang. Wir wollen mal schauen, ob der Topf schon gefüllt ist.«

Das Gefäß war beinahe voll mit einem milchigen Saft, der noch weiter aus dem Einschnitt herausströmte. Der Venezianer rührte ihn mit einem Stöckchen um, gab dann den Topf an den Schiffsjungen und sagte:

»Fürchte dich nicht, der eben ausgelaufene Saft hat keine Wirkung, und wenn dir auch einige Tropfen auf die Hand fielen, so würde es dir nicht schaden.«

Sie machten sich auf den Rückweg zur Hütte, aber Herr Albani fuhr fort, die Bäume zu betrachten, als ob er noch nach einer anderen Pflanze suchte. Sie hatten bereits einen halben Kilometer zurückgelegt, als er seine Gefährten auf eine Reisigpflanze hinwies, die mit dunkelroter Borke bedeckt war und kleine zylinderförmige Zweige mit ovalen, spitz auslaufenden Blättern trug, die auf beiden Seiten glatt, aber am Stiel mit gekrümmten Stacheln versehen waren.

»Hier haben wir einen Gambir!«, rief er aus. »Wir wollen die Blätter pflücken.«

Er wollte die Hände danach ausstrecken, als er sich plötzlich umwandte.

»Halt! … Halt! …«, rief er aus. »Hier ist ein Strauch, der die Wirkung des Upasgifts verdoppelt.«

»Auch eine Giftpflanze?«, fragte der Matrose.

»Ja, Enrico, vielleicht sogar noch schrecklicher, da man von ihr sagt, dass ihr in den Blutkreislauf eingeführter Saft eine noch schnellere Wirkung hat und den Starrkrampf und damit den Tod bringt. Pflücke die Blätter des Gambir, während ich dem Upassaft einige Tropfen von diesem Cetting *(Strychnos tieuté)*[2] hinzufüge.«

Er machte einen Einschnitt in den Strauch, der sich um eine Lontarpalme[3] gewunden hatte, und ließ die milchige Flüssigkeit sich mit

[1] Farb- und Gerbstoff, der aus Uncaria-Sträuchern gewonnen wird, hier speziell aus der Art *Uncaria gambir*.

[2] Synonyme Bezeichnung für *Strychnos ignatii*, die Ignatius-Brechnuss (auch Ignatiusbohne oder Ignatius-Bohnenbaum genannt).

[3] Palmyrapalme (*Borassus flabellifer*).

dem Upassaft vermischen, während die Seeleute einen tüchtigen Vorrat Gambirblätter einsammelten.

Als sie fertig waren, verließen sie den Wald, nicht aber ohne vorher noch Duriofrüchte aufgelesen und Orangen gepflückt zu haben.

Nachdem sie sich in der Hütte an Austern, Krebstieren und Früchten so gut wie möglich gestärkt hatten, begann Herr Albani mit der Herstellung der Waffen.

Er setzte das Gift der Sonne aus, ließ die Gambirblätter in dem Kochtopf kochen und erhielt nach sechzigstündigem Kochen einen dunkelbraunen Extrakt von elastischer Beschaffenheit, der auch im Handel unter dem Namen Gambir bekannt ist und zum Fixieren der Farben, besonders auf Seidenstoffen, gebraucht wird. Die Bornesen und Malaien wenden ihn indessen an, um die giftigen Säfte besser an ihren Pfeilen haften zu lassen.

Darauf ließ er ein großes Feuer anzünden und zwei von den eisernen Segelstangen, die er aus den gleichmäßigsten und weniger großen auswählte, zum Glühen bringen.

»Aber was tun Sie da?«, fragte der Matrose, der die verschiedenen Operationen neugierig verfolgt hatte, ohne zu verstehen, was er sah.

»Habe noch ein wenig Geduld«, antwortete ihm der gutherzige Venezianer.

Dann schnitt er Zweige von einer Pflanze ab, die einen Durchmesser von drei Zentimetern und eine Länge von anderthalb Metern hatten, vollkommen gerade waren, und entfernte sorgfältig deren Blätter.

Er wartete darauf, bis die Spitzen der Segelstangen rot zu glühen anfingen, dann begann er, einen jener Stöcke der Länge nach zu durchbohren, den Matrosen auffordernd, dasselbe mit einem anderen Zweig zu tun.

Diese Operation wurde mehrmals wiederholt, bis die beiden Stöcke nach zweistündiger Arbeit vollständig längsseits durchbohrt waren.

»Die Hauptsache ist getan«, sagte der Venezianer. »Jetzt wollen wir die Pfeile machen.«

»Ein Wort, mein Herr«, sagte der Matrose. »Wo bekommen wir die Bogen her? … Die durchbohrten Stöcke lassen sich nicht biegen.«

»Wir brauchen keine Bogen.«

Der Matrose und der Schiffsjunge sahen ihn erstaunt an.

»Bogen sind schwer zu handhaben, und es fehlt am geeigneten Holz, welches uns die Pflanzen hier nicht liefern werden. Ich habe es deshalb vorgezogen, Sumpitans herzustellen, wie sie fast die ganze Bevölkerung des Malaiischen Archipels benutzt.«

»Was ist denn ein Sumpitan?«

»Ein Blasrohr[1]; eine Waffe von großer Sicherheit, die man sehr leicht handhaben kann.«

»Aber Sie sind ein außerordentlicher Mann, Herr Albani!«, rief Enrico aus. »Hoffen Sie denn, mit diesem Blasrohr wilde Tiere zu erlegen?«

»Gewiss, mein Freund.«

»Aber kann man das Fleisch von Tieren essen, die mit vergifteten Pfeilen erlegt sind?«

»Nein, aber wir benutzen giftlose Pfeile dazu. Genug für jetzt, lasst uns unsere Arbeit fortsetzen.«

Herr Albani hatte dünnes Bambusrohr von jungen Stauden gesammelt und in zwanzig Zentimeter lange Stücke geschnitten. Er brachte an dem einen Ende von jedem einen sehr spitzen Stachel an, den er bei dem wilden Bambus gefunden hatte, und am anderen eine Art Pfropfen von Pflanzenmark in Kegelform und vom Kaliber des Blasrohrs. Dann ergriff er seine Waffen und Pfeile und lud die Freunde ein, ihm zu folgen. In einem Palmengendickicht saß eine Gruppe von schwarzen Kakadus, herrliche Vögel von der Größe einer Eule, mit einem Federbüschel auf dem Kopf, in den Zweigen; sie schwatzten laut.

Der Venezianer steckte einen Pfeil in das Rohr, setzte die Lippen daran und blies, nachdem er gezielt hatte, mit aller Kraft hinein.

Der leichte Pfeil flog rasch in die Höhe und traf einen der größten Kakadus an der Kehle, mit einer Genauigkeit, die bewies, wie erfahren der Jäger in der Handhabung dieser Waffe war. Der Vogel unterbrach plötzlich sein Geplapper und fiel auf den Boden, verzweifelt mit den Flügeln um sich schlagend.

Der Schiffsjunge ergriff ihn sofort und trug ihn nach der Hütte, wobei er rief:

»Ich werde ihn auf den Bratspieß zu stecken.«

»Wie meisterhaft getroffen! …«, rief der Matrose, dessen Erstaunen keine Grenzen mehr kannte. »Aber Sie haben diese Rohre schon öfter angewendet?«

[1] Eigentlich handelt es sich sogar um eine Doppelwaffe, die zusätzlich auch noch mit einer Lanzenspitze versehen wird, damit sie sowohl als Blasrohr als auch als Lanze im Nahkampf verwendet werden kann.

»Ja, in Pontianak[1]«, antwortete der Venezianer lächelnd.

»Glauben Sie, dass auch ich Vögel damit erlegen kann?«

»Es ist nicht so schwer. In drei Wochen kannst du, bei täglicher Übung, ein geschickter Jäger werden.«

»Jetzt, wo wir die Waffen haben, was werden Sie uns jetzt verschaffen, Herr Albani?«

»Brot.«

»Brot … Und werden Sie es finden?«

»Ich habe heute Morgen schon Pflanzen gesehen, die Mehl enthalten, und morgen wollen wir sie schneiden. Wenn dann nichts dazwischenkommt, wollen wir an das Übrige denken. Und gehen wir essen, Enrico; wir brauchen etwas gebratenes Fleisch nach so viel Mollusken und Früchten.«

## 10. Das Brot der Robinsons

Am folgenden Tag bewaffneten sie sich mit ihren Blasrohren und zahlreichen Pfeilen in einem ebenfalls aus dem kostbaren Bambus gefertigten Köcher und verließen die Hütte, um nach Mehl zu suchen, da bei allen lebhaft der Wunsch auftauchte, Brot oder irgendein Ersatzmittel dafür zu haben.

Der große Wald war nicht weit, und in wenigen Minuten befanden sie sich unter dem grünen Laubdach.

Aber bevor sie mit der Suche nach den Pflanzen begannen, wollte sich der vorausschauende Venezianer davon überzeugen, ob nicht eine Quelle mit klarem Wasser vorhanden sei, da die Lianen, mit denen sie bis jetzt ihren Durst gestillt hatten, spärlich wurden und das kleine Wasserloch, aus dem sie den Ton entnommen, ganz ausgetrocknet war.

Sie brauchten nicht lange zu suchen. In einem entfernten Winkel des Waldes entdeckten sie eine natürliche Quelle auf einer kleinen Höhe, sodass es möglich war, das Wasser mittels Bambusröhren bis zu ihrer Hütte zu leiten.

Sehr glücklich über diese Entdeckung suchten sie nun nach mehlhaltigen Pflanzen, von welchen es auf allen indo-malaiischen Inseln sehr viele verschiedenartige gibt, die dort ohne jeglichen Anbau wachsen.

[1] Hafenstadt im Westen Borneos.

Unglücklicherweise schienen aber die am meisten geschätzten Arten zu fehlen, denn es gelang Herrn Albani weder, die *Metroxilon sagu*[1] noch die *Metroxilon Rumphii*[2] zu finden, die eigentlich häufigsten und ertragfähigsten aller Sagobäume.

Sorgfältig betrachtete er alle Bäume, geriet aber mitten in das dichteste Gestrüpp, machte einige Schritte zurück, doch es war vergeblich. Da stieg er sogar auf die Hügel und kletterte auf die höchsten Bäume, in der Hoffnung, die riesigen Blätter dieser kostbaren Pflanzen zu erblicken, doch davon war nichts zu sehen.

»Meine Freunde«, sagte er entmutigt, »ich fürchte, ich kann mein Versprechen nicht halten.«

»Finden Sie ihre Pflanze nicht?«, fragte der Matrose.

»Ich hoffte, Sago gefunden zu haben, aber ich habe mich wohl geirrt.«

»Aber was heißt das, Sago? …«

»Bäume, die im Innern eine Art vortrefflichen Mehls in großer Menge enthalten. Sie sind eine der wertvollsten Pflanzen, denn man kann aus einem einzigen Baum so viel Brot gewinnen, um einen Menschen ein Jahr lang zu ernähren.«

»Erdbeben von Genua!«

»Wie ich dir sage, mein Freund. Eine Pflanze, die acht oder zehn Tage Arbeit erfordert, um das darin enthaltene Mehl in Brot zu verwandeln, bringt dreihundert Kilogramm äußerst nahrhaften Kraftmehls hervor oder eintausendachthundert Brote, von denen vier oder fünf für die tägliche Ernährung eines Menschen genügen.

Man hat ausgerechnet, was die Arbeit des Mehlgewinnens und des Backens kosten würde, und hat festgestellt, dass man für dreizehn Lire gutes Gebäck für das ganze Jahr haben könnte.«

»Aber wo wachsen diese kostbaren Pflanzen?«

»Im ganzen Malaiischen Archipel.«

»Wenn man sie in Italien einbürgern könnte, dann brauchte niemand mehr Hunger zu leiden. An fünf Bäumen würde jede Familie genug haben.«

»Es ist wahr, Enrico, aber es hat noch keiner daran gedacht, die Sagokultur in unserem Klima zu versuchen, während sie in Sizilien vortrefflich glücken müsste.«

---

1 Sagopalme.

2 Früherer Name von *Metroxylon sagu*, also hier eine überflüssige Dopplung, da beides ein und dieselbe Art bezeichnet.

»Und ist das Sagobrot gut?«

»Vorzüglich; es fängt auch schon an, in Europa verbreitet zu werden. Man benutzt das granulierte Mehl schon in Suppen, aber eines Tages wird auch das Brot in den Handel kommen.«

»Und wir können es nicht haben, obwohl wir uns in einem Land befinden, wo diese Bäume wachsen? Es tut mir leid, Herr Albani, aber ich fühle das Bedürfnis nach ein wenig Brot.«

»Ihr sollt es auch haben, aber von geringerer Beschaffenheit.«

»Das ist egal, mein Herr«, sagten der Matrose und der Schiffsjunge.

»Folgt mir nur, ich habe einige *Arenga saccharifera*[1] gesehen, die uns Mehl und auch noch anderes, nicht minder Wichtiges liefern werden.«

Er machte einige Schritte zurück, ließ die Gefährten ziemlich viel Gestrüpp mit sehr großen Bäumen durchqueren und blieb vor einer Gruppe majestätischer Bäume stehen, die mit ihrem dicken glatten Stamm und den federartigen Blättern, welche Trauben von runden Früchten trugen, den Palmen glichen.

»Dies hier sind einige der wertvollsten Bäume«, sagte der Venezianer. »Es sind vielleicht die nützlichsten, die auf den der Sundainseln wachsen.«

»Ich sehe nichts als Früchte, mein Herr«, sagte der Matrose. »Wird das Brot etwa aus diesen hergestellt?«

»Nein, obgleich sie auch essbar sind, wenn man sorgfältig die Schale entfernt hat, da diese giftig ist. Hört mir zu, und ich werde euch sagen, was wir alles von dieser Pflanze gewinnen können; in ihrem Stamm ist das nahrhafte Mehl enthalten, das die ärmeren Einwohner der Inseln teils als Brot, teils in der Suppe essen. Es ist nicht so fein wie das Sagomehl, aber es ist trotzdem nicht schlecht, und unsere Mägen werden sich bald daran gewöhnen.«

»Schön«, rief der Matrose, »dann machen wir Suppe davon.«

»Und Makkaroni«, sagte der Schiffsjunge.

»Wenn man Einschnitte in den Stamm macht«, fuhr Albani fort, »erhält man einen klaren, sehr süßen Saft, den man durch Verdunstung leicht in Sirup verwandeln kann.«

»Dann machen wir uns Brezeln!«, rief der kleine Tonno aus. »Die habe ich zu gern, Herr Emilio!«

»Und Süßigkeiten, wie man sie in Piemont isst«, sagte der Matrose.

---

[1] Synonym für *Arenga pinnata*, die Zuckerpalme.

»Wenn man den Saft gären lässt, den die Malaysier Toddi nennen, dann erhält man einen sehr geschätzten, berauschenden Likör, der Tuwah genannt wird und ähnlich wie Arrak[1] schmeckt.«

»Ich liebe Arrak«, rief Enrico. »Erdbeben von Genua! … Was für wunderbare Bäume!«

»Das ist noch nicht alles«, sagte der Venezianer. »Aus den Blättern können wir das Gomuti[2] gewinnen, eine Art von Haar, das man spinnen und zu starken Stricken verarbeiten kann, und aus den Blättern selbst kann man schöne Matten flechten. Was kann man von einer Pflanze mehr verlangen? …«

»Aber wenn alle diese Pflanzen in Italien wachsen könnten, dann würde ja keine Not mehr bei uns herrschen!«, rief der Matrose aus. »Diese Gegenden sind ja ein irdisches Paradies! …«

»Dass wir uns zunutze machen werden, Matrose«, sagte Albani. »Die Hand ans Beil, wir wollen einen dieser Bäume fällen.«

»Und der Zucker? …«, fragte der kleine Tonno.

»Heut wollen wir versuchen, unser Brot zu bekommen; an einem anderen Tag bekommen wir Zucker und auch Tuwah.«

Der Matrose erfasste das Beil und nahm den dicksten Baum in Angriff, der unter den gewaltigen Schlägen erzitterte. Die Rinde war hart, aber der Genuese hatte kräftige Muskeln, und nach einer Viertelstunde stürzte der Baum mit lautem Krachen zu Boden.

Herr Albani zeigte seinen Gefährten eine weiße mehlige Masse, die in der Rinde des Baums eingeschlossen war.

»Das ist das Getreide, woraus wir unser Brot machen werden«, sagte er. »Jetzt gib mir das Beil, der Stamm muss in Stücke geschlagen werden, um das Mehl herauszubekommen.«

Er führte das Beil mit großer Kraft und schnitt den Baumstamm in mehrere Stücke von jeweils einem Meter Länge. Der Matrose löste ihn von Zeit zu Zeit bei der harten Arbeit ab.

Als sie sieben Zylinder von ziemlich gleicher Länge erzielt hatten, schnitt der unermüdliche Venezianer einen starken Zweig ab, der als Stampfer dienen sollte, und stieß mit großer Kraft auf die Stämme ein, sodass die mehlige Masse herauskam.

Der Schiffsjunge, der verschiedene große Bananenblätter gesucht hatte, sammelte es sorgfältig darin auf. Diese mehlige Substanz war

---

[1] Starker Branntwein aus Reis oder aus dem Palmwein der Kokos- und Dattelpalme.

[2] Gomutifasern werden auch Goafasern genannt. Gomutipalme ist ein weiterer Alternativname der Zuckerpalme.

aber noch nicht verwendbar, da sie mit Pflanzenfasern vermischt war, die erst ausgeschieden werden mussten.

Als die Sonne unterging, besaßen sie schon mehr als hundert Kilogramm Mehl. Sie packten es in die Blätter ein und kehrten, wie Maultiere beladen, nach der Hütte zurück, äußerst zufrieden, diesen kostbaren Vorrat zu besitzen, der ihnen ein nahrhaftes Brot versprach, wenn es auch nicht so gut schmecken würde, wie das aus Weizenmehl bereitete.

Am anderen Morgen beeilten sie sich, eine Art Sieb aus Rotangfasern herzustellen, und befreiten das Mehl von den Pflanzenfasern. Ungeduldig, das Brot zu probieren, machten sie kleine Kuchen mit Meerwasser daraus, da es ihnen an Salz fehlte, und mittags konnten sie endlich ihr Mehl versuchen.

Es war ein vollständiger Erfolg. Der Matrose und der Schiffsjunge verschlangen mehrere Kuchen und erklärten sie für ausgezeichnet. Dieses Baummehl war zwar nicht ganz so schmackhaft wie das Mehl aus Getreide, aber es erinnerte ein wenig an Kartoffeln und besaß vor allem sehr nahrhafte Eigenschaften.

Nun wurde beschlossen, einen Ofen zu bauen, um Backwerk herzustellen, das sich aufbewahren ließ. Herr Albani geriet durchaus nicht in Verlegenheit dabei.

Die Schalen der Austern und anderen Muschelarten dienten ihm, bei starkem Feuer gekocht, als trefflicher Kalk, der Strand lieferte den Sand und die Felsen die nötigen Steine. Nach zwei Tagen war der Ofen vortrefflich im Gang, und das Backwerk häufte sich rasch in einer unter der luftigen Hütte errichteten zweiten Behausung, die als Vorratsraum dienen sollte.

Aber wenn auch das Brot zunahm, so fehlte es sehr an Fleisch. Früchte und Schalentiere hatten sie im Übermaß genossen, und es stellte sich das Bedürfnis nach Wildbret ein, wie sich auch der Mangel an Salz fühlbar zu machen anfing, dass sie nirgendwo finden konnten.

Glücklicherweise war das Meer nur einen Steinwurf weit entfernt und konnte ihnen genug davon geben, wenn sie es nur wollten. Es genügte, Löcher zu graben und mit Seewasser zu füllen, worauf dann die Sonne das Geschäft der Verdunstung übernahm.

Der Bau dieser Becken hatte nicht auf sich warten lassen: Sie hatten nach einem felsigen Boden gesucht und ihn aufgegraben, wobei sie ihre Messer zerstörten. Dabei hatten sie sich der Bambusbehälter bedient, um die Gruben mit Meerwasser zu füllen. Vier Tage später war auch das Salzproblem gelöst. Sie besaßen nun einen Vorrat von mehreren Kilogramm und konnten sich auch noch mehr davon verschaffen, da die Temperatur so heiß war, dass die salzhaltige Flüssigkeit der Becken schnell verdampfte.

»Nun, da wir Waffen, Brot und Salz besitzen, also die nötigsten Dinge für unsere Existenz«, sagte der Venezianer, »müssen wir uns auch Tiere zu verschaffen suchen. Die Insel scheint von Wild zu wimmeln, und es wird uns nicht schwer werden, uns inmitten des Waldes in den Hinterhalt zu legen.«

»Aber wie können wir uns Fallen verschaffen?«, fragte der Matrose.

»Wir graben zwei oder drei Meter tiefe Löcher und bedecken sie leicht mit Bambuszweigen.«

»Aber an eine Sache haben Sie nicht gedacht, mein Herr.«

»Und an welche?«

»Dass wir weder eine Hacke noch eine Schaufel besitzen.«

»Verflixt, das ist wahr, Enrico.«

»Wenn wir unsere schlechten Messer und unsere Hände benutzen, brauchten wir wohl fünfzehn Tage, um ein solches Loch zu graben.«

»Du hast recht.«

»Sie müssen wirklich alles, was uns auf dieser Insel notwendig ist, neu erschaffen.«

»Wir sind wohl, oder besser wir waren, die ärmsten aller Robinsons.«

»Könnte man denn die Tiere nicht ohne Fallen töten?«

»Ja, mit Pfeilen, aber die größeren werden nicht sicher von so schwachen Pfeilen erlegt, und dann muss man auch nicht alle töten, da die Insel klein sein kann und wir eines Tages in der Gefahr schweben können, ganz ohne Fleisch zu sein.«

»Teufel!«, rief der Matrose und kratzte sich heftig den Kopf.

»Ich möchte einige Tiere zusammenbringen, Enrico, und sich vermehren lassen, sodass wir nur welche töten, wenn wir sie brauchen.«

»Aber ohne Hacke! … Doch warum könnten wir uns keine machen.«

»Wie denn?«

»Aus den Eisenstangen unserer Segel, mein Herr.«

»Das ist wahr, Enrico.«

»Aber es fehlt uns ein Hammer.«

»Den haben wir: Dazu genügt der Rücken des Beils.«

»Aber werden wir auch Schaufeln herstellen können?«

»Die machen wir uns aus hartem Holz, daran fehlt es nicht.«

»Aber wir sind ja wunderbare Leute, mein Herr! …«

»Die Notwendigkeit schärft unseren Verstand«, sagte Albani. »Heute wird geruht, aber morgen machen wir unsere Werkzeuge und übermorgen haben wir vielleicht schon lebende Tiere.«

»Und wie wird es mit den Vögeln? …«

»Sobald ich den Vogelleim bereitet habe. Mit Geduld und Ausdauer werden wir alles bekommen.«

## 11. Mias Pappan und Boa constrictor[1]

Sie waren gleich nach Sonnenuntergang schlafen gegangen, da sie sich vorgenommen hatten, schon vor dem Sonnenaufgang an die Arbeit gehen wollten.

Sie schliefen fest und träumten schon von Fallen voller Tiere und Einzäunungen voller Tapire, Babirusas und Affen aller Art sowie Vögel, als ein Schrei, der den ganzen luftigen Bau erschütterte, den Schiffsjungen unsanft aufweckte, der auf der äußeren Plattform eingeschlafen war, um die Kühle der Nacht zu genießen.

Erst glaubte er, geträumt zu haben, und warf einen halb verschlafenen Blick umher, aber eine zweite Erschütterung, bei der die Bambusstangen der Hütte ächzten, bestimmte ihn dazu, aufzustehen und nachzusehen, um was es sich handelte.

Er kroch auf den Rand der Plattform und sah hinab.

Der eben aufgegangene Mond erleuchtete die ganze Küste wie bei Tageshelle und erlaubte ihm, alles ganz klar zu erkennen. Man kann sich denken, wie erstaunt der kleine Schiffsjunge war, als er an den Querstangen, die dem luftigen Gebäude als Stütze dienten, ein seltsames Tier hängen sah, das einem Menschen glich.

»Heda!«, rief er noch mehr überrascht als erschreckt aus. »Ein Wilder, der sich damit amüsiert, unter uns zu turnen! … Ein lustiges Herrchen, wie es scheint!«

---

[1] Die Abgottschlange (*Boa constrictor*) kommt in der Tat ausschließlich in Südamerika vor. In Asien und auf verschiedenen Pazifikinseln lebt die Gattung der sog. Pazifik-Boas (*Candoia*) mit insgesamt fünf bekannten Arten. Das sind Boaartige, keine Echten Boas. Viel wahrscheinlicher ist am gegebenen Handlungsort das Vorkommen einer anderen Würgeschlange, nämlich des Python, speziell des Tigerpython (*Python molurus* bzw. *Python bivittatus*).

Das seltsame Wesen, das anstatt zu schlafen, Spaß daran hatte, horizontale und vertikale Purzelbäume zu schießen, und zwar mit einer Gewandtheit, um die ihn ein Turnlehrer beneiden konnte, schien in diesem Augenblick nur mit dem Gedanken beschäftigt zu sein, was für ein sonderbares Ding dieses zwischen Himmel und Erde schwebende Gebäude eigentlich sei. Es schwang sich von einer Bambusstange zur anderen, führte die wunderbarsten Luftsprünge aus und gab sein Vergnügen durch gewisse Grunztöne und mächtiges Pusten und Schnauben zu erkennen, dass dem Schiffsjungen etwas bedenklich zumute wurde.

»Bei der Lava des Vesuv!«, rief er aus. »Was für eine Stimme hat der Mensch? Man sollte denken, er hat eine Orgelpfeife oder eine Bassgeige in der Kehle!«

Er stand auf, um die Gefährten zu wecken, aber ein noch stärkeres Rütteln ließ ihn auf die Plattform taumeln.

»Beim Schwellen eines Vorbramsegels!«, rief er. »Die Hütte bricht zusammen!«

Im selben Augenblick hörte man den Matrosen schreien.

»Auf, auf! Ein Erdbeben!«

Er stürzte von Herrn Albani gefolgt auf die kleine Plattform hinaus. Dieser, der nicht recht an das Erdbeben glaubte, hatte sich mit einem Blasrohr und einigen Pfeilen bewaffnet, die mit dem Saft des Upas getränkt waren.

»Was ist passiert, kleiner Tonno?«, fragte Enrico, den Schiffsjungen entdeckend. »Ist das ein Erdbeben?«

»Ja, aber ein Erdbeben mit vier Beinen, das wie ein Teufel turnt«, antwortete der Schiffsjunge.

»Was willst du damit sagen?«, fragte Albani.

»Dass hier unten ein Mann ist, der sich das Vergnügen macht, unsere Hütte zu erschüttern.«

»Ein Mann? …«, riefen der Venezianer und der Matrose aus.

»Ihr könnt ihn sehen; er befindet sich dicht unter uns.«

Beide näherten sich dem Rand der Plattform, wichen aber sofort wieder zurück. Die geheimnisvolle Persönlichkeit, die augenscheinlich ihre Stimmen gehört hatte, war bis an die Plattform emporgeklettert und steckte den Kopf darüber hervor. Was für ein Mensch! … Der Kopf, wenn er auch einem menschlichen ähnlich sah, war furchtbar hässlich … Es war ein riesiger Kopf, mit dichtem, rötlichem Haar bedeckt, mit breitem Gesicht, stark vorstehenden Backenknochen, tief gerunzelter Haut und einem so großen Mund, dass er von einem Ohr bis zum anderen reichte; er war mit einer Doppelreihe weißer Zähne besetzt, die so spitz waren wie Tigerzähne.

Der Ausdruck dieses Gesichts war so wild, dass einem das Blut erstarrte.

»Donner von Genua!«, rief der Matrose. »Was ist das für ein Mann? …«

»Zurück!«, schrie Albani mit veränderter Stimme. »Der Mias Pappan ist schlimmer als die Tiger.«

Obgleich der Matrose und der Schiffsjunge nicht ahnten, was ein Mias Pappan sei, zogen sie sich doch mit Windeseile zurück.

Das Untier betrachtete die drei Schiffbrüchigen mit Augen, aus denen düstere Blitze schossen, ließ ein raues Brummen hören und verschwand dann, wobei es den Bambusstäben einen solchen Stoß versetzte, dass die ganze Hütte zusammenzubrechen schien.

»Donnerwetter!«, schrie der Matrose, auf das Beil zustürzend.

»Noch ein solcher Stoß, und wir brechen uns die Beine!«, rief der Schiffsjunge.

Herr Albani, der sehr aufgeregt schien, hatte rasch einen Pfeil in das Blasrohr gesteckt und sich am Rand der Plattform ausgestreckt. Er schien darauf zu warten, dass das gewaltige Untier erneut auftauchte, um ihm den tödlichen Pfeil zuzusenden.

Der Mias schien es indes nicht eilig zu haben, die Bambusstützstangen zu verlassen, und man hörte ihn unter der Plattform brummen und schnaufen. Offenbar war er mit etwas beschäftigt, vielleicht versuchte er, die Stützstangen loszulösen, denn die Hütte wurde fortwährend gerüttelt und geschüttelt.

»Herr«, rief der Matrose, sich zu Herrn Albani umwendend, der mit dem Blasrohr zu zielen versuchte, »wenn das so weitergeht, wird unsere Hütte einen fürchterlichen Purzelbaum schlagen!«

»Ich weiß es wohl, aber ich kann den verdammten Orang-Utan nicht entdecken«, antwortete der Venezianer.

»Dann handelt es sich also um einen Affen?«

»Ja, aber um einen der furchtbarsten, der es mit zehn bewaffneten Leuten aufnehmen kann.«

»Donnerwetter!«

»Still jetzt!«

Inmitten der Büsche, die nahe dem Zaun wuchsen, hörte man einen klagenden Schrei, der etwas Menschliches an sich hatte.

»Wer mag da so klagen?«, fragte der Matrose erstaunt.

»Es scheint etwas in dem Gebüsch vor sich zu gehen«, sagte Albani.

»Das Untier!«, rief der kleine Tonno. »Da ist es, seht nur!«

In der Tat hatte sich der Orang-Utan mit einem riesigen Schwung auf die äußeren Bambusstangen geworfen und kletterte mit Blitzesschnelle hinab.

Dieser Affe konnte Furcht erregen. Er war so groß wie ein Mann von mittlerer Statur; seine große, stämmige, muskulöse und breite Brust war mit langem rötlichen Haar bedeckt; seine mächtigen Schultern mit den starken Knochen zeigten, welch außergewöhnliche und unberechenbare Kraft dieses Wesen besitzen musste; die mehr als einen Meter langen Arme, die knorrig wie ein Baumstamm und reich an Muskeln waren, endeten in unförmigen Händen mit starken, spitzen Nägeln und seine riesigen, dicken Beine in übertrieben großen Füßen mit ebenfalls gekrümmten Nägeln.

Diese großen Affen, welche die Malaien Mias Pappan oder Mias Kassa nennen, leben versteckt in den dichtesten Wäldern von Borneo und den umliegenden Inseln und halten sich meist auf den Bäumen auf. Sie haben eine kolossale Kraft und ebensolche Beweglichkeit, sodass sie sich mit blitzartiger Geschwindigkeit auf die höchsten Bäume schwingen und imstande sind, einen ganzen Wald zu durchstreifen, ohne einmal auf die Erde herabzusteigen.

Sie laufen aber auch äußerst rasch auf der Erde, was jedoch sehr lächerlich aussieht, da sie sich der Hände und Füße dabei bedienen, und zwar immer zugleich des rechten Fußes und der rechten Hand und umgekehrt, sodass es so erscheint, als ob sie schräg liefen.

Im Bewusstsein ihrer Stärke greifen sie kühn die wildesten Tiere des Waldes an und fürchten weder Menschen noch Krokodile oder Schlangen und Tiger, und wenn sie angegriffen werden, sind sie von schreckenerregender Wut. Lässt man sie jedoch in Ruhe, dann greifen sie niemanden an, und wenn sie Menschen begegnen, dann begnügen sie sich damit, sie neugierig zu betrachten, und setzen ruhig ihren Weg fort.

Den auf die Bambusstangen der Hütte gekletterten Mias hatte augenscheinlich eine unbezwingliche Neugier angezogen; er musste wohl ernste Gründe haben, um so plötzlich hinabzuklettern, das dachte der Venezianer sofort, denn anstatt ihm den tödlichen Pfeil zuzusenden, wartete er mit dem Blasrohr in der Hand, neugierig darauf, was sich begeben würde.

Auf dem Boden angelangt, sprang der Mias Pappan mit einem Satz über die Einzäunung und stürzte sich auf das Gebüsch zu, ein wütendes Geheul ausstoßend.

Plötzlich fiel ihm ein dicker langer Gegenstand auf den Rücken und wickelte ihn vom Kopf bis zum Fuß ein.

»Eine Boa! …«, rief der Venezianer.

»Eine Schlange?«, fragten der Matrose und der Schiffsjunge.

»Ja, meine Freunde, eine würdige Gegnerin des Mias.«

Der Venezianer hatte sich nicht getäuscht. Die Boa constrictor ist ein Gegner, der es mit den Tigern und auch mit den Orang-Utans aufnehmen kann, da sie solche Kraft besitzt, dass sie imstande ist, sogar einen Ochsen zu erdrosseln.

Es sind die längsten und dicksten aller Schlangen, denn sie erreichen häufig eine Länge von neun und zehn Metern und haben den Umfang eines Männerschenkels. Wenn sie auch nicht giftig sind, so sind sie vielleicht doch gefährlicher als die anderen, weil sie eine einmal gefasste Beute nicht wieder loslassen. Sie begnügen sich allerdings auch mit kleiner Beute, Mäusen, Fröschen, Eidechsen und Affen, aber wenn es ihnen glückt, lassen sie weder Tiger noch Babirusas oder Tapire entkommen, ebenso wenig wie die Mias, wenn sie auch häufig beim Kampf mit diesen letzteren unterliegen.

Als der Orang-Utan sich plötzlich von der Boa umschlungen fühlte und den Kopf des Reptils mit den beutegierig auf ihn gerichteten Augen über sich erblickte, stieß er einen heiseren Wutschrei aus.

Da ihm ein Arm frei geblieben war, packte er das Reptil unter dem Kopf und drehte es um, als ob es ein Strohhalm wäre, aber die Umschlingung löste sich nicht, sondern zog sich immer enger, sodass der mächtige Knochenbau des Waldmenschen zu knirschen anfing.

Der Druck musste furchtbar sein, denn man sah, wie der große Affe entsetzt den Rachen aufsperrte, als ob ihm die Luft mangelte, und wie ihm die Augen, die düstere Blitze schossen, aus den Höhlen traten.

Seine kräftige Hand packte den Kopf der Schlange und zerquetschte ihn wie eine Haselnuss; dann begann er, mit den nägelbewaffneten Füßen ihr Hinterteil zu bearbeiten und zu zerreißen.

Die Schlange zischte vor Wut, verlor aus beiden Extremitäten Blut, aber konnte sich noch nicht entschließen, den Gegner loszulassen, sondern verdoppelte die Kraft ihrer Umschlingung.

Mit einem Mal hörte man das Krachen zerbrechender Knochen

und Reptil und Mias fielen, noch immer eng umschlungen, auf die Erde.

»Sind sie tot?«, fragten der Matrose und der Schiffsjunge, die mit lebhafter Aufregung alle Einzelheiten dieses furchtbaren Kampfes beobachtet hatten.

»Ich glaube, ich höre den Mias noch atmen«, antwortete der Venezianer. »Es wird klug sein, ihm vor dem Hinabsteigen noch einen Pfeil in den Leib zu jagen.«

Er erhob das Blasrohr und blies kräftig hinein. Der leise schwirrende Pfeil flog schnell und traf den Waldmenschen in die Brust.

Man hörte ein dumpfes Grunzen, aber kurz darauf stockte der Atem des Riesenaffen.

»Jetzt können wir hinabsteigen«, sagte Albani.

»Nein, Herr!«, rief der kleine Tonno aus.

»Warum nicht? Beide sind tot.«

»Seht einmal dort bei dem Gebüsch!«

Der Venezianer und der Matrose blickten nach der angegebenen Richtung und sahen einen Affen aus den Büschen heraustreten, der schon über einen Meter groß und von kräftiger Gestalt war. Er näherte sich zögernd der Gruppe des Mias und der Boa und stieß Klagetöne aus, die etwas Menschliches an sich hatten.

»Es ist das Junge des Orang-Utans«, sagte Albani.

»Dann war der Große also eine Äffin«, sagte der Matrose. »Das arme Kleine! … Wird es allein leben können?«

»Es ist schon alt genug«, antwortete Albani.

»Wollen wir es gehen lassen?«

»Ich glaube, es könnte uns nützlich sein, Enrico.«

»Dieser Affe? …«

»Wir können einen tüchtigen, kräftigen Diener aus ihm machen.«

»Aber wenn er groß wird, dann schlägt er uns tot, mein Herr.«

»Die Dajaken benutzen sie häufig und haben sich nie über sie zu beklagen. Es scheint, dass sie in der Knechtschaft ihre wilden Triebe verlieren. Dieser Mias kann uns mit seiner ungewöhnlichen Kraft große Dienste leisten.«

»Dann wollen wir ihn einfangen.«

»Ich werde mich um ihn bekümmern, mein Herr«, sagte der kleine Tonno. »Ich habe die Affen sehr gern.«

Sie ließen sich an den Bambusstangen hinabgleiten, die ihnen als Leiter dienten, und näherten sich dem jungen Mias, der fortfuhr, um die tote Mutter herumzukriechen, wobei er laute Jammerrufe ausstieß.

Der Matrose ergriff ihn am Arm, um ihn in die Einzäunung zu ziehen, erhielt aber einen so heftigen Stoß, dass er hinfiel und mit den Beinen in die Luft schlug.

»Beim Beben! Was für eine Kraft!«, rief er aus.

»Versuchen wir es mit Güte«, sagte Albani.

Sie begannen, ihn freundlich zu streicheln und boten ihm Früchte an. Der kleine Mias, der sich zuerst sehr ablehnend verhielt, nahm schließlich das Fleisch eines Durio an und verspeiste es mit großer Gier.

Nach und nach ließ er sich durch das fortgesetzte Anbieten von Früchten in die Einzäunung locken, und der Matrose band ihn mit einem starken Tau fest, ohne neue Stöße zu bekommen.

»Er wird sich bald eingewöhnen«, sagte Albani. »In zwei Wochen wird er uns wie ein Hündchen folgen, und in einem Monat werden wir an ihm einen vortrefflichen Diener haben und einen geschickten Früchtesammler. Lassen wir ihn jetzt in Ruhe und setzen unseren Schlaf fort.«

## 12. Die Affen beim Krebsfang

Zehn Tage waren seit der Ergreifung des kleinen Mias vergangen, und wenn die Robinsons auch noch keine weiteren Forschungen im Inneren der Insel oder in den südlichen großen Waldungen gemacht hatten, in denen sie viele weitere wertvolle Dinge finden konnten, so waren sie doch nicht untätig geblieben.

Sie hatten verschiedene unentbehrliche Gegenstände angefertigt, einen Tisch, Bänke und allerlei Gefäße, wozu sie die dicken Stämme des Riesenbambus verwendeten, bequeme Hängematten aus den Segelstücken und eine Wasserleitung, die von der Quelle im Wald bis an ihre Einzäunung führte.

Sie hatten auch ein Stück Land mit Hacken gerodet, die sie aus den Eisenteilen ihres Mastes gefertigt hatten, und Fallgruben ausgehoben, jedoch ohne Resultat, da das größere Wild die Küste verlassen zu haben schien.

Es war ihnen aber geglückt, einige Vögel zu fangen, die sie in einer Art Voliere untergebracht hatten, welche der Seemann mit sehr viel

Geduld aus Rotangfasern und jungen Bambuszweigen hergestellt hatte.

Um dieser Vögel habhaft zu werden, hatten sie sich eine Art von festem Vogelleim aus einer Schlingpflanze verschafft, Giunta-wan *(Erceola elastica)*[1] genannt, die zur Familie der *Apocineen*[2] gehört, und eine Art Kautschuk liefert, den die Malaien zum Vogelfang benutzen.

Mit diesem Leim hatten sie sich zum Beispiel verschiedene Pärchen von *Buceros rhinoceros*[3], gewöhnlich Tukan[4] oder Nashornvogel[5] genannt, eingefangen, große seltsame Vögel, die oben schwarze und unten weiße Federn haben, einen Schwanz von mehr als dreißig Zentimetern Länge und einen riesigen Schnabel, der ebenso lang ist wie ihr ganzer Körper, von gelbrötlicher Farbe und überragt von einem knochigen Auswuchs in der Form eines dicken Kommas.

Sie hatten auch riesige Pfaufasanen[6] erbeutet, herrliche Vögel von mehr als Pfauengröße, die einen förmlichen Mantel von schwarzen Federn mit weißen Streifen und rotbraunen Flecken tragen und deren halbmeterlange Schweife in zwei leicht gekrümmten Federn enden; ferner Magnifiktauben[7], die so genannt werden, weil sie die schönsten und anmutigsten ihrer Art sind. Sie sind so groß wie spanische Tauben, haben aber blassblaue Brustfedern mit kupferglänzenden Reflexen und dunkelgrüne Rückenfedern mit goldigem Schimmer.

Diese Vögel waren rasch zahm geworden und flogen nicht mehr davon, wenn der kleine Tonno kam, um ihnen große Mengen von Samen aller Art, Würmer und Brotkrumen zu bringen.

Eines Morgens begann sich auch die Einzäunung zu bevölkern. Der Matrose hatte bemerkt, dass mehrere Affen sich bei der ersten Morgendämmerung an den Strand begaben, es aber nie geschafft, sich ihnen zu nähern, um herauszubekommen, was sie dort am Meer taten.

---

1 Gemeint ist hier der Gummibaum (*Ficus elastica*), auch Indischer Kautschukbaum genannt.

2 Veraltete Bezeichnung für die sog. Hundsgiftgewächse (*Apocynaceae*). Allerdings weiß man heute, dass der Gummibaum nicht zu dieser Pflanzenfamilie gehört, sondern zu den Maulbeergewächsen (*Moraceae*).

3 Rhinozerosvogel.

4 Tukane (*Ramphastidae*) sind eine Vogelfamilie, die heute zu den Spechtvögeln (*Piciformes*) gezählt wird. Eventuell liegt hier eine Verwechslung mit den sog. Tokos (Tockus) vor, die wie der Rhinozerosvogel zur Familie der Nashornvögel gehört.

5 Nashornvögel (*Bucerotidae*) sind eine Vogelfamilie, die auch Hornvögel genannt wird.

6 Auch Spiegelpfaue genannt (*Polyplectron*).

7 Gemeint sind die sog. Langschwanz-Fruchttauben (*Ptilinopus magnificus*).

Von Neugierde getrieben, beschloss er, sich bei einigen Klippen nahe dem Meer zu verstecken und dazu den Schiffsjungen mitzunehmen. Wie miteinander vereinbart, standen sie am Morgen, noch bevor die Sterne anfingen zu verblassen, auf und ließen Herrn Albani ruhig in seiner Hängematte weiterschlafen.

Sie stiegen in der Nähe der kleinen Bucht zum Ufer hinab und verbargen sich hinter einigen Klippen, um die Ankunft der Vierhänder zu erwarten.

»Mal sehen, was sie tun werden, wenn sie kommen«, sagte der Matrose zum Schiffsjungen.

»Ob sie wohl ein Bad nehmen werden?«, fragte der kleine Tonno.

»Ich habe noch nie einen Affen im Wasser gesehen und denke, dass sie, wie die Katzen, Angst davor haben.«

»Dann werden sie kommen, um eine Meerwasserkur zu machen. Sie werden wissen, dass dies ein ausgezeichnetes Reinigungsmittel ist.«

»Ja, du Spaßvogel.«

»Oder sie haben Boote und fahren zum Vergnügen aufs Meer hinaus.«

»Nein, sie werden wohl zum Fischen gehen«, antwortete der Matrose lachend.

»Das würde mich nicht überraschen, Enrico, denn sie haben die Angewohnheit, die Menschen zu imitieren.«

»Sei still! Sie kommen!«

»Jetzt schon?«

»Der Morgen bricht an.«

Die Affen kamen tatsächlich. Es waren zehn oder zwölf, von vierzig bis fünfzig Zentimetern Größe, mit dunklem Fell und den *Semnopithecus* (Schlankaffen)[1] ähnlich.

Sie näherten sich im Gänsemarsch, schweigend und mit lächerlicher Ernsthaftigkeit. Dann stiegen sie zum Strand herab, verteilten sich auf den Klippen und beobachteten aufmerksam das Wasser.

Die beiden Seeleute, von lebhafter Neugier ergriffen, folgten jeder ihrer Bewegungen mit lebhafter Spannung.

Mit einem Mal sahen sie, wie die Affen dem Meer den Rücken zu-

[1] Mit *Semnopithecus* werden heute Indische Languren bezeichnet. Schlankaffen tragen die wissenschaftliche Bezeichnung *Presbytini*. Lebensraum und Beschreibung klassifizieren die gemeinten Tiere korrekterweise als Haubenlanguren bzw. Lutungs (*Trachypithecus*).

wandten und die langen Schwänze ins Wasser tauchten, wo sie sie leicht hin und her bewegten.

»Ich sagte dir ja, dass sie gewiss herkommen, um zu baden«, murmelte der kleine Tonno.

»Bewahre«, rief Enrico und ließ den Kopf sinken. »Sie verfolgen einen anderen Zweck. Oh! … Wie sonderbar! … Hast du jemals Affen gesehen, die fischen?«

Ein Vierhänder, der erst ein Gesicht geschnitten hatte, als ob er einen heftigen Schmerz empfände, hatte plötzlich den Schwanz aus dem Wasser gezogen, indem er ihn mit einer schnellen Bewegung nach vorn und zurück zog. Etwas, das sich daran festgeklammert hatte, flog in die Luft und dann mit einem dumpfen Geräusch auf ein benachbartes Felsstück nieder.

»Beim Geweih eines Hirsches!«, rief der erstaunte Matrose aus. »Sie fischen Krebse! …«

Es war wirklich wahr; die Affen fingen Seekrebse, wobei sie ein sonderbares und zugleich schmerzhaftes System anwandten.

Da sich diese Schalentiere in den unter dem Wasser befindlichen Felsenspalten aufhielten, stöberten die spitzbübischen Vierhänder sie mit den Schwänzen auf, und wenn eines davon sich mit den Scheren am Schwanz eines Affen festklammerte, so wurde es von diesem mit einer blitzartigen Bewegung seinem Element entrissen und so heftig gegen die Steine des Strandes geschleudert, dass die Schalen zerbrachen. Das wohlschmeckende Fleisch wurde dann mit großer Gier von den Affen verzehrt.

»So etwas habe ich noch nie gesehen«, sagte der Matrose mit zunehmender Verwunderung.

»Ha! … Wenn wir es nachmachten!«, rief der Schiffsjunge.

»Was würdest du statt des Schwanzes eintauchen?«

»Die Hände.«

»Um sie zu ruinierten? … Glaubst du, dass diese Affen keinen Schmerz empfinden? Sieh nur an, was für Grimassen sie schneiden. Aber guck! … Es scheint, als ob das Fischen nicht so gut läuft!«

Zwei Affen, deren Schwänze ins Wasser getaucht waren, schrien mörderisch, waren aber nicht imstande, ihre Anhängsel wieder loszubekommen. Vergeblich strampelten sie mit Händen und Füßen und unternahmen wütende Anstrengungen. Die Krebse schienen keine Lust zu haben, aus ihren Löchern herauszukommen und das Wasser verlassen zu wollen.

Ihre Gefährten wollten ihnen zu Hilfe eilen, als der Matrose aus seinem Versteck stürzte und schrie:

»Drauf, kleiner Tonno!«

Die Bande entfloh schleunigst, aber die beiden Gefangenen mussten trotz ihrer Tränen am Strand bleiben.

Es gelang dem Matrosen und dem Schiffsjungen bald, ihre Schwänze loszureißen und zwei Krebse von der Größe eines Hutes kamen heraus, die aber erst getötet werden mussten, ehe sie ihre Beute losließen.

»Kommt nur mit, meine Lieben«, sagte Enrico. »Wir werden sie dazu bringen, dem Mias Gesellschaft zu leisten.«

Er fasste die beiden Gefangenen am Arm und zog sie trotz ihres Widerstands und ihres Beißens in die Einzäunung hinein.

»Neue Dienstboten?«, fragte der Venezianer, der eben aus der Hütte herabkam.

»Nein, mein Herr«, sagte der Matrose lachend. »Wir bringen zwei Fischer, die uns mit köstlichen Krebsen versorgen werden. Haben Sie schon einmal Affen fischen sehen?«

»Nach Krebsen? ...«

»Ja.«

»Schon ziemlich oft, vor allem auf Java.«

»Ha! Und ich dachte, Euch eine große Neuigkeit zu erzählen!«

»Das ist eine recht alte Neuigkeit für mich, Enrico«, sagte Albani. »Hinkepfot!«

Der mit diesem Namen Angerufene war der Mias. Der kleine Tonno hatte ihn so genannt, weil er ein wenig hinkte, wahrscheinlich infolge eines Purzelbaums von der Spitze eines sehr hohen Baumwipfels.

Der junge Mias, der Zuneigung für seine Herren gefasst hatte, obwohl er immer traurig und melancholisch erschien, wie alle seiner Art, und der jetzt frei in der Umzäunung einherging, ohne sich jemals zu entfernen, hatte die Stimme des Venezianers gehört, war aus dem für ihn errichteten Häuschen herausgekommen und betrachtete die neu Angekommenen neugierig.

Als diese ihn vor sich sahen, zeigten sie erst große Angst und kletterten, als sie sich frei fühlten, auf den Zaun, um in die benachbarten Büsche zu flüchten, aber Hinkepfot, als guter Aufseher, fasste sie rasch am Schwanz und holte sie herunter, wobei er durch dumpfes Brummen seinen Zorn zu erkennen gab; dann, um ihnen klar zu machen, dass sie ihm zu gehorchen hätten, versetzte er jedem von ihnen einen solchen Fußtritt, dass sie sich zweimal überschlugen.

»Bravo, Hinkepfot!«, riefen die beiden Seeleute, sich vor Lachen schüttelnd.

»Bei solchem Lehrmeister werden sie bald sehr fügsam werden«, sagte Albani.

»Glauben Sie das, mein Herr?«, fragte der Matrose.

»Ich bin mir sehr sicher und glaube sehr an ihre Gehorsamkeit, wenn wir unsere Expedition auf den Berg dort machen werden.«

»Sie wollen Sie hier bei Hinkepfot zurücklassen?«

»Ganz im Gegenteil, Enrico; ich habe vor, sie mit uns zu nehmen und sie einen Teil unseres Gepäcks tragen lassen.«

Die beiden Seeleute wollten sich totlachen.

»Ich meine es im Ernst«, sagte Albani. »Unsere Affen werden uns als Träger folgen.«

»Und dann werden wir ihnen noch das Kochen beibringen, mein Herr«, sagte der Schiffsjunge.

»Damit wir Schwanzhaare in unserer Suppe finden!«, sagte der Matrose. »Nein, solche Helfer möchte ich nicht haben. Dann bringe ich ihnen lieber bei, trockenes Holz für das Feuer zu sammeln.«

»Und zum Brunnen zu gehen, um Wasser zu holen.«

»Auch das, kleiner Tonno. Ach, welch reizende Diener ... Herr Albani, ich kann Ihnen versichern, dass ich nicht darauf gehofft habe, nach dem Brot und all den anderen nützlichen Dingen, die Sie uns seit der Landung auf der Insel verschafft haben, nun auch noch Diener zu bekommen.«

»Du bist aber leicht zufriedenzustellen.«

»Glauben Sie denn, dass es einen Grund für mich geben könne, mich zu beschweren?«

»Nein, aber ich beabsichtige natürlich noch viel mehr zu bekommen. Wenn wir in den Wald aufbrechen, hoffe ich, mit vielen Dingen zurückzukommen, die uns noch fehlen. Ich möchte die ganze Fülle, die sich uns hier bietet, ausnutzen, damit es uns an nichts fehlen wird, was wir aus unserem sonstigen Leben kennen.«

»Aber was wollen Sie denn noch aus den Pflanzen gewinnen?«

»Ganz viele Dinge noch.«

»Sie machen mich neugierig. Wann werden wir denn diesen Ausflug machen?«

»In ein paar Tagen. Es liegt mir daran, diese Insel kennenzulernen, von der wir noch nicht wissen, ob sie groß oder klein, bewohnt oder unbewohnt ist. Noch heute werden wir mit unseren Vorbereitungen beginnen.«

»Aber es fehlt uns ja nichts, mein Herr. Wir haben Brot, können einige Vögel mitnehmen, haben Wasser zu unserer Verfügung. Was wollen Sie noch mehr?«

»Etwa ein Zelt.«

»Wir haben noch Segel.«

»Das ist wahr, aber wir brauchen Brotbeutel, um unsere Vorräte fortzubringen.«

»Die können wir aus den Segeln machen.«

»Aber wie wollt ihr die Leinwand nähen?«

»Teufel! … Es ist immer dieselbe Geschichte, es fehlt uns an allem. Aber wo sollen wir Nähnadeln finden. Wir können uns doch keine machen.«

»Dann müssen wir welche suchen.«

»Aber wo? …«

»Die Fische werden sie uns mit ihren Gräten liefern. Wie ich dir schon sagte, benutzen die nordischen Völker, die Eskimos[1], Samojeden[2] und viele andere die Gräten, um ihre Kleider damit zu nähen, und wir werden es ebenso machen.«

»Aber wir müssen doch erst diese Fische fangen und besitzen keine Angeln.«

»Glücklicherweise hilft uns auch dabei eine Pflanze.«

»Und welche?«, fragte der Matrose erstaunt.

»Auch diese Bambuspflanze. Die sogenannten *Hauer-tgiutziuk* oder *Blume* haben gekrümmte Stacheln, die uns als Angelhaken dienen können.«

»Wir wollen sie suchen, mein Herr, und dann Fische fangen. Ich kann es kaum mehr erwarten, mich auf den Weg zu machen, um die Insel näher kennenzulernen, auf der wir Unterkunft gefunden haben.«

»Komm, Enrico; auch ich bin neugierig, das Reich der italienischen Robinsons kennenzulernen.«

---

1 Sammelbezeichnung für die indigenen Völker des nördlichen Polargebiets, die sich hauptsächlich in Inuit (östliche Eskimos) und Yupik (westliche Eskimos) unterteilen.

2 Veraltete Sammelbezeichnung für die indigenen Völker im Norden Finnlands und Russlands.

## 13. Quer durch die Wälder

Am 18. September, das heißt fünfundzwanzig Tage nach ihrer Strandung auf dieser Insel, begaben sich die Schiffbrüchigen auf den Weg, um eine, wenn auch nicht vollständige, so doch teilweise Erforschung ihres Reichs zu unternehmen.

Da sie die Ausdehnung des Landes noch nicht kannten, hatten sie beschlossen, den Gipfel des hohen Berges zu ersteigen, mit der Gewissheit, von dort aus alle Küsten sehen zu können und sich damit einen genauen Überblick über ihr ganzes Besitztum zu machen.

Sie waren mit etwa dreißig Kilogramm Brot, in festen Leinwandtaschen verpackt, die sie mit den Gräten einiger großen Fische zusammengenäht hatten, ausgerüstet. Sodann trugen sie ihre Waffen mit giftigen und giftlosen Pfeilen bei sich, um wenigstens einige Vögel erlegen zu können, einige Liter Tuwak, den vortrefflichen Likör, den sie aus dem Saft der *Arenga saccharifera* bereiteten, und auch etwas Fleisch, da sie einigen ihrer größten Vögel den Hals umgedreht hatten.

Die beiden Affen folgten ihnen mit dem Topf, einigen Tellern und den Gabeln in kleinen Säcken, während der schon kräftigere Hinkepfot das Zelt und einen Teil des Brotes trug.

Die beiden Affen hatten sich zuerst etwas widerspenstig gezeigt, ihren Teil des Gepäcks zu tragen, aber der Orang-Utan hatte sich mit einem Knüppel bewaffnet und sie rasch zahm gemacht; sie marschierten unter seiner Aufsicht ganz gehorsam, da er bereit war, auf ihren Schultern ein Musikstück zu trommeln, das ihnen Angst- und Wehgeschrei entlockte.

Die geflügelte Welt erwachte beim eindringenden Morgenlicht. Inmitten der Blätter der Bäume und Sträucher, die vom nächtlichen Tau flimmerten, flogen in Gruppen die schönen Vögel umher, deren bunte Flügel mit Gold-, Silber- und Kupferreflexen im ersten Strahl der Sonne am Horizont funkelten.

Die graziösen *Epimachus*[1] sträubten ihre samtartigen, glänzenden Federn, die wie von Goldsplitterchen übersät waren; die bildschönen *Chimachus*[2] mit ihrem schwarz- und goldgestreiften Vorderkörper

[1] Gattungsname verschiedener Paradiesvogelarten.

[2] Gemeint ist vermutlich eine der vielen Arten aus der Familie der sog. Bülbüls oder Haarvögel (*Pycnonotidae*). Das sind sperlings- bis amselgroße Singvögel, die sich von Früchten ernähren.

und weißen Hinterkörper sowie dem langen, lockigen Schwanz zausten sich gegenseitig mit ihren dünnen, langen Schnäbeln; die *Charmosyna*[1], eine Papageienart mit roten und gelben, schwarz gestreiften Federn, begannen ihr betäubendes Geschwätz, während sich andere kleinere Papageien, die in tausend Farben schimmerten, auf den höchsten Wipfeln der Bäume aufhielten, sich förmlich in der Sonne berauschten und die Flaumfedern auf ihren Köpfen im weichen Morgenwind zierlich schwanken ließen.

Myriaden von Insekten flatterten nach allen Richtungen, leuchtende Schmetterlinge von außergewöhnlicher Größe kreuzten über den Blumen ihre Bahnen; rote, gelbe und blaue Falter und Scharen von fliegenden kleinen Eidechsen, welche die Malaien Flugdrachen nennen, sonderbare Tiere von zwanzig Zentimeter Länge mit zusammengedrücktem Schwanz und durch ein Häutchen verbundenen kleinen Pfoten, die sie als Flügel gebrauchen und mit denen sie zwanzig bis dreißig Meter weit zu fliegen vermögen, tummelten sich allerorten.

Nachdem die Schiffbrüchigen das ziemlich ausgedehnte Bambusdickicht durchschritten hatten, wandten sie sich ein wenig nach Osten, da es schien, als ob der Berg von dieser Seite aus am wenigsten steil und auch nicht so dicht bewaldet wäre.

Alsbald sahen sie sich aber gezwungen, ihren Schritt zu verlangsamen, da dieser Teil des Gehölzes recht dicht war und sie daran hinderte, direkt weiterzugehen.

Tausende und Abertausende von Bäumen verschlangen ihre Zweige ineinander und das federartige Laub hinderte die Sonnenstrahlen daran, bis zum Boden durchzudringen. Die reiche und vielfältige malaysische Flora war mit all ihren Schätzen vorhanden.

Man erblickte die wunderschönen Kampferbäume, deren Stämme so dick waren, dass fünf Männer sie nicht umspannen konnten, und die einen scharfen Geruch ausströmen; herrliche *Sunda matune*[2], auch traurige Bäume genannt, weil die köstlich duftenden Blüten, die sie tragen, sich nur bei Nacht öffnen; Laubengänge von Pfefferstauden, Reisigpflanzen, die sich um die Bäume ranken und deren Blätter an unsere Bohnen erinnern, während die in kleinen Trauben hängenden, aromatischen Körner zuerst grün, dann rot und bei vollkomme-

[1] Sogenannte Zierloris.

[2] Gemeint sind vermutlich sogenannte Losbäume (*Clerodendrum*), von denen einige nachts blühen.

ner Reife braun sind; große Upas, auch Pohon-upas genannt, schlanke, bis dreißig Meter hohe Pflanzen mit breiten Blättern, die herrliche Sonnenschirme bilden; Muskatnussbäume, die an unseren Lorbeer erinnern, sechs bis sieben Meter hoch sind und schon mit reifen Nüssen beladen waren, welche einen scharfen Geruch ausströmten; Nelken, deren Zweige von jenen aromatischen Sträußchen besetzt sind, die wohlgetrocknet in den Handel kommen; ferner sah man in buntem Durcheinander, verschlungen durch wahre Netze von Rotang, Hunderte von Bäumen, die das Benzoe[1] hervorbringen, ein wohlriechendes Harz, das beim Einschneiden aus dem Stamm dieser Tannenart tröpfelt; Zimtbäume, Baumwollstauden, die eine Art von seidiger Watte hervorbringen, kolossale Stämme von unverwesbarem Holz; Eisenbäume, aus deren Zweigen man so schwere Knüppel fertigt, dass diese nicht zersplittern können, weil die Fasern dieses Holzes so widerstandsfähig sind, und eine Unzahl harz- und gummihaltiger Bäume, die von großem Wert sind.

Es fehlte jedoch auch nicht an Obstbäumen. Von Zeit zu Zeit entdeckten unsere Schiffbrüchigen in diesem Chaos jene Mangostanen[2] mit den Früchten, deren weißer, schmackhafter Kern im Munde wie Eis zergeht, oder Mangos, die von den Malaien Buâ-mamplan genannt werden und einen starken Harzgeruch haben; auch Pampelmusen, die großen, saftreichen Orangen, oder Nephelium[3], welche einen weißen, halbdurchsichtigen, saftigen Kern enthalten, der süßsäuerlich schmeckt.

Die Schiffbrüchigen ließen die Gelegenheit nicht vorübergehen, sich reichlich mit den besten Früchten zu versehen. Dafür war Hinkepfot verantwortlich, der sich mit der besten Anmut der Welt darum bemühte, in die höchsten Baumwipfel zu klettern und dort die größten und reifsten Früchte zu pflücken.

Gegen zehn Uhr morgens, nachdem sie mindestens sechs Kilometer zurückgelegt hatten, eine sehr beachtliche Strecke, wenn man die langen Umwege bedenkt, die sie zurücklegen mussten, befanden sie sich nach vielen Hindernissen und schwierigen Durchgängen vor einem dichten Wald mit riesigen, großblättrigen Bäumen von majes-

---

1 Harz der Storaxbäume (*Styrax*), das u. a. als Weihrauch und Beimischung von Balsamöl Verwendung findet.

2 Mangostanbaum (*Garcinia mangostana*).

3 Rambutan (*Nephelium lappaceum*) ist eine dem Litschibaum (*Litchi chinensis*) verwandte Art, die nach der Form ihrer Früchte auch »behaarte« oder »falsche Litschi« genannt wird.

tätischem Aussehen. Als er sie erblickte, vermochte Herr Albani einen Freudenschrei nicht zu unterdrücken.

»Ein Bananenwald!«, rief er aus. »Wir werden eine herrliche Mahlzeit mit diesen köstlichen Früchten halten, meine Freunde, und eine schöne Abwechslung in unseren Brotvorrat bringen.«

»Bananen?«, fragte der Matrose erstaunt.

»Ja, Enrico.«

»Ich habe sie bis jetzt nur als Frucht gegessen.«

»Ich versichere dir, sie sind auch ein vortrefflicher Ersatz für Brot, und man kann viele gute Gerichte daraus bereiten. Wenn sie ganz reif sind, dann sind sie nur als Obst zu gebrauchen, aber wenn die Schalen noch grün sind und man sie in der Asche röstet, dann können sie als Brot dienen, da sie sehr viel mehligen Stoff enthalten. Auch kann man die Früchte zerschneiden, an der Sonne trocknen und lange Zeit aufbewahren. Wenn sie noch jünger sind, kann man sie in der Sauce essen, wenn sie aber fast reif sind, in erlesenem Fett braten. Lasst uns davon einsammeln, meine Freunde!«

Der Wald war wunderschön, er bestand aus Tausenden von Pflanzen. Unter den krautartigen Pflanzen kann sich keine einzige mit den Bananen an Reichtum der Blätter und an Majestät vergleichen.

Diese Pflanzen, die im warmen Klima gewaltige Ausmaße annehmen, oft erreichen ihre Blätter eine Länge von vier bis fünf Metern und eine Breite von einem Meter oder gar noch mehr.

Die Bäume trugen mitunter schwer an den riesigen Trauben mit länglichen Früchten, die leicht gebogen waren und ein zartes, duftendes Fruchtfleisch enthielten.

Herr Albani wählte unter den verschiedenen Arten die sogenannten Pisang-mas aus, die etwas kleinere, goldgelbe Früchte haben, die jedoch die allerbesten sind.

Im Schatten eines kolossalen Baumes wurde ein Feuer angezündet und ein köstliches Frühstück von reifen Bananen und grünen gehalten, die in der Asche geröstet wurden. Auch Hinkepfot und die Affen wurden nicht vergessen und erhielten ihr reichlich Teil davon.

Es fehlte an Wasser, obwohl der Boden feucht war, aber Herr Al bani entdeckte bald am Rande des Waldes, der gerade durchquert worden war, einige Nepenthes[1].

Dies sind die seltsamsten Pflanzen, die man sich vorstellen kann. Sie

[1] Kannenpflanzen; eine tropische fleischfressende Pflanze, deren Kelchflüssigkeit in Borneo getrunken und zusätzlich auch als Medizin verwendet wird.

gehören zu den Schlinggewächsen, und ihre runden Blätter sind wie Vasen geformt, mit einem Deckel, der sich nachts herabsenkt und damit schließt und am Tage wieder öffnet.

Während der Nacht saugt die Pflanze die Feuchtigkeit des Bodens auf, die sich in diesen Vasen sammelt und mitunter fast einen halben Liter beträgt. Es ist zwar kein klares, frisches Wasser, wie im Allgemeinen angenommen wird, da diese Gefäße als Grab für zahlreiche Insekten dienen, aber es genügt doch, um den Durst zu stillen, und hat obendrein einen angenehmen Geschmack.

Nach mehrstündiger Ruhe setzte sich der kleine Trupp wieder in Bewegung und stieg durch dichten, vielfach verschlungenen Wald die ersten Ausläufer des Berges hinauf.

Sie hatten schon etwa einen Kilometer zurückgelegt, als Hinkepfot plötzlich stehen blieb, ein dumpfes Brummen ausstieß und Zeichen einer gewissen Aufregung merken ließ.

»He, Hinkepfot, was ist denn los?«, fragte der Matrose. »Hast du etwa einen Tiger gehört?«

Der Orang-Utan schien mit gespannter Aufmerksamkeit zu lauschen, so als würde er versuchen, die verschiedenen Geräusche um sie herum zu analysieren und zu unterscheiden. Er blickte erst in die Baumwipfel, dann zu den Sträuchern und sein wütendes Gesicht begann, sich immer mehr aufzuheitern, bis er voller Zufriedenheit strahlte.

»Ist er verrückt geworden?«, fragte der kleine Tonno.

»Oder hat er etwa Bauchschmerzen?«, warf der Matrose ein. »Er wird wohl zu viele Bananen verschlungen haben.«

»Nein«, sagte Albani, »er hört irgendetwas.«

»Aber ich kann weder etwas sehen noch hören.«

»Würdest du denn sagen, dass du das scharfe Gehör eines Waldmenschen hast, Enrico?«

Mit einem Mal riss der Orang-Utan seinen riesigen Mund bis an die Ohren auf und brach in lautes Lachen aus.

»He, Hinkepfot!«, rief der Matrose. »Haben die Bananen dich trunken gemacht? Wenn du betrunken bist, werden wir dir eine Dusche verpassen, mein Sohn.«

Aber der Orang hörte nicht mehr auf sie. Er hatte den Affen ein gebieterisches Zeichen gegeben, ihm zu folgen, und war auf einen sehr hohen Baum zugegangen, der mit dichtem Laub bedeckt war und den er mit fortgesetztem lauten Lachen betrachtete.

»Dort sind vielleicht Früchte oben, die die Affen lieben?«, fragte der Matrose.

»Ich sehe nichts als Blätter«, entgegnete der Schiffsjunge. »Aber hört ihr das Summen nicht? …«

»Ja«, sagte der Venezianer. »Ah! … Nun begreife ich alles … Seht ihr nicht die Wolke von Insekten dort oben?«

»Ja, ja«, antworteten die beiden Seeleute.

»Das sind wilde Bienen und unser Orang beabsichtigt, den Bienenstock zu plündern, um den Honig zu verspeisen.«

»Das Leckermaul!«, rief der Matrose aus. »Aber er darf nicht alles essen. Teufel! … Wir wollen auch etwas Süßes haben!«

»Still!«, sagte der Venezianer.

»Was haben Sie gehört?«

»Ein Grunzen.«

»Wo? …«

»Dort oben zwischen den Blättern.«

»Hinkepfot hat vielleicht einen Nebenbuhler gefunden?«

»Ich glaube es, Enrico, denn die Bienen scheinen sehr erschreckt zu sein.«

»Vielleicht ein anderer Mias?«

»Ich weiß es nicht.«

»Vielleicht steht uns eine unangenehme Begegnung bevor, Herr Albani?«

»Wir haben für alle Fälle unsere tödlichen Pfeile bei uns.«

»Hinkepfot klettert hinauf«, sagte der kleine Tonno.

In der Tat hatte der Orang nach kurzem Zögern den Aufstieg begonnen, aber er drang sehr vorsichtig vor und hatte den Knüppel mitgenommen.

Plötzlich hörte er auf zu lauschen, hob den Kopf, wie wenn er irgendein Tier erkennen wollte, das sich im Buschwerk zu verbergen suchte; dann schüttelte er den Kopf und setzte seinen Aufstieg fort.

Als er die ersten Zweige erreicht hatte, richtete er sich auf und umfasste den Baumstamm, um seine Kraft zu sammeln und ihn dann mit wütender Kraft zu schüttelten, wobei er ein dumpfes Bellen ausstieß, das wie Husten klang und die Art war, auf welche er seinen Zorn zum Ausdruck brachte.

Aus der Höhe vernahm man Grunztöne, und dann sah man eine dunkle Masse den Stamm hinabsteigen.

»Eine Bestie!«, schrie der Schiffsjunge.

Als Hinkepfot das Tier auf sich zukommen sah, versetzte er ihm einen so heftigen Schlag, dass dasselbe laut aufheulte, und dann einen Fußtritt, der es hinunterschleudern sollte, aber es hielt sich fest am Stamm und wankte nicht. Kurz darauf sah man es mit großer Schnelligkeit am Baumstamm herabrutschen, bis ein noch wütenderer Stoß des Orangs es schließlich auf die Erde beförderte.

## 14. Honig und Süsskartoffeln

Das Tier, das den Hinkepfot um den Honig bringen wollte, war so groß wie ein Neufundländer Hund, aber mit kürzeren Pfoten, einer spitzeren Schnauze und leuchtend schwarzem Fell.

Es sah den schwarzen Bären etwas ähnlich, war jedoch länger von Gestalt und augenscheinlich viel beweglicher.

Sobald es die Erde erreicht hatte, versuchte es, in den Wald zu fliehen, aber Herr Albani, der wusste, mit was für einem Tier er es zu tun hatte, schlug es mit vier Knüppelhieben zu Boden, band ihm einen Strick um den Hals und sagte:

»Immer ruhig, mein Lieber; wir haben eine schöne Einzäunung bei unserer Hütte, wo du sehr wohl aufgehoben sein wirst.«

In diesem Augenblick schüttelte der Orang wieder wütend am Baum und schrie dazu, worauf man ein dumpfes Geräusch hörte, das wie ein gewaltiger Schlag klang.

Ein anderes Tier, das dem ersten sehr ähnlich war, stieg eiligst vom Baum herab und fiel dem Matrosen beinahe vor die Füße. Dieser hielt es für gut, es dem Venezianer nachzumachen; mit zwei Schlägen seines Stabes betäubte er diesen Bienenräuber und fesselte ihn mithilfe des Schiffsjungen.

»Brav, meine Freunde«, sagte Albani. »Ein Männchen und ein Weibchen! … Wir werden uns eine Zucht anlegen und in wenigen Monaten ein vortreffliches Fleisch haben.«

»Aber werden Sie uns jetzt auch noch sagen, was das für Tiere sind, mein Herr?«, fragte der Matrose.

»Es sind Bären.«

»Erdbeben! Bären!«, rief der Matrose, zurückprallend.

»Macht dir das Angst?«

»Auch wenn es Bären sind, so habe ich keinen Grund, mich vor ihnen zu fürchten.«

»Sie sind ungefährlich, Enrico. Die Bären Borneos und aller malaiischen Inseln sind nicht so reißend wie die anderen. Sie sind, wie du siehst, kleiner als alle anderen, und wenn sie auch Zähne und Tatzen haben, so bedienen sie sich ihrer fast nie und fliehen vor den Menschen. Dieser Doppelfang wird uns großen Nutzen bringen, da wir kleine Bären aufziehen können, die uns saftige Braten verschaffen.«

»Und der Honig?«, fragte der Schiffsjunge. »Dieser Spitzbube von Hinkepfot wird alles verschlingen.«

»Oh, der Taugenichts!«, schrie der Matrose. »Frisst meine Brezeln. Heda! Hinkepfot! Komm herunter oder ich schlage dir meinen Knüppel auf dem Kreuz entzwei, du abscheulicher Vielfraß!«

Der Orang schien taub geworden zu sein. Man hörte ihn Zweige und Blätter abknicken, während die Bienen summend davonschwärmten. Das Leckermaul plünderte zweifellos den Bienenstock. Der wütende Matrose, der fürchtete, keinen Honig kosten zu dürfen und keine Brezeln backen zu können, versuchte, den Baum zu schütteln, um den Orang zum Herabsteigen zu zwingen, aber es glückte ihm nicht.

Der Venezianer und der Schiffsjunge platzten beinahe vor Lachen.

»Genug, du Vielfraß!«, rief der Matrose weiter. »Steig sofort herunter oder ich sende dir einen Pfeil, wie bei deiner Mutter, und du wirst tot nach unten fallen. Also komm runter, du gieriger Dieb!«

Der Mias blieb taub für den Sturm von Beschimpfungen und Drohungen, und der Matrose wurde immer zorniger, da er glaubte, der Orang wäre damit beschäftigt, den Honig zu fressen.

»Auf Wiedersehen, ihr Brezeln«, sagte der Schiffsjunge noch immer lachend. »Dieses Mal ist es Hinkepfot, der den Nachtisch isst.«

»Beim Erdbeben von Genua!«, fluchte der Seemann. »Ich werde ihm eine Lektion erteilen, dass er den ganzen Honig wieder ausspeit … Ich werde ihm die Knochen zerschlagen …!«

»Er kommt jetzt runter«, sagte Albani. »Offenbar ist er fertig mit seinem Frühstück.«

Tatsächlich kletterte Hinkepfot durch die Blätter und Zweige wieder herab, ohne sich aber zu beeilen. Er schien durch das Tragen eines Gegenstands gehindert zu sein, denn eine Hand hielt ein umfangreiches Bündel fest.

»Was schleppt der Lump da mit sich?«, fragte der Matrose.

»Er wird uns das Wachs mitbringen, damit wir uns gute Kerzen daraus machen können«, sagte der kleine Tonno.

»Mag er es hinter dem Honig herfressen! … Mir liegt nichts an Lichtern! … Herunter, Kanaille, dass ich dir den Rücken liebkose! …«

Der Orang stieg herab, aber mit großer Vorsicht, und hielt den Packen fest.

»Der Spitzbube!«, rief der Schiffsjunge. »Und dann sagt man noch, dass die Affen weniger klug als die Menschen sind.«

»Wieso?«, fragte Enrico.

»Siehst du nicht, dass er die Waben des Bienenstocks in die Zeltleinwand gewickelt hat, die er um die Schulter gehängt trug?«

»Oho! Sieh da! Ein Tropfen! Blitz und Schlag! Es ist Honig!«

Der Matrose, der unter dem Baum stand, hatte einen dicken Tropfen aufs Gesicht bekommen und gemerkt, dass es Honig war. Seine Züge heiterten sich auf.

»Sollte Hinkepfot ehrlicher sein, als ich glaubte?«, murmelte er.

Der Mias, der aus den Zweigen herauskam, ließ sich wie ein richtiger Turner am Stamm heruntergleiten und öffnete, unten angekommen, die Leinwand, die nach allen Seiten Honig durchsickern ließ.

Sie war ganz voll Waben, die noch ziemlich angefüllt waren mit der delikaten Flüssigkeit. Der Matrose machte vier Luftsprünge rund um den Baum herum, öffnete die Arme und drückte den haarigen Affen an die Brust, indem er ausrief:

»Umarme mich, mein Sohn! … Du bist der ehrlichste aller Affen und aller Orang-Utans der Welt!«

Hinkepfot verdiente dieses Lob wirklich, denn anstatt auf eigene Rechnung zu plündern, brachte er die unangerührte Beute seinen Herren.

Der Matrose ließ die Zeit nicht ungenutzt verstreichen. Er krempelte seine Ärmel auf, ließ sich den großen Topf reichen und drückte das Wachs aus, sodass die großen duftigen Honigtropfen herauskamen.

Er merkte bald, dass das Gefäß nicht ausreichte, um den ganzen Saft aufzunehmen, aber Herr Albani beeilte sich, andere aus den großen Blättern einer Betelnusspalme[1] zu formen, indem er diese zu undurchlässigen Tüten zusammendrehte.

Als sie damit fertig waren, berechneten sie ihren Vorrat auf ungefähr zwölf Kilo, wovon einige Kilo für den ehrlichen Hinkepfot und die beiden Affen in Abzug kamen.

[1] Die Betelnusspalme (*Areca catechu*) gehört zu der etwa 60 Arten umfassenden Gattung der Betelpalmen (*Areca*).

»Wie viel süße Brezeln!«, rief der Matrose aus. »Donnerwetter! … Was werden wir uns satt essen.«

»Aber an eines hast du nicht gedacht, Enrico«, sagte Albani, »wie sollen wir mit diesen Gefäßen durch den Wald kommen? Der Berg ist immer noch hoch, mein Freund.«

»Blitzschlag! … Aber ich lasse meinen Schatz nicht hier, mein Herr. Die Bären und die Affen würden ihn auffressen!«

»Das glaube ich auch; aber wir können die Bären nicht mitnehmen.«

»Lasst mich hier und steigt allein auf den Berg.«

»Wirst du dich nicht vor den Tigern fürchten?«

»Ich habe ja das Blasrohr und die vergifteten Pfeile.«

»Wir lassen dir auch Hinkepfot hier; er ist ein guter Kamerad, der weiß, wie man mit seinem Knüppel richtig umgeht.«

»Wann werdet ihr zurückkehren?«

»Ich fürchte, wir werden dazu gezwungen sein, auf dem Gipfel zu übernachten. Morgen früh kommen wir dann zurück.«

Werdet ihr mich aber auch auffinden? … Ihr könnt euch in diesen Wäldern verirren.«

»Ich weiß, mich zurechtzufinden. Lebe wohl, Enrico.«

»Glückliche Reise, mein Herr. Ich werde euch inzwischen einige Brezeln machen und ihr sollt sehen, wie köstlich sie schmecken! … Ich verstehe mich darauf!«

Sie verabschiedeten sich noch einmal, dann machten sich der Venezianer und der Schiffsjunge auf den Weg und ließen dem Matrosen auch die beiden Affen da, die ohne den Knüppel des Orangs leicht hätten an Flucht denken können.

Herr Albani nahm, obwohl er schnell marschierte, aus Vorsicht hier und da Einschnitte an den Bäumen vor, und zwar immer an denen zur rechten Seite. Auf diese Weise vermied er die Gefahr, bei der Rückkehr den zurückgelegten Weg nicht wiederzufinden.

Der Boden fing an zu steigen, war aber immer noch mit dichtem Gehölz bedeckt, das mitunter von riesigen Felsblöcken vulkanischer Natur und tiefen Spalten unterbrochen wurde, die während der Regenzeit sicherlich als Strombette dienten.

Auf den Abhängen wuchsen viele Gummibäume, besonders *Isonandra gutta*[1], deren Stämme beim Einschneiden einen klebrigen Stoff, ähnlich wie Kautschuk, von sich geben.

[1] Andere Bezeichnung für den Guttaperchabaum (*Palaquium gutta*).

Herr Albani, der alle Pflanzen mit großer Aufmerksamkeit betrachtete, entdeckte einige, die von ganz besonderem Wert für sie waren, da sie das Brot ersetzen konnten, das sie sich aus dem Mark der *Arenga saccharifera* bereiteten.

Es waren die von den Malaien *Buâ kaluwi* genannten Bäume, welche die Botaniker mit dem Namen *Artocarpus incisa*[1] bezeichnen und die große, samenlose Früchte hervorbringen, deren gelbliches Fruchtfleisch den Geschmack von bestimmten Arten von Kürbis hat.

Er entdeckte auch noch andere der gleichen Art, die aber noch ertragreicher waren. Es waren die *Buâ naglesa* oder *Artocarpus integrifolia*[2], die besser unter dem Namen Brotbäume bekannt sind und die größten Früchte aller Pflanzen haben, rund und mit spitzen Schuppen besetzt und so schwer, dass es zwei Männern nicht immer gelingt, eine einzige Frucht zu tragen.

»Wenn uns eine auf den Kopf fällt, dann schlägt sie ihn wie eine Nuss entzwei«, sagte der Schiffsjunge. »Ich habe noch niemals solch große Früchte gesehen, Herr Emilio.«

»Sie werden uns ins Schwitzen bringen, kleiner Tonno, wenn wir sie zu unsere Hütte bringen«, antwortete der Venezianer.

»Wollen Sie zurückkommen, um sie einzusammeln?«

»Natürlich.«

»Dann sind sie also gut?«

»Gewiss, denn sie schmecken wie Artischocken und ihr Fruchtfleisch kann uns, wenn sie auf einem Kohlenfeuer gekocht werden, das Brot ersetzen.«

»Aber wird es sich denn auch halten?«

»Die Polynesier bewahren es in Erdlöchern auf, aber es nimmt einen säuerlichen Geschmack an, der nicht unangenehm ist und an den man sich leicht gewöhnt.«

»Aber wir brauchen Lastträger, um alle diese Früchte bis an unseren Strand zu bringen.«

»Wenn wir die auch nicht haben, so hoffe ich doch, dass wir Tiere und einen Karren haben werden.«

»Einen Karren?«

»Warum nicht.«

---

[1] Brotfruchtbaum (*Artocarpus altilis*).

[2] Eigentlich *Artocarpus integrifolius*. Das ist der sog. Jackfruchtbaum (*Artocarpus heterophyllus*).

»Und wer soll ihn ziehen … vielleicht die Affen?«

»Wer? … Ich habe schon viele Fußspuren von Babirusas entdeckt, und wenn es mir glückt, zwei zu fangen, dann wirst du sehen, dass ich dich mit dem Karren fahren lasse, kleiner Tonno.«

»Das wäre natürlich viel angenehmer, mein Herr.«

»Das ist mein Plan. Doch nun komm, lass uns unseren Weg fortsetzen, sonst kommen wir sehr spät auf dem Gipfel an. Der Berg ist noch immer recht hoch.«

Sie setzten ihren Aufstieg durch die Wälder fort, die immer verschlungener wurden durch die riesigen Rotangs, welche stellenweise förmliche Netze bildeten, aus denen Scharen von Vögeln aufflogen, besonders Podargus[1], sehr hässliche Falken mit dickem Kopf, kurzem, breitem Schnabel und grauem und schwarzem Gefieder.

Hier und da flog auch ein kühner Adler mit starken Klauen, schwarzen, langen Flügeln und rötlich schwarzem Rücken davon, wobei sie einen scharfen Schrei ausstießen.

Auf halber Höhe des Berges begegneten sie Scharen von Affen, die damit beschäftigt waren, die Fruchtbäume zu plündern. Es waren verschiedene Arten, aber alle so wild, dass sie beim Anblick der beiden Schiffbrüchigen sofort entflohen und sich im tiefsten Dickicht des Waldes verbargen.

Hier waren Ducs[2], Affen mit langen Schwänzen, breiten Gesichtern, schwarzen Füßen und leuchtend roten Ohren; Lawados[3] mit haarlosem Gesicht, zur Hälfte rot gefärbt und einer Art Perücke von dichtem, grauem Haar; Affen mit langer, dicker Nase[4] und verschiedene andere, die der Venezianer bei ihrer eiligen Flucht nicht gut unterscheiden konnte.

Als sie sich um vier Uhr im Schatten einer Palme ausruhten, zeigte Albani auf eine niedrige Pflanze mit großen Blättern und schönem Grün und sagte fröhlich:

»Das ist eine kostbare Entdeckung. Nun können wir endlich eine Plantage anlegen.«

---

[1] Vermutlich ist eine Art aus der Gattung der sog. Froschmäuler (*Batrachostomus*) gemeint, die zur Familie der Eulenschwalme (*Podargus*) gehört.

[2] Vermutlich ist der Rotschenklige Kleideraffe (*Pygathrix nemaeus*), der zur Gruppe der Schlankaffen (*Presbytini*) gehört, gemeint.

[3] Vermutlich ist eine Art aus der Gattung der Mützenlanguren bzw. Surilis (*Presbytis*) oder aus der Gattung der Haubenlanguren bzw. Lutungs (*Trachypithecus*) aus der Gruppe der Schlankaffen (*Presbytini*) gemeint.

[4] Nasenaffe (*Nasalis larvatus*).

»Ist es vielleicht Tabak?«, fragte der Schiffsjunge. »Welch ein Glück für Enrico, der nur von Pfeifen und Zigarren träumt! …«

»Es ist kein Tabak, sondern etwas viel Besseres; grabe einmal! …«

Der kleine Tonno zog sein Messer heraus und grub mit großer Vorsicht rund um die Pflanze herum. Kurz darauf brachte er eine dicke Knolle heraus, die ungefähr ein Kilogramm wog und einer Kartoffel ähnlich sah.

»Was ist das?«, fragte er überrascht.

»Eine *Ubi*[1]«, antwortete Albani.

»Ich weiß nicht, was Sie meinen.«

»Es ist eine Süßkartoffel.«

»Bei der Lava des Vesuv! … Eine Kartoffel! …«

»Und von der besten Art.«

»Wir wollen sie in der Asche kochen.«

»Aber nicht doch, du Leckermaul. Wir bewahren sie auf, machen ein Stück Land urbar und haben in drei oder vier Monaten unsere Ernte.«

»Hoffen Sie noch mehr davon zu finden? …«

»Ich bin davon überzeugt, kleiner Tonno. Wir wollen uns noch ein wenig umsehen.«

Der Schiffsjunge steckte die kostbare Knolle in die Tasche und sie wanderten weiter, nach rechts und links blickend. Drei Stunden später langten sie auf dem Gipfel des Berges an, mit noch sieben anderen *Ubis* beladen, die sie unter dem Gebüsch entdeckt hatten.

## 15. Eine schreckliche Viertelstunde

Sobald sie sich auf dem höchsten Felsblock dieses Gipfels befanden, der sich isoliert inmitten der dichten Wälder erhob, schauten sie sich mit lebhafter Neugierde um und waren sich sicher, dass sie endlich die Umrisse ihres Besitztums sehen konnten.

Ihre Voraussichten waren richtig gewesen: Das Land, auf dem sie sich befanden, war kein Kontinent, sondern eine Insel, denn von der Spitze dieses Berges aus konnten sie rund herum das Meer erkennen, das in den letzten Strahlen der untergehenden Sonne funkelte.

Die Insel schien von einer bemerkenswerten Ausdehnung zu sein,

[1] Ubi bezeichnet allgemein eine Knollenfrucht, hier die Süßkartoffel bzw. Batate (*Ipomoea batatas*) gemeint.

da sie sich weit bis nach dem Süden erstreckte. Ihre Form erinnerte vage an einen riesigen Löffel, der sich nach dem Norden hin ausdehnt und nach dem Süden hin verjüngt, allerdings mal mehr und mal weniger gezackt, mit kleinen Buchten und vereinzelten sehr kleinen Inseln, die hier und da verstreut waren, sowie lange Reihen von Klippen.

So weit das Auge reichte, sahen die beiden Schiffbrüchigen nur Wälder, die sich bis an den Rand des Meeres erstreckten, sodass man nicht sehen konnte, ob die Insel bewohnt oder unbewohnt sei. An Wasserläufen schien es ganz zu fehlen, man konnte hier und da einige Wasserbecken sehen, die aber vielleicht, angesichts der Nähe des Meeres, Brackwasser[1] enthielten.

Der Venezianer schärfte seine Blicke, um andere Inseln zu entdecken, aber es war umsonst. Weder nach Osten und Westen noch nach Norden oder Süden war im Mindesten Land zu erblicken.

»Nun, mein Herr?«, fragte der Schiffsjunge. »Wissen Sie jetzt, wo wir uns befinden?«

»Auf einer Insel, wie ich annahm, aber ich weiß nicht, auf welcher«, antwortete Albani.

»Aber wo glauben Sie, dass diese Insel liegt?«

»Im Sulumeer, davon bin ich überzeugt.«

»Gibt es viele Inseln in diesem Meer?«

»Über hundert, von denen aber viele noch nicht aufgesucht sind. Sie sind in drei Gruppen eingeteilt: Cagayan Holo, Bassilan Holo und Tawi-Tawi[2].«

»Und sind alle bewohnt? …«

»Zum größten Teil und meistens von kühnen Piraten, die das Meer bis an die Küsten der Philippinen durchstreifen. Es existiert nur eine Insel, deren Einwohner sanfte Sitten pflegen, und sie wurde von einem Landsmann von uns entdeckt, dessen Namen sie auch trägt.«

»Von einem Italiener?«

»Ja, kleiner Tonno; von Rienzi[3], einem mutigen Forscher, der beinahe alle Inseln im Sulumeer besucht hat.

---

[1] Eine Mischung aus Salz- und Süßwasser, wie es üblicherweise in Flussmündungen zum Meer zu finden ist.

[2] Gemeint sind die drei größten Inseln des Sulu-Archipels Basilan, Jolo (sprich: Holo) und Tawi-Tawi sowie die um sie befindlichen kleinen und Kleinstinseln.

[3] Grégoire Louis Domeny de Rienzi (1789 bis 1843) war ein französischer Geograf und Entdecker, dessen Vorfahren aus Italien stammten.

Diese Insel liegt unter 6 Grad 26 Minuten nördlicher Breite und 113 Grad 33 Minuten östlicher Länge des Pariser Meridians[1] und gehört zur Basilangruppe.

Als unser Landsmann sie entdeckte und dort landete, kam ihm ein Häuptling der Insel, ein gewisser Maulant, entgegen, und als dieser erfuhr, wer er war, wollte er nach der Sitte des Landes den Namen mit ihm tauschen und rief: ›Ich nenne mich Datou[2] Rienzi‹, und schlug sich dabei auf die Brust; dann schlug er auf die des Reisenden und sagte: ›Du bist der Datou Maulant.‹ Hierauf bot er ihm seinen Kris[3] an und Rienzi schenkte ihm seine Pistolen.

Seit jener Zeit wird die Insel Rienzi genannt und trägt auch noch jetzt den Namen unseres Landsmanns.«

»Es macht mir Freude, Herr Albani, zu wissen, dass unsere Landsleute auch hier Entdeckungen gemacht haben.«

»Das will ich dir glauben, kleiner Tonno, aber … sieh! … Wenn meine Augen mich nicht trügen, dann sehe ich dort unten Rauch aufsteigen.«

»Wo, Herr Emilio?«

»Dort, an jener weit entfernten Spitze, dort im Süden hinter den Wäldern.«

Der Schiffsjunge runzelte die Stirn und blickte in die angegebene Richtung. In der beginnenden Dunkelheit, die sich über die Insel legte, erkannte auch er eine leichte graue Rauchfahne.

»Rauch!«, rief der Schiffsjunge erstaunt aus. »Aber dann wäre diese Insel ja bewohnt! …«

»Es kann auch Nebel sein«, sagte Herr Albani, der nachdenklich geworden war.

»Es erscheint mir notwendig, das zu erkunden, mein Herr.«

»Wir müssten mindestens fünfzehn Meilen durch den Wald gehen, kleiner Tonno. Ich kann nicht glauben, dass diese Insel wirklich bewohnt ist.«

»Und warum nicht? …«

»Wir würden auf unserer Wanderung sonst irgendjemanden getroffen haben, während wir nur Affen sahen.«

»Es können ja auch Fischer sein, die gelandet sind.«

---

[1] Der Meridian von Paris ist ein veralteter Nullmeridian.

[2] Häuptling.

[3] Dolch mit wellenförmig geschwungener Klinge der indigenen Inselvölker Südostasiens.

»Du meinst wohl: Piraten?«

»Das wäre eine schlechte Gesellschaft, mein Herr.«

»Wenn es tatsächlich Piraten sind, dann werden sie sich wohl bald wieder einschiffen. Ich brenne jetzt vor Begierde, ein Boot zu haben, um die Insel umfahren zu können.«

»Werden wir uns eins bauen?«

»Ja, kleiner Tonno, aber wir müssen erst einen Stein finden, um unser armes, stumpf gewordenes Beil zu schärfen, Komm, lass uns jetzt hier lagern, und morgen früh suchen wir Enrico wieder auf.«

»Wird der Matrose, so allein im Wald, nicht in Gefahr kommen?«

»Er hat ja Hinkepfot, und der Mias ist kräftig genug, dass er auch die Tiger mit seinem Knüppel in die Flucht jagen kann, und dann hat Enrico auch das Blasrohr. Und nun suchen wir uns einen Unterschlupf, mein Junge.«

Sie verließen den ganz kahlen Gipfel und kehrten in den Wald zurück, wo sie sich aus einigen Stöcken, die sie mit drei Meter langen und einem Meter breiten Blättern der Betelpalme bedeckten, einen Unterschlupf bauten.

Sie aßen etwas Backwerk, zündeten ein Feuer an, um die Raubtiere fernzuhalten, dann begab sich Herr Albani unter das improvisierte Dach, während der Schiffsjunge die erste Wache hielt, das Blasrohr mit einem eingelegten vergifteten Pfeil neben sich. Auf dem Berggipfel war alles ruhig, man hörte nur das leise Rauschen der Blätter im nächtlichen Abendwind.

Weder Affen noch Falken oder Adler ließen sich vernehmen; dennoch wagte es der Schiffsjunge nicht, die Augen zu schließen, auch wenn ihm der Schlaf schwer auf den Lidern lag. Um ihn zu verscheuchen, stand er häufig auf, ging um die Bedachung herum und betrachtete prüfend den dunklen Wald, der sich am Abhang des Berges hinzog.

Von Zeit zu Zeit begab er sich auch zum Rand des Waldes und lauschte, in der Hoffnung, aus den tieferen Lagen die weit entfernte Stimme des Matrosen zu vernehmen, doch ohne Ergebnis. Zweifellos schlief der Genuese, unter der Obhut von Hinkepfot, längst und träumte von Öfen voller Brezeln.

Unterdes überfiel ihn der Schlaf immer häufiger, und so sehr er sich auch anstrengte, die Augenlider fielen ihm immer wieder zu.

Er hatte sich nahe dem Feuer an den Stamm eines vom Holzwurm zernagten Baumes gesetzt, der ihm eine Art von Sitz bot, pfiff sich durch seine Zähne eine Barkarole[1] und kämpfte noch immer mit dem Schlaf. Aber es war seine letzte Gegenwehr.

Schließlich konnte er nicht mehr widerstehen, er schloss unwillkürlich die Augen und träumte von seiner fernen Heimat.

Wie lange hatte er geschlafen? … Er wusste es nicht, aber ihn erwartete eine furchtbare Überraschung, als er aufwachte. Kaum fünfzehn Schritte von ihm entfernt lag ein großes Tier auf dem Boden, mit gelblichem, schwarz gestreiftem Fell, mit dem katzenähnlichen, aber viel größeren Kopf, und betrachtete ihn mit zwei grünlich funkelnden Augen, aus denen glühende Gier sprach.

Als der arme Schiffsjunge das Tier vor sich sah, das bereit schien, sich auf ihn zu stürzen und seine schrecklichen Krallen auszuprobieren, erblasste er, drückte sich starr an den Baum und murmelte mit matter Stimme:

»Ich bin tot!«

Er hatte in dem furchtbaren Gegner einen Tiger erkannt.

Entsetzt blickte er umher; Herr Albani schnarchte ruhig unter dem kleinen Schutzdach, und das Feuer war fast heruntergebrannt. Es glommen noch ein paar Lichtpunkte, die immer mehr erloschen.

Er blickte auf seine Füße hinab und hoffte, das Blasrohr zu finden, aber der zylindrische Schaft war ihm von den Knien herabgeglitten und in circa zehn Metern Entfernung den Abhang hinuntergerollt.

Der unglückliche Knabe fühlte, wie sich ihm die Haare sträubten, und er schien schon in seinen Gliedern die furchtbaren Zähne der Bestie zu spüren.

»Ich bin tot«, wiederholte er, in tiefster Seele erbebend.

Und er konnte sich wohl für verloren halten, da der Tiger bei der ersten Bewegung, die er gewagt hätte, um das Rohr zu ergreifen, oder beim ersten Schrei, den er ausgestoßen hätte, um den Venezianer zu wecken, nicht gezögert haben würde, ihn anzugreifen.

Langsam wandte er den Kopf und schaute das Raubtier an. Es kauerte noch auf derselben Stelle und schien keine Eile mit dem Angriff zu haben. Es dehnte sich wie eine Katze, die gut ausgeschlafen hat, wedelte leicht mit dem Schweif, leckte sich das Fell an Seite und Brust mit zierlicher Koketterie und schien sich um das künftige Opfer gar nicht zu kümmern.

Plötzlich schien sich seine Aufmerksamkeit auf das Blasrohr zu

[1] Lieder der venezianischen Gondolieri.

richten, in dessen unteren Ende das Messer des Schiffsjungen steckte. Die blanke Klinge, die im Mondschimmer wie ein billiger Spiegel glänzte, hatte augenscheinlich seine Neugier erregt.

Er näherte sich langsamen Schrittes aber mit einem gewissen Misstrauen, ab und zu den Kopf nach dem Knaben wendend, der vollkommen unbeweglich blieb, dann streckte er eine Tatze aus und zog das Rohr an sich heran. Als er es rollen und die Klinge bald aufleuchten und bald verschwinden sah, schien er Geschmack daran zu finden, denn er vergaß sein Opfer und spielte mit dem Rohr weiter, wobei er sehr befriedigte Brummtöne ausstieß.

Wenn man ihn so sah, konnte man ihn weit eher für eine große, vergnügte Katze als für einen blutdürstigen Tiger halten.

Der kleine, immer erstauntere Tonno fing an, wieder Atem zu schöpfen und neue Hoffnung zu hegen. Wenn das Raubtier so guter Laune war, dann konnte er hoffen, mit dem Leben davonzukommen. Er wagte jedoch noch nicht, sich zu rühren, da der verdammte Tiger, trotz seines Spiels, von Zeit zu Zeit den Kopf nach ihm umwandte, wie um sich zu überzeugen, dass er seinen Posten nicht verließ.

»Willst du mir Angst machen?«, dachte der Junge. »Oh, wenn ich doch nur unter das Schutzdach schlüpfen und Herrn Albani aufwecken könnte!«

Aber er fand keine Möglichkeit, seinen Begleiter vor der schrecklichen Gefahr zu warnen, in der sie sich befanden. Der Venezianer schlief, auf der Seite liegend und einen Arm unter dem Kopf, und es gab kein Anzeichen dafür, dass er bald aufwachen würde.

Mit einem Mal fuhr dem Knaben ein Gedanke durch den Kopf.

»Gott stehe mir bei!«, murmelte er.

Die Blicke fest auf den Tiger gerichtet, beugte er sich mit großer Vorsicht auf die Erde hinab. Das Herz schlug ihm heftig, ein nervöses Zittern ging durch seine Glieder, und große Tropfen kalten Schweißes standen auf seiner Stirn, aber er fuhr fort, sich zu bücken, während seine Hand auf der Erde herumsuchte.

Er zuckte zusammen, als er unter den Fingern einen harten Gegenstand spürte, zog aber langsam den Arm zurück, immer auf den Tiger blickend, der fortfuhr, mit dem Blasrohr zu spielen.

»Ein Stein«, murmelte er aufatmend. »Nur nicht vorbeitreffen.«

Er wartete den Moment ab, wo der Tiger ihm den Rücken zuwandte und schleuderte mit Blitzesschnelle den Stein unter das Schutzdach.

Herr Albani fühlte, wie ihm der harte Gegenstand aufs Gesicht fiel, erhob sich rasch und blickte sich um. Hatte er alles beim ersten Sehen begriffen? … Wahrscheinlich, denn ohne ein Wort zu sagen, ohne dem Schiffsjungen einen Wink zu geben, ergriff er leise sein Rohr und liegen bleibend, als ob er noch schliefe, setzte er die furchtbare Waffe an die Lippen.

Einen Moment darauf hörte man ein leises Pfeifen durch die Luft, der Tiger unterbrach abrupt sein Spiel und sah sich um. Als er den an seinem Hals hängenden Pfeil bemerkte, entfernte er ihn mit einem Tatzengriff und spielte ruhig weiter, als ob ihn nur eine Mücke gestochen hätte.

Aber plötzlich machte er einen riesigen Luftsprung, stieß ein raues Gebrüll aus und fiel dann in heftigen Zuckungen auf die Seite.

Der kleine Tonno stürzte zum Schutzdach und rief:

»Ach! … Herr Emilio!«

Der Venezianer war schon herausgeeilt. Er breitete die Arme aus, drückte den Knaben an die Brust und rief:

»Dank, mein mutiger Kamerad!«

Im selben Augenblick verendete der durch das kräftige Gift des Upas und Cetting niedergeschmetterte Tiger.

## 16. Ein geheimnisvolles Licht

Der durch den tödlichen Pfeil erlegte Tiger gehörte zu den größten seiner Art, da er von der Schwanzspitze bis zum Kopf über zwei Meter lang und einen Meter hoch war, und dies obwohl die indo-malaiischen gewöhnlich nicht so hoch wie die bengalischen sind, die man Königstiger nennt.

Das furchtbare Gift hatte ihn in einen elenden Zustand versetzt. Das von den letzten Krämpfen verzogene Maul hatte keine Form mehr, die Augen waren aus den blutunterlaufenen Höhlen getreten, und das vorher glatte Fell war ganz struppig geworden. Ein blutiger Schaum, mit gelblicher Flüssigkeit vermischt, lief ihm über die Lippen.

»Ist er wirklich tot?«, fragte der Schiffsjunge, der sich vorsichtigerweise in einiger Entfernung aufhielt.

»Das Upasgift ist unfehlbar«, antwortete der Venezianer, mit dem Fuß die unbewegliche Masse anstoßend.

»Ich bin gerächt für die furchtbare Viertelstunde, die ich durch dieses Untier verlebt habe, Herr Albani. Ich begreife nicht, dass mir das Herz nicht gesprungen ist. Ach! … Was hatte ich für eine Angst, mein Herr! …«

»Ich glaube es wohl, mein armer Junge. Ein Jäger von Beruf würde nicht weniger Furcht empfunden haben als du, und ich sage dir, dass du ein Held bist.«

»Vielen Dank, mein Herr.«

»Geh und lege dich schlafen, du hast es nötig. Ich werde bis zum Morgen wachen.«

»Ich bin nicht mehr müde und leiste Ihnen lieber am Feuer Gesellschaft.«

»Dann hilf mir, den Tiger abziehen. Wir erhalten eine prächtige Decke.«

Sie warfen neue Äste auf das halb erloschene Feuer, schleppten den Tiger herbei, und Herr Albani machte sich mit dem aus dem Rohr genommenen Messer unter Beihilfe des kleinen Tonno ans Werk.

»Was für ein Riesentier!«, rief der kleine Tonno aus, der ihn nicht genug bewundern konnte. »Was für ein Hals und was für Muskeln! … Solche Raubtiere sollten kein Problem damit haben, große Wildtiere in ihre Höhlen zu schleppen.«

»Manchmal hat man schon Tiger gesehen, wie sie Zäune mit Großvieh im Maul überwunden haben. So kannst du dir vorstellen, was diese Fleischfresser für eine Kraft haben.«

»Ist es wahr, dass Tiger alle Tiere ohne Ausnahme angreifen, selbst Löwen und Elefanten? …«

»Das sind Märchen, mein Junge, die von Jägern verbreitet werden, welche nie ihre Häuser verlassen haben. Die Tiger sind viel schlauer als man denkt und messen sich nicht mit Tieren, die ihnen den Sieg streitig machen könnten. Sie nehmen es mit Antilopen, Affen, Tapiren und Babirusas auf, weil sie wissen, dass diese sich nicht verteidigen können, und ebenso mit unseren Haustieren, fliehen aber vor den anderen. Sie wagen nicht einmal, die Büffel anzugreifen, weil sie aus Erfahrung wissen, dass diese großen Wiederkäuer scharfe Hörner besitzen und nicht zurückweichen.«

»Sie fallen aber doch die Menschen an.«

»Ja, aber erst, wenn sie alt sind.«

»Oh! … Das ist ja seltsam! …«, rief der Schiffsjunge aus.

»Ich sagte dir schon, dass die Tiger sehr verschlagen sind. Da sie wissen, dass die Menschen Waffen besitzen, lassen sie sie in Ruhe, solange sie jung sind und die nötige Beweglichkeit und Schwungkraft besitzen, um sich auf die Tiere des Waldes zu stürzen. Manchmal treibt sie allerdings der Hunger dazu, Menschen anzugehen, aber dann ziehen sie die farbigen Leute sowie Frauen und Kinder vor, weil sie schon die Feuerwaffen der weißen Leute kennen und fürchten. Wenn sie aber anfangen, alt zu werden, dann verlassen sie die Wälder und verbergen sich in der Nähe der Dörfer, besonders bei den Quellen, weil sich die Frauen dorthin begeben, um Wasser zu holen, und dort richten sie manches Blutbad an. Es scheint jedoch, als ob das Menschenfleisch ein schlechtes Nahrungsmittel für die Tiger sei, denn sie werden hässlich, räudig und verlieren das Haar. Man könnte sagen, dass sie aussätzig werden wie die Anthropophagen[1] von Polynesien.«

»Kann man denn die Tiger nicht abrichten?«

»Jawohl, viele indische Radschas halten sich frei herumlaufende Tiger in ihren Palästen, aber sie sind immer gefährlich.«

»Könnte man denn die Tiger nicht daran gewöhnen, kein Fleisch zu fressen?«

»Das hat man schon versucht, aber sie werden, wenn man ihnen Fleisch vorenthält, ebenso hässlich und bekommen ein spärliches Fell wie jene, welche menschliche Opfer verzehren.«

»Nun, wir werden jedenfalls nicht diejenigen sein, die Tiger zu zähmen versuchen …«

»Still!«, rief Herr Albani, ihn plötzlich unterbrechend.

»Was haben Sie gehört?«, fragte der kleine Tonno nach einigen Augenblicken des Schweigens.

»Einen entfernten Schuss.«

»Unmöglich, mein Herr! … Wenn diese Insel unbewohnt ist …«

»Wir wissen es noch nicht, und der gestern bemerkte Rauch könnte auf das Gegenteil schließen lassen. Komm, mein Junge.«

Er warf die abgezogene, blutige Haut des Tigers auf den Boden und stieg auf den Felsblock, der den Gipfel des Berges bildete.

Als er den Gipfel erreicht hatte, blickte er sofort nach dem Süden, und es kam ihm so vor, als ob er an derselben Stelle, wo er vor wenigen Stunden den Rauch entdeckt hatte, ein schwaches Glühen sah, das von einem Feuerschein unter den Büschen ausging.

»Ein Licht!«, rief er aus. »Aber dann müssen dort unten doch Menschen lagern!«

---

[1] Menschenfresser.

»Aber wer können sie sein? Einwohner oder Schiffbrüchige?«, fragte der kleine Tonno.

Herr Albani antwortete nicht; er fuhr fort, das Licht zu beobachten, das mitunter heller aufleuchtete und dann wieder zu erlöschen schien.

Gegen zwei Uhr morgens erlosch es gänzlich und tauchte nicht wieder auf. Herr Albani wartete bis zur Morgendämmerung, in der Hoffnung, noch einen Schuss zu hören, aber es war umsonst.

»Es werden vielleicht Piraten gewesen sein«, murmelte er. »Ich glaube nicht, dass diese Insel bewohnt ist.«

»Wollen wir nun hinabsteigen, mein Herr?«, fragte der Schiffsjunge.

»Ja, kleiner Tonno.«

Sie beluden sich mit dem Tigerfell und den süßen Kartoffeln und stiegen, sich in der Richtung der Bäume haltend, die sie mit Einschnitten versehen hatten, den Berg hinab.

Drei Stunden später vernahmen sie die Stimme des Matrosen, die aus einem waldigen Tal heraufdrang.

»Ahoi! … Matrose!«, rief der Schiffsjunge.

»Hier«, brüllte Enrico mit donnernder Stimme.

»Nichts Neues passiert?«

»Ich tränke soeben meine Bären.«

Albani und der kleine Tonno schritten rascher aus und langten bald bei einer Laubhütte an, in welche der Matrose und Hinkepfot sich bemühten, die widerspenstigen Bären hineinzuziehen.

»Guten Morgen, Herr Albani«, sagte Enrico. »Haben Sie eine angenehme Nacht auf dem Berg gehabt? …«

»Ja, indem ich einen Tiger erlegt habe, der den kleinen Tonno auffressen wollte«, sagte der Venezianer.

»Bei den Hörnern des Beelzebub!«

»Beunruhige dich nicht, wir haben ihn getötet, Enrico. Und du, hast du gut geschlafen?«

»Wie ein Murmeltier, mein Herr. Hinkepfot ist ein vortrefflicher Wächter und lässt keinen heran, und auch die beiden Affen sind wirklich brav. Und, wo befinden wir uns?«

»Auf einer Insel.«

»Einer verlassenen?«

»Das wissen wir noch nicht. Hast du nichts gehört oder gesehen?«

»Gesehen habe ich nichts, aber vor etwa zwei Stunden bin ich durch ein Geräusch aufgeweckt worden, das mir wie ein entfernter Schuss klang.«

»Auch ich habe ihn gehört.«

»Dann sind wir also nicht allein auf dieser Insel.«

»Wer kann das schon sagen? Das werden wir erst dann ganz genau wissen, wenn wir dazu in der Lage sind, dieses Land hier richtig zu erforschen.«

»Und wann könnten wir es versuchen? …«

»In einigen Wochen, wenn wir ein Boot haben werden. Und nun lasst uns zurückkehren, liebe Freunde, ich habe Eile, die Hütte zu erreichen.«

Der Matrose ergriff die Stricke der beiden Bären, Hinkepfot trug den Honigtopf, Albani nahm das Zelt und das Wachs; so machten sie sich auf den Weg, geführt von dem kleinen Tonno, der das Tigerfell trug und von den beiden Affen begleitet wurde.

Da sie einen anderen Teil dieser großen Wälder aufsuchen wollten, hofften sie, dabei neue nützliche Bäume zu finden. Sie hatten eine andere Richtung gewählt, wobei sie ein wenig nach Osten abgewichen waren, weil sie sich sicher waren, auf diesem Weg ihre luftigen Hütte ebenfalls zu erreichen.

Doch die Bäume veränderten sich nicht. Immer wieder trafen sie auf Gestrüpp von Areca-[1], Lontar- oder Duriobäumen, Pampelmusen sowie Gummipflanzen, die durch Rotangs und kolossale Wurzeln miteinander verbunden waren, die sich wie Riesenschlangen von allen Seiten erhoben.

Aber sie machten eine merkwürdige Entdeckung dabei: nämlich eine Gruppe von Blumen mit riesigen Ausmaßen. Das waren Aronstabgewächse, Pflanzen, welche nur ein einziges Blatt hervorbringen, das einschließlich des Stängels, der einer echten Säule gleicht, gut fünfzehn Meter aufragt.

Aus der Mitte eines dieser Stängel, der einen Durchmesser von einem Meter hatte, kam eine Blume hervor, die so groß war, dass sie einen Riesen in Verlegenheit gebracht hätte, sie sich in das Knopfloch seiner Jacke zu stecken. Denn sie war zwei Meter hoch und hatte einen Durchmesser von anderthalb Metern. Seltsam aber war, dass diese Blume, statt einen köstlichen Duft zu verbreiten, nur einen stinkenden Geruch – wie nach verdorbenem Fisch – verströmte.[2]

Sogar eine nützliche Pflanze wurde entdeckt; da sie aber schon alle beladen waren, mussten sie momentan darauf verzichten, sie zu ern-

[1] Betelpalme.

[2] Gemeint ist die Titanenwurz (*Amorphophallus titanum*).

ten. Es handelte sich um eine Mangostane, das sind Bäume, welche unseren Kirschbäumen ähneln, die in Malaysia als Könige der Früchte bezeichnet werden. Denn sie bieten das köstlichste Obst, das man sich vorstellen kann.

Sie sehen aus wie Granatäpfel, aber die in ihnen enthaltene weiße Masse erzeugt das köstlichste Aroma und schmilzt wie Eis im Mund.

Gegen vier Uhr nachmittags befanden sich die Schiffbrüchigen an der östlichen Küste, die sich weit über das Meer erhob und von riesigen Felsen geschützt wurde, die sich über mehrere Dutzend Meter erhoben und mit allerlei Schlingpflanzen und Gestrüpp bedeckt waren.

Der Wald endete am Fuß dieser Küstenfelsen, war aber nicht mehr so dicht wie vorher. Ganz im Gegenteil, man sah hier und da kleine Grasflächen, auf denen keine Bäume standen.

Herr Albani, der schon seit einigen Minuten aufmerksam um sich geblickt hatte, war stehen geblieben, um den Boden der baumlosen Stellen zu untersuchen. Er bog die Pflanzen auseinander, teilte sie mit seinen Füßen und schien mit großer Beharrlichkeit nach etwas Wichtigem zu suchen.

»Hoffen Sie, noch mehr Süßkartoffeln zu finden?«, fragte Enrico, der auch schon eine Weile stehen geblieben war, um sich auszuruhen.

»Ich suche eine oder vielmehr verschiedene Spuren«, antwortete der Venezianer.

»Die Spuren eines neuen Tieres? …«

»Nein, aber einer alten Kultivierung.«

»Oh! … Einer Kultivierung! …«, riefen der Matrose und der Schiffsjunge aus.

»Ja, meine Freunde, und ich täusche mich sicherlich nicht. Dieser Boden ist bebaut gewesen und die Bäume, die ihn früher bedeckten, sind entfernt worden. Hier seht ihr die Spuren einer Ackerfurche und hier unter diesem Gras die Überreste eines abgehauenen Baums und eines anderen, halb entwurzelten.«

»Blitz und Donner! …«, rief Enrico. »Dann wäre diese Insel wirklich bewohnt?«

»Oder war es wenigstens früher einmal«, sagte Albani.

»Aber von wem? …«

»Vielleicht von irgendeiner Kolonie von Bewohnern der Suluinseln.«

»Aber schon vor langer Zeit? …«

»Vor vielen Jahren sicherlich.«

»Aber man müsste doch Spuren oder Überbleibsel irgendeiner Hütte oder dergleichen entdecken.«

»Sie könnten ja in der Umgegend existieren.«

»Lassen Sie uns danach suchen, mein Herr.«

Der Venezianer antwortete nicht. Er blickte starr auf eine Gruppe von Pflanzen, die inmitten einer Grasfläche wuchs.

»Was sehen Sie dort, mein Herr?«, forschte der Matrose, erstaunt darüber, keine Antwort zu erhalten.

»Sage einmal, Enrico«, fragte Albani mit einer gewissen Rührung, »würde dir eine Tasse Kaffee willkommen sein? ...«

»Erdbeben von Genua! Haben Sie etwa ...«

»Kaffee gefunden? ... Ja, Enrico, ich habe welchen gefunden. Folgt mir, Freunde. In wenigen Stunden werden wir das köstliche Getränk probieren.«

## 17. Die Spuren einer alten Kolonie

Die Pflanzen, die der scharfe Blick des Venezianers unter all den Bäumen, welche die Lichtung umgaben, entdeckt hatte, waren fünf oder sechs Meter hoch, mit geradem Stamm und ovalen, dunkelgrün glänzenden Blättern, die an Kirschlorbeer erinnerten.

Einige im Schatten stehende waren mit weißen Blütenbüscheln bedeckt, die eine Art zarten Jasmindufts aushauchten, aber andere, mehr der Sonne ausgesetzte, trugen Früchte, die sowohl in Form wie auch in Farbe harten Kirschen glichen.

Der Venezianer pflückte einige davon ab, öffnete sie leicht und zeigte seinen Gefährten eine Art von Nuss, die aber aus einem einfachen Häutchen zu bestehen schien.

»Seht, das ist der Kaffee«, sagte er.

»Kaffee! ...«, riefen die beiden Seeleute aus. »Aber er ähnelt ja durchaus nicht den Bohnen, die wir rösten und dann zermahlen.«

Herr Albani lächelte.

Er zerriss das Häutchen und brachte zwei halb ovale Bohnen hervor, die noch zart und weißlichgrün waren, aber kurze Zeit der Sonne ausgesetzt eine hornähnliche Beschaffenheit annehmen mussten.

»Es ist wirklicher Kaffee!«, rief der Genuese freudestrahlend aus. »Aber wie kommen diese Pflanzen auf die Insel? ... Vielleicht wachsen sie hier wild ...«

»In ihrem Heimatland, in Arabien gewiss, aber nicht hier, Enrico. Diese Pflanzen sind hierhergebracht und angepflanzt worden.«

»Aber von wem? …«

»Von den Leuten, welche diese Waldlichtungen geschaffen und bebaut haben.«

»Aber von woher mögen sie gekommen sein?«, fragte der Matrose beharrlich.

»Wer weiß; vielleicht von Mindanao[1] oder Palawan oder gar von den Philippinen. Nach dem Verschwinden der weißen Leute wird auf fast allen Sundainseln, wie im Archipel des südchinesischen Meeres, die aromatische Pflanze sowohl in kleineren als auch größeren Mengen angebaut.«

»Dann sind die Kolonisten wohl von den reißenden Tieren aufgefressen worden? …«

»Sie können auch die Insel verlassen haben oder von Sulupiraten vernichtet oder in die Sklaverei verschleppt worden sein.«

»Ich wäre neugierig, ihre Spuren zu finden, Herr Emilio. Zumindest könnten wir dann sicher sein, ob die Insel noch bewohnt oder verlassen ist.«

»Vielleicht werden wir die Küste absuchen, Enrico. Aber jetzt wollen wir unseren Kaffee einsammeln. Ich sehe eine Menge reifer Früchte, die nur der Sonne ausgesetzt werden müssen, um zu trocknen.«

»Aber in zwei Stunden ist es Nacht.«

»Niemand verbietet uns, hier zu lagern.«

»Das ist wahr, mein Herr; sammeln wir daher unseren Mokka ein.«

Sie banden die beiden Bären an einen Baum und sammelten mit Hinkepfots Hilfe die Früchte ein, die sie auf der Zeltplane aufhäuften. Der Schiffsjunge schnitt inzwischen Zweige und Blätter ab, um einen Unterschlupf gegen die Feuchtigkeit der Nacht herzustellen.

Um sieben Uhr war die Ernte beendet. Nach dem Augenmaß zu urteilen, besaßen sie ungefähr zehn bis zwölf Kilo Bohnen.

»Das war ein glücklicher Ausflug!«, rief der brave Matrose aus, der ganz begeistert war. »Potztausend! … Welch ein Luxus! … Sogar an Kaffee und Zucker fehlt es uns nicht! … Wenn wir auch noch Tabak finden könnten, dann wäre ich der glücklichste Mensch von der Welt.«

»Er wird schwer zu finden sein, da ihn die Volksstämme dieser Ge-

[1] Zweitgrößte Insel der Philippinen und Hauptinsel der gleichnamigen Inselgruppe im Nordwesten der Sulusee.

genden nicht gebrauchen; aber ich finde vielleicht etwas, dass ihn ersetzen kann, Enrico«, sagte Albani. »Bringen wir unseren Mokka unter das Schutzdach und bröckeln wir uns etwas Gebäck in den Honig.«

»Gut! … Sie sagen auch Mokka, wie wir Seeleute«, meinte Enrico, sich mit dem eingewickelten Kaffee beladend.

»Das ist auch der richtige Name, da die ersten derartigen Pflanzen an der arabischen Küste in der Nähe der Stadt Mokka entdeckt wurden.«

»Hat sie irgendein Gelehrter entdeckt?«

»Durchaus nicht, sondern ein armer Ziegenhirt, Enrico. Eigentlich haben die Ziegen sie entdeckt.«

»Oh! … Wie merkwürdig! …«

»Du kennst also die Geschichte des Kaffees nicht?«

»Nein, mein Herr.«

»Ich werde sie dir erzählen, denn die Entdeckung des Kaffees, der heute von der Hälfte der Weltbevölkerung getrunken wird, liegt viele Jahrhunderte zurück. Die Araber erzählen, dass ein armer Hirte, der verzweifelt war, dass er eine Cousine nicht heiraten konnte, um seinen Schmerz zu vergessen, den ganzen Tag schlummerte. Bei seinem Erwachen sah er zu seinem großen Erstaunen, dass alle seine Ziegen wie toll herumtanzten, so als wären sie verrückt geworden. Er erhob sich, um nach der Ursache zu forschen, und sah, dass einige von ihnen beschäftigt waren, runde rote Beeren zu fressen, worauf sie dann auch anfingen, mit den anderen herumzuspringen. Er kostete auch davon und fühlte gleich darauf seine Müdigkeit und seine Traurigkeit verschwinden. Am nächsten Tag suchte er mehr Beeren und setzte dies längere Zeit fort, wobei er immer lustiger wurde. Dann kam ein Pilger des Weges, und da er sich wunderte, dass Hirt und Ziegen gemeinschaftlich hüpften und tanzten, wollte er den Grund wissen und sammelte, als er ihn erfuhr, eine Menge von dem Kaffee und trug ihn in seine Einsiedelei. Er genoss ihn vor seinen Gebetsübungen, denn der gute Mohammedaner hatte die Gewohnheit, dabei einzuschlafen, während ihn die Beeren wach hielten. Er war der Erste, der sie röstete, denn da er nur wenige Zähne hatte, konnte er die Körner schlecht zerbeißen. Als er sie zu Pulver zerrieben hatte, versuchte er, die duftende Masse mit Wasser zu vermischen und erhielt hierdurch den allerersten Kaffee. Andere Mönche erfuhren durch ihn von der Entdeckung und durch muslimischen Pilger wurde der Genuss des Kaffees in ganz Europa verbreitet.«

»Aber er wurde doch erst spät in Europa bekannt? …«, fragte Enrico.

»Um das Jahr 1500, aber es war zuerst die Gefahr vorhanden, dass er schon in Arabien wieder unterdrückt werden würde.«

»Vielleicht mochten sie ihn nicht.«

»Überhaupt nicht. Da er in der Türkei zuerst eingeführt war, suchten die muslimischen Priester, Ulemas genannt, ihn zu verbieten, indem sie ihn für ein berauschendes Getränk erklärten; aber der Sultan Soliman[1] hatte Verstand genug, ihnen unrecht zu geben und erlaubte, dass in Konstantinopel die ersten fünfzig Kaffeehäuser eröffnet wurden. Um 1650 verbreitete sich der Gebrauch auch in Italien, Frankreich und anderen Ländern.«

»Er wurde damals wohl sehr teuer bezahlt?«

»Kolossal; ungefähr hundertundzwanzig Lire das Pfund.«

»Dafür hätte ich mir lieber ein Fass Wein gekauft«, sagte Enrico lachend. »Und seit wie lange wird er auf diesen Sundainseln angebaut?«

»Seit 1690, dem Jahr, in dem die Holländer ihn auf ihrer prächtigen Java-Insel anpflanzten, die durch ihre reichen Kaffeeplantagen so berühmt geworden ist.«

»Herr Albani«, sagte der Matrose, vor dem Schutzdach stehen bleibend, das der Schiffsjunge errichtet hatte. »Es gibt vielleicht noch mehr wertvolle Pflanzen in der Umgegend? Die alten Kolonisten haben gewiss noch andere hervorgebracht und angebaut.«

»Es ist möglich, Enrico. Wir wollen morgen einen Rundgang in der Nachbarschaft machen.«

Da sie von ihrem langen Marsch sehr müde waren, beeilten sie sich, etwas Brot, in den Honig der wilden Bienen getaucht, zu verzehren, wovon auch Hinkepfot, die beiden Affen und auch die Bären etwas erhielten, und streckten sich dann auf einem frischen Laublager aus, ohne eine Wache aufzustellen, da sie wussten, dass der Mias niemanden herankommen lassen würde.

Beim ersten Morgengrauen machten sich Herr Albani und Enrico nach einem kleinen Frühstück auf, um diesen Teil des Waldes zu durchforschen, während der Schiffsjunge mit Hinkepfot und den Affen als Wache bei den beiden Bären zurückblieb.

Schritt für Schritt trafen sie am Rand des Waldes auf deutliche Spuren einer früheren Kultivierung, die noch immer gut sichtbar waren.

1 Soliman I. (1494 bis 1566), auch Suleimann I., war ab 1520 der zehnte Sultan des Osmanischen Reiches. Er gilt als einer der bedeutendsten Herrscher der Osmanen.

Man sah Ackerfurchen, die durch Regen und Unkraut halb verwischt waren, abgeschlagene Baumstämme, die niemals verfault, jetzt aber ein Sammelbecken von Tausenden Insekten waren, tiefe Gruben, die vielleicht ehemals als Fallen für die Tiere des Waldes gedient hatten, und abgehauene Zweige, welche in einer gewissen Ordnung zum Trocknen hingelegt zu sein schienen.

Auf den gelichteten Stellen hatten wahrscheinlich nützliche Pflanzen gestanden, aber Rotangs und allerlei Unkraut hatten sie seit dem Fortgang der Kolonisten ganz überwuchert und erstickt.

Herr Albani betrachtete alles mit einem aufmerksamen Blick, in der Hoffnung, andere nützliche Pflanzen zu entdecken, doch vergeblich. Plötzlich entdeckte der aufmerksam um sich blickende Albani im Chaos von Schlingpflanzen und hohen Gräsern dichte Büschel von gefurchten, mit kleinen schwarzen Dornen besetzten Blättern, die oben grün und unten weiß waren und in ihrer Mitte ovale, etwa fünfzehn Zoll[1] lange und zehn Zoll im Durchmesser starke Früchte von schöner goldgelber Farbe trugen.

»Ananas!«, rief er aus, sich hineindrängend und Wurzeln und Gräser beiseiteschiebend.

»Köstlich!«, rief der Matrose, der früher schon welche probiert hatte. »Ich mag sie sehr, Herr Albani. Wachsen sie hier wild? …«

»Ja, aber ursprünglich sind sie gewiss von den geheimnisvollen Kolonisten hier eingeführt worden. Später sind sie dann verwildert, aber wenn man sie in einen anderen Boden pflanzt und pflegt, dann werden sie vortrefflich werden.«

Er pflückte eine von den schönen Früchten, die einen herrlichen Duft hatten, und kostete sie.

Das im Munde zergehende Fleisch war schmackhaft, aber so scharf, dass das Zahnfleisch danach blutete, wie bei der weißen Ananas aus Indien.

»Auf unserem künftigen Feld werden sie besser werden«, sagte der Venezianer. »Sobald wir soweit sind, pflanzen zu können, kommen wir hierher und holen uns welche.«

Sie pflückten einige reife Früchte und setzten ihre Forschungen dann bis an den Strand fort, welcher von steilen Felsen umgeben war, auf denen Hunderte von Seeschwalben nisteten.

Als sie einen dieser Felsen ersteigen wollten, um einen Ausblick auf

[1] 1 Zoll = 2,54 cm.

das Meer und die Küste zu haben, glaubte der Matrose, eine kleine, finstere Öffnung zu erblicken, die halb von Schlingpflanzen verdeckt war, welche sich beharrlich an den Felsspalten gebildet hatten.

»Eine Höhle?«, fragte er stehen bleibend.

»Das wäre eine gute Entdeckung«, sagte Albani.

»Und wieso, mein Herr? …«

»Da sie uns als Aufbewahrungsort und im Notfall auch als Zuflucht dienen könnte.«

»Wir sind in der Tat nicht allzu weit von unserer luftigen Hütte entfernt. Es sind nur tausendzweihundert bis tausenddreihundert Meter. Ich habe eben das Dach unserer Behausung gesehen.«

»Ich glaubte nicht, dass sie so nahe wäre. Lass uns die Höhle untersuchen.«

»Wir brauchen aber ein Licht dazu, mein Herr.«

»Hier ist ein Gummibaum, der uns eine gute Fackel verschaffen wird«, sagte der Venezianer, auf eine *Isonandra gutta* deutend.

Der Matrose ging hin und schnitt ein paar Zweige ab, zündete einen davon an, schob den Vorhang von Schlingpflanzen zurück und drang in die Öffnung ein, die sich ziemlich weit in den großen Felsen zu erstrecken schien.

Ein merkwürdiger Geruch wie der von Mist traf die beiden Schiffbrüchigen, welche, die Fackel vorhaltend, damit sie nicht in irgendeine Spalte fielen, misstrauisch weiterschritten.

Vor ihnen öffnete sich ein enger Gang, der vielleicht anderthalb Meter hoch war, sanft in die Höhe stieg und dabei eine leicht ausgeprägte Kurve beschrieb. Er war ziemlich trocken und enthielt weder Tropfsteine noch Stalakmiten, was darauf schließen ließ, dass keine Feuchtigkeit darin herrschte.

Nach etwa zehn Schritten standen sie vor einer runden Kaverne mit sehr hoher Wölbung; der Boden war mit feinen, weißen, ebenfalls ganz trockenem Sand bestreut.

Als sie sich eben einer weiteren Erkundung zuwenden wollten, nachdem sie am Ende eine Höhle gesehen hatten, die einen zweiten Korridor zu bilden schien, sahen sie, wie von dort eine Schar jener riesigen Fledermäuse hereinflog, die von den Malaien Kulang und von den Naturforschern *Pteropus eduli*[1] genannt werden.

[1] Gemeint ist entweder der Schwarzohrige Flughund (*Pteropus melanotus*), dessen einer von insgesamt fünf synonymen wissenschaftlichen Namen *Pteropus edulis* lautet, oder der auch Kalong genannte Flughund *Pteropus vampyrus*. Die Systematik und Bezeich-

Sie hatten kaum Zeit, sich zur Seite zu drücken und die Fackel zu senken. Die hässlichen Vögel durchquerten munter die Kaverne, was einen Luftzug verursachte, und flüchteten mit lebhaftem Schlagen ihrer riesigen, häutigen Flügel durch den ersten Gang ins Freie.

»Pfui Teufel, diese garstigen Fledermäuse!«, rief der Matrose aus. »Hier sind vielleicht noch mehr.«

»Ich glaube es nicht«, antwortete Albani. »Lass uns weitergehen, Enrico.«

Der Matrose und sein Gefährte betraten den zweiten Gang, der ebenso eng und niedrig wie der erste war, aber steiler anstieg, und bald befanden sie sich in einer zweiten runden Höhle, die aber viel größer war und mindestens vierzig Meter Umfang hatte.

Diese Höhle musste sich beinahe auf einer Höhe mit dem Meeresspiegel befinden, da man drinnen lautes Geräusch hörte, das augenscheinlich von den an den Fuß des Felsens schlagenden Wellen hervorgebracht wurde.

»Es ist eine Öffnung dort oben«, sagte der Matrose, auf einen unregelmäßigen Spalt von der Größe eines Fünf-Lire-Stücks deutend, durch den ein wenig Licht drang. »Sehen wir zu, ob man das Meer entdecken kann?«

Er hatte sich der Wand genähert, um auf ein paar Felsstücke zu steigen, die unter dieser Öffnung aufgeschichtet lagen, als Albani bemerkte, wie er plötzlich anhielt und dann lebhaft zurückwich, indem er ausrief:

»Donner und Erdbeben! … Ein Leichnam! …«

## 18. Die Brillenschlange

Herr Albani war, als er diesen Ausruf hörte, mit lebhafter Neugier näher getreten. Dicht an der Wand, auf einem Lager von trockenen Blättern liegend, lag in der Tat ein vollständig nackter Leichnam, der zu einer Mumie eingeschrumpft war.

Es war ein untersetzter Mann von starkem Gliederbau, breiter Brust, viereckigem, knochigem Gesicht mit eingedrückter Nase und breitem Mund, welcher scharfe Zähne zeigte, die aber nicht weiß, sondern schwarz waren, wie bei allen Völkern, die Betel kauten.

nung der Flora und Fauna war seit Emilio Salgari zum Teil unüberschaubaren Veränderungen unterworfen und ist es immer noch.

Seine Hautfarbe war ziegelrot mit olivfarbenen Schatten.

Neben der Mumie sah man einen jener fußlangen Dolche mit gewundener Klinge von feinstem Stahl, wie ihn die Malaien unter dem Namen Kris führen, und ein halb durchgebrochenes Blasrohr.

»Ein Malaie!«, rief der Venezianer aus. »Sollte dies einer jener Kolonisten sein, die einen Teil des Waldes urbar gemacht und den Kaffee gepflanzt haben?«

»Aber dieser Mann muss schon sehr lange tot sein«, bemerkte der Matrose, der sich in respektvoller Entfernung hielt.

»Vielleicht schon seit mehreren Jahrzehnten.«

»Aber wodurch hat er sich so gut erhalten?«

»Diese Höhle ist sehr trocken, hat wenig Luft und ist sehr kalt, sodass der Körper nicht verwest, sondern langsam eingetrocknet ist.«

»Der arme Teufel ist gewiss ermordet worden?«

»Ich sehe keine Wunde an seinem Körper, Enrico.«

»Denken Sie daran, dieses Grab nutzbar zu machen? …«

»Dieses Grab, wie du es nennst, wird eine treffliche Vorratskammer für uns abgeben. Wir wollen die Mumie begraben, falls sie dich stört, und dann unsere Schätze hierherbringen.«

»Dieser Tote erregt in mir ein gewisses Unbehagen, Herr Albani!«

»Pah! … Komm heraus, wir wollen den kleinen Tonno aufsuchen.« –

Sie gingen rings um die Höhle herum, um zu sehen, ob noch andere Mumien dort waren, nahmen den Kris mit, der eine wertvolle Waffe für sie war, da sie nichts als das Beil und die jetzt verdorbenen Messer besaßen, und betraten dann wieder die erste Höhle. Als sie aus dem Gang ins Freie treten wollten, blieb der Matrose plötzlich stehen und stieß einen Schmerzensschrei aus.

»Enrico!«, – rief der Venezianer, mit dem Kris in der Faust auf ihn zueilend.

»Hier … zu Hilfe! … Ich werde gebissen! …« rief der Genuese mit rauer Stimme.

Herr Albani blickte zu Boden und erblasste vor Schreck. Eine Schlange hatte sich aus den Schlingpflanzen am Eingang der Höhle emporgeringelt und ihre giftigen Zähne in das linke Bein des unglücklichen Matrosen versenkt.

Dieses scheußliche Reptil war so dick wie eine Flasche und etwas über zwei Meter lang; sein Körper war von bräunlich gelben Schuppen besetzt, die wie Goldflitter funkelten, und es hatte zwei weiße Reifen am Kopf, die vollständig einer Brille glichen.

Der Venezianer war, ohne an die furchtbare Gefahr zu denken, sofort vorgestürzt. Er hatte in dem Reptil die schreckliche Brillenschlange erkannt, deren Biss fast immer tödlich wirkt.

Das Untier hatte beim Anblick des neuen Feindes den Matrosen losgelassen und sich ringförmig aufgerichtet. Dabei hatte die Schlange ihren Hals gewaltig aufgebläht, da sie ihre ersten beiden Rippen nach Belieben öffnen konnte.

Mit Blitzesschnelle streckte Herr Albani den Arm aus und schlug ihr mit einem Hieb den Kopf ab, dann sprang er über ihren krampfhaft zuckenden Körper hinweg und nahm den Matrosen in die Arme. Ohne einen Moment zu verlieren, bettete er ihn sanft auf einen Haufen welken Laubes, streifte seine Beinkleider in die Höhe, um die Wunde bloß zu legen, zerriss sein Taschentuch, das einzige, welches er besaß, in Streifen und band sie ganz fest um das Bein. Ohne daran zu denken, dass er sich selbst vergiften könnte, brachte er dann seine Lippen an die Wunde, das heißt an die Stelle, wo zwei leichte blutige Punkte zu sehen waren, und sog sie kräftig aus, mehrmals dabei ausspuckend.

Der halb ohnmächtige Matrose schien nichts zu sehen. Er war blass wie eine Leiche, mit veränderten Zügen, verglasten Augen, die Stirn von kaltem Schweiß bedeckt und atmete ängstlich und mit großer Mühe.

Herr Albani, dessen Aussehen sich kaum verändert hatte, war nicht minder blass als der Matrose. Auch seine Stirn war in kaltem Schweiß gebadet, aber er sog unablässig weiter. Er kannte nur zu gut die entsetzlichen Eigenschaften des Gifts der Brillenschlange, die auch *Cobra Capello*[1] genannt wird; er wusste, dass, wenn eine gewisse Menge dem Menschen ins Blut kommt, der Tod in einer Viertelstunde eintritt.

Er versuchte alle Mittel, welche die Erfahrung ihm eingab, hatte aber wenig Hoffnung, den unglücklichen Gefährten zu retten. Nur ein Wunder konnte ihn dem Tod entreißen.

Nachdem er das Gift ausgesogen hatte, – ein heldenmütiges Mittel, da die kleinste Wunde an der Lippe oder am Zahnfleisch genügt hätte, den edlen Mann zu vergiften, – griff er nach dem Messer und machte in der fest umfassten Wade einen tiefen Kreuzschnitt.

Mit den Fingern vergrößerte er ihn noch, ließ dann mit einem kräf-

[1] Der heute gebräuchliche Name der auch Südasiatische Kobra genannten Brillenschlange lautet *Naja naja*.

tigen Druck das Blut herausspritzen und ergriff die noch immer brennende Fackel, an deren Spitze sich jetzt eine glühende Kohle befand, die er auf die Schnittwunde drückte.

Der Matrose, der fühlte, wie sein lebendiges Fleisch verbrannte, fuhr, wie von einem elektrischen Schlag getroffen, in die Höhe und schrie mit gebrochener Stimme:

»Was … tun … Sie … mein Herr?«

»Beruhige dich, Enrico, ich versuche, dich zu retten«, antwortete Albani mit bewegter Stimme.

»Aber … Sie verbrennen … mein Fleisch … mein Herr …«

»Es ist notwendig, mein Freund.«

Der Matrose widersetzte sich und schlug um sich, aber der Venezianer hielt ihn mit der rechten Hand fest, während er fortfuhr, mit der linken sein Fleisch zu brennen.

»Erdbeben, genug!«, schrie der Matrose.

»Ja, es genügt«, antwortete Albani, die Fackel zurückziehend.

»Ich leide … mein Herz scheint zu erstarren … Herr Albani … es ist aus mit mir … und wir waren … so glücklich! … Haben Sie sie wenigstens … getötet?«

»Ja«, antwortete der Venezianer, rasch die zwei Tränen abwischend, die ihm über die Wangen rollten.

»Mein Herr … mein Kopf schwindelt … mein Gehirn brennt … und der kleine Tonno? … Ich möchte ihn sehen … ich möchte …«

Weiter kam er nicht. Die Kräfte verließen ihn plötzlich, und er fiel mit verdrehten Augen und verzerrten Zügen zurück. Nur sein Körper hob und senkte sich ab und zu krampfhaft, und ein kurzes pfeifendes Geräusch drang aus seinem Munde.

Herr Albani betrachtete ihn mit entsetzten Augen, als ob er jeden Moment fürchtete, den Unglückseligen sterben zu sehen.

Ein Schrei entriss ihn seiner stummen Verzweiflung. Der kleine Tonno war plötzlich am Rand des Waldes erschienen.

»Großer Gott! …«, rief der Schiffsjunge aus. »Was ist geschehen, Herr Albani? … Enrico! …«

»Ruhig«, sagte der Venezianer.

»Sagen Sie mir, was ist passiert, mein Herr?«

»Er ist von einer Schlange gebissen worden.«

»Und wird er sterben? …«

»Wir wollen noch nicht verzweifeln, mein Junge«, sagte Albani, die Tränen zurückhaltend.

»Ach! … Retten Sie ihn, Herr Albani! …«, rief der Schiffsjunge, in Tränen ausbrechend. »Sie, der Sie so viel wissen, könnt ihn gewiss dem Tod entreißen.«

»Ich habe alles getan, was ich konnte.«

»Haben Sie noch Hoffnung?«

»Vielleicht.«

»Aber sagen Sie mir …«

»Sei still, kleiner Tonno, und hole mir etwas Wasser.«

»Meine Flasche ist voll, nehmt sie nur, mein Herr.«

Albani nahm das Fläschchen, das ihm der Junge gab, und wusch damit das Blut ab, das aus der Wunde quoll. Dann sah er, dass die Wade des Matrosen beachtlich geschwollen war. Er ergriff sein Taschentuch und band es darüber, um den eventuellen Verlust des verwundeten Körperteils zu vermeiden.

Enrico schien noch immer ohne Besinnung zu sein. Nach und nach bekam er aber ein wenig mehr Farbe, und sein Atem wurde ruhiger und regelmäßiger.

Albani fühlte ihm den Puls und merkte, dass er nicht mehr so heftig schlug. Eine lebhafte Bewegung malte sich auf seinen Zügen.

»Kleiner Tonno«, sagte er zu dem schluchzenden Knaben. »Es scheint ein Wunder zu geschehen, das ich noch vor wenigen Minuten nicht erhofft hatte.«

»Können Sie Enrico retten?«

»Ich beginne, es zu hoffen.«

»War die Schlange vielleicht doch nicht so giftig?«

»Im Gegenteil, die *Cobra Capello* ist die giftigste aller Kobras oder Brillenschlangen und tötet selbst die stärksten Männer in einer Viertelstunde; nur selten gelingt es, einen Gebissenen zu retten.«

»Aber Sie sind trotzdem sicher, dass er überleben wird?«

»Die Viertelstunde ist bereits verflossen und Enrico ist noch am Leben. Es sieht so aus, als würde es ihm besser gehen. Sieh nur, er schläft.«

Der Matrose war wirklich in einen tiefen Schlaf gesunken, die Farbe kehrte auf seine Wangen zurück, und sein Atem war ruhig. Wie war er aber dem sicheren Tod entronnen? …

Welch Wunder hatte sich ereignet?

Albani hatte zwar schnell alle bekannten Mittel angewandt, aber sie sind nicht immer wirksam gegen das Gift dieser furchtbaren tropischen Schlange, das zehnmal so stark ist wie das unserer Vipern.

Vielleicht hatten die groben Leinwandbeinkleider einen Teil des tödlichen Giftes aufgesogen, oder vielleicht hatte das Reptil schon vorher seinen Vorrat davon erschöpft gehabt.

»Geh und sieh einmal unter jene Schlingpflanzen«, wandte sich Albani an den Schiffsjungen. »Ich möchte den Grund dieser wunderbaren Rettung kennen. Die Kobra kam dort heraus, als Enrico vorüberschritt.«

»Was hoffen Sie, dass ich dort finden soll?«, fragte der Schiffsjunge erstaunt. »Irgendein Heilmittel vielleicht?«

»Nein, aber vielleicht die Gewissheit, dass Enrico nicht sterben wird.«

Der kleine Tonno bewaffnete sich mit dem großen Zweig eines Baumes und stocherte unter den Pflanzen herum, die wie ein Vorhang an der Wand des großen Felsens herabhingen. Kurz darauf kehrte er zurück, ein großes fliegendes Eichhörnchen, auch *Pteromys*[1] genannt, am Schwanze nach sich ziehend.

»Herr Albani«, sagte er, »ich habe dieses Tier gefunden, das uns zum Mittagsmahl dienen kann. Es scheint erst kürzlich getötet worden zu sein.«

»Gib es her, mein Junge«, antwortete der Venezianer strahlend.

Er ergriff das *Pteromys* und sah, dass es noch etwas warm war, ein deutliches Zeichen dafür, dass es höchstens vor einer halben Stunde getötet worden sein konnte.

Bei näherer Untersuchung sah er auf einer Seite zwei tiefe regelmäßige Löcher, aus denen noch ein paar Tropfen Blut herauskamen.

»Hier haben wir das, was Enrico gerettet hat! …«, rief er voller Freude aus.

»Wie! … Dieses Eichhörnchen hat unseren Freund gerettet?«, fragte der immer mehr erstaunte Tonno.

»Ja, mein Junge. Die Kobra hatte wenige Augenblicke vor unserem Heraustreten aus der Höhle dieses Tier überfallen und ihr ganzes Gift dabei verspritzt, sodass sie, als sie Enrico biss, wenn auch nicht ganz unschädlich, so doch bedeutend weniger gefährlich war. Freuen wir uns, kleiner Tonno; Enrico wird genesen, und das vielleicht schon sehr bald. Meine rasch angewandten Heilmittel haben genügt, ihn dem Tode zu entreißen.«

»Tatsächlich, er schläft jetzt ganz ruhig, mein Herr.«

[1] Gemeint ist ein Gleithörnchen (*Pteromyini*) auch Flughörnchen genannt.

»Ja, und wir wollen ihn nicht stören und für den Augenblick unser Lager hier aufschlagen.«

»Wollen Sie, dass ich zu unserer Hütte gehe?«

»Ja, kleiner Tonno. Du kannst uns ein Stück Segelstoff holen, um Enrico vor der Sonne zu schützen, sowie einige Lebensmittel. Drehe auch einigen Vögeln den Hals um, damit wir Brühe für unseren Kranken kochen können.«

»Und ich werde die Bären in ihren Käfig sperren.«

Der Knabe lief nach der Stelle, wo er die Affen und Bären zurückgelassen hatte, während Herr Albani sich neben den Matrosen setzte und besorgt auf dessen Erwachen wartete.

Inzwischen war er sich der Heilung sicher, da nur ein sehr kleiner Teil des Gifts in den Körper eingedrungen war. Der Genuese hatte seine ursprüngliche Farbe wiedererlangt, ein hübsches, leichtes Goldbraun, der Puls war regelmäßig, die Atmung frei und natürlich. Der Schüttelfrost und sogar der kalte Schweiß, der seine Stirn überzogen hatte, waren verschwunden. Der fortdauernde ruhige Schlaf musste ihm wohltun und ihm neue Kräfte geben.

Eine Stunde später kehrte der kleine Tonno mit Hinkepfot und den beiden Affen zurück, alle reich mit Vorräten beladen. Er hatte die zwei Bären in das Gehege gebracht und die Lufthütte aufgesucht, die er in demselben Zustand vorfand, wie er sie verlassen hatte. Dann war er zum Lebensmittelmagazin gegangen und hatte den zwei größten Tukans den Hals umgedreht.

Es wurde ein Zelt aufgerichtet, um den Kranken vor der Sonne zu schützen, dann ein Feuer angezündet, an welchem aus fettem Geflügel eine gute Suppe für den armen Enrico gekocht wurde.

Als alles besorgt war, setzten sich beide im Schatten nieder und warteten auf das Erwachen ihres Gefährten.

## 19. Die Babirusas

Der Schlaf des Matrosen dauerte ruhig und ungestört bis zur Mittagsstunde. Als er die Augen aufschlug, schien der gute Genuese ganz erstaunt zu sein, sich ausgestreckt unter dem improvisierten Zelt zu finden, umgeben von seinen beiden Gefährten und Hinkepfot, der sich zu seinen Füßen niedergekauert hatte, als ob er erraten hätte, dass sein Freund krank war.

»Was macht ihr hier?«, fragte er, bald Herrn Albani, bald den Schiffsjungen ansehend, die ihn lächelnd betrachteten.

Dann kam ihm sofort die Erinnerung an das Vorgefallene.

»Aber ich bin nicht tot!«, rief er aus. »Ach! … Herr Albani, ich verdanke Ihnen mein Leben! … Mein kleiner Tonno, ich dachte nicht, dass ich dich wiedersehe!«

»Wie geht es dir?«, fragte der Venezianer, ihm liebevoll die Hand drückend, die er ihm gereicht hatte.

»Ich bin schwach, recht schwach, mein Herr, und es scheint mir, dass mein Kopf leer ist, aber ich fühle, dass ich lebe, und das genügt mir, wie Sie mir glauben können«, sagte der Matrose lächelnd. »Ich habe noch tüchtige Schmerzen im verwundeten Bein, aber, pah, das geht vorüber. Erdbeben! Sie haben mir doch wahrhaftig das Fleisch verbrannt.«

»Es war notwendig, Enrico; wenn ich es nicht getan hätte, dann liefst du Gefahr, im Lauf einer Viertelstunde zu sterben.«

»Ich hätte lieber beide Beine verloren, als dass ich euch hätte verlassen müssen.«

»Genug«, sagte Albani, welcher bemerkte, dass es dem Matrosen immer schwerer fiel, seine Worte zu beenden. »Trink jetzt eine Tasse Brühe und mach dann die Augen wieder zu. Ruhe ist die beste Arznei für dich.«

»Das glaube ich auch, mein Herr; ich fühle, wie mich eine unüberwindliche Schläfrigkeit befällt.«

Er leerte die Tasse mit der Brühe, nahm ein paar Schluck Tuwak zu sich und legte sich wieder hin. Einige Minuten darauf schlief er wieder ein, aber es war keine Bewusstlosigkeit mehr, sondern wirklicher Schlummer.

Den ganzen Tag über wachten Herr Albani und der Schiffsjunge am Lager des Verwundeten, in Gesellschaft von Hinkepfot, der beim Anblick des ausgestreckt daliegenden Freundes von Zeit zu Zeit in klägliche Seufzer ausbrach.

Gegen Abend nahm der Matrose, der sich weniger schwach fühlte, aber Appetit bekommen hatte, etwas Geflügel und Brot und einen größeren Schluck Tuwak zu sich.

Seine Gefährten waren ganz beglückt über diese schnelle und beinahe wunderbare Heilung. Und der Matrose selbst, der sich am Morgen für verloren gehalten hatte, konnte sich nicht genug über die Veränderung wundern.

»Wer hätte glauben können, dass die Brillenschlangen gar nicht so giftig sind, wie die Reisenden immer erzählen«, sagte er. »Ich hätte in einer Viertelstunde sterben müssen und bin stattdessen lebendiger als je zuvor.«

»Du kannst dich bei dem armen Eichhörnchen bedanken, das den Hauptvorrat an Gift vor dir abbekommen hat«, sagte Albani. »Ohne diesen günstigen Zufall wärst du gestorben.«

»Trotz Ihrer Heilmittel?«

»Es sind Mittel, die bei den Bissen einer Viper erfolgreich sind, bei der *Cobra Capello*, der Minuten-[1] und der Klapperschlange[2] aber nicht immer helfen.«

»Aber wo haben diese verfluchten Reptilien eigentlich ihr Giftlager? … Vielleicht in den Zähnen? …«

»In einer unter der oberen Kinnlade befindlichen Drüse. Ein kleiner Druck genügt, damit die tödliche Flüssigkeit durch zwei spezielle Kanäle in den Zähnen austreten kann.«

»Und man stirbt immer daran? …«

»Das kann man nicht so ohne Weiteres sagen, da es von der größeren oder geringeren Menge an Gift abhängt, welches in die Wunde kommt. Eine kleine Dosis kann eine kurze Krankheit hervorbringen oder auch ernstes Übelbefinden, das nach einer gewissen Zeit zum Tode führt. Bestimmte andere Schlangen rufen oft seltsame Krankheiten hervor, ohne zu töten, obwohl sie giftig sind. Das sind schmerzhafte Schwellungen, die jedes Jahr zu dem Zeitpunkt, als der Biss erfolgt war, erneut auftreten, außerdem Blasenbeschwerden, die monatelang anhalten und sich jedes Jahr wiederholen. Sie verursachen bei den Opfern Kopfschmerzen, Schwächen und Herzbeschwerden.«

»Wenn man aber das ganze Gift erhält, dann stirbt man wohl schnell?«

»Also: Die *Minute-Snake* oder Minutenschlange, eine der allerkleinsten, da sie nur 20 Zentimeter misst, tötet gewöhnlich in sechsundneunzig Sekunden; die *Cobra Capello*, wie ich schon sagte, in einer Viertelstunde; die Klapperschlange ebenfalls in fünfzehn Minuten, mitunter aber auch nur in zwei; die Javaschlange[3] in fünf Minuten, aber einige Leute lebten noch zehn bis sechzehn Tage; die

1 Gemeint ist der Australische Inlandtaipan (*Oxyuranus microlepidotus*, veraltet *Parademansia microlepidota*), die giftigste Schlange der Welt.

2 Die Gattung der Klapperschlangen (*Crotalus*) umfasst ganze 29 Arten.

3 Gemeint ist mit hoher Wahrscheinlichkeit die Java Speikobra (*Naja sputatrix*).

europäische Viper kann ein Kind in einer Stunde töten, aber ein Erwachsener lebt noch einige Wochen.«

»Ist es wahr, mein Herr, dass man das Gift unbeschadet trinken kann?«

»Mitunter ja, besonders wenn der Magen die Verdauung noch nicht beendet hat, aber es ist immer äußerst gefährlich, denn wenn es sich durch irgendeine kleine Ritzung mit dem Blut vermischt, dann ist der Mensch verloren.

Übrigens kann man auch nicht alle Gifte hinunterschlucken. Es gibt einige, die so kräftig sind, dass es genügt, den Finger einzutauchen, um leichte Vergiftungsanzeichen zu erzielen. Besonders das Gift von tropischen Schlangen kann durch die Poren der Haut aufgenommen werden. Aber genug von den Schlangen, lieber Freund, lege dich wieder hin; morgen, wenn du aufstehen kannst, kehren wir nach unserer luftigen Hütte zurück.«

»Ich werde zwar wackelig auf den Beinen sein, doch werde ich kommen, Herr Albani. Es kommt mir so vor, als ob seit unserem Aufbruch bereits ein Monat vergangen sei.«

»Bis morgen also!«

Der kleine Tonno hatte das Feuer angezündet, um die Raubtiere fernzuhalten, da man am Rand des Waldes Fußspuren entdeckt hatte, die von Tigern stammen konnten, und sich mit dem Mias vor das Zelt gesetzt, um die erste Nachtwache zu halten.

Herr Albani legte sich neben den Matrosen nieder, der schon wieder anfing zu schnarchen, obwohl er den ganzen Tag geschlafen hatte.

Während der Nacht wurden sie einmal alarmiert, weil am Waldsaum große dunkle Schatten aufgetaucht waren, die jedoch durch die Anwesenheit des Mias sofort in die Flucht geschlagen wurden.

Als Enrico erwachte, schien er ganz wiederhergestellt zu sein. Nur sein Bein war angeschwollen, und die Brandwunde verursachte ihm heftige Schmerzen. Dennoch wollte er gern fort, da er sich sehnte, nach der Hütte zurückzukehren, und vor allem nach dem Backofen, in dem er seine berühmten Brezeln backen wollte.

Hinkepfot und der Schiffsjunge beluden sich mit dem Zelt, den Waffen und den Lebensmitteln, und Enrico, der sich auf den Arm des Venezianers stützte, gab mutig das Zeichen zum Aufbruch. Er hinkte sehr und wurde mitunter blass vor Schmerzen, unter denen er litt, aber er ließ keinen Klagelaut hören.

Alle zwei- bis dreihundert Schritte blieben sie stehen, um den Verwundeten etwas ausruhen zu lassen, und gegen neun Uhr waren sie nur noch fünfhundert Schritte von der luftigen Hütte entfernt, um welche zwitschernd und schreiend Scharen von Papageien mit bunten Federn und Seeschwalben flatterten.

Sie hielten an, um Enrico eine letzte Rast zu gönnen, als sie bemerkten, wie die beiden Affen eilig von der Hütte herabkletterten und vor einer großen Grube stehen blieben, die am Rand der Bambuspflanzung ausgehöhlt worden war, um größere Tiere zu fangen.

Die beiden Vierhänder schienen äußerst aufgeregt zu sein; sie schrien und sprangen um die Grube herum und hoben ihre langen haarigen Arme in die Höhe und winkten.

»Was ist da unten los?«, fragte der Schiffsjunge. »Ob unsere Affen in die Falle purzeln wollen?«

»Oder ob einer von ihren Gefährten hineingefallen ist?«

»Er würde nicht daran gehindert, wieder herauszukommen«, antwortete der Venezianer.

»Aber sie brüllen am Rand einer der Gruben, die wir für große Tiere gebuddelt haben, Herr Albani«, sagte der Schiffsjunge.

»Es scheint sich ein Tier darin gefangen zu haben. Lasst uns eilen und die Blasrohre holen, da es möglicherweise ein Tiger sein kann.«

Sie beschleunigten ihre Schritte, den Matrosen halb tragend, und waren in wenigen Minuten am Rand der Grube. Wie der Venezianer vorausgesehen hatte, war die Lage mit den leichten Zweigen, die die Falle bedeckten, unter der Last eines großen Tieres zusammengebrochen, und es befand sich jetzt gefangen in der Grube.

Es war so groß wie ein Hirsch, erinnerte aber in der Form an ein Schwein, obgleich es viel längere und dünnere Beine hatte. Der Hals war jedoch ebenso dick, der vorstehende Rüssel mit zwei festen gebogenen Hauern bewaffnet, die vom Oberkiefer aus bis an die Augen reichten. Sein Fell war dagegen rötlichgrau, kurz und wollig.

»Was ist das?«, fragten der Matrose und der Schiffsjunge.

»Ein Babirusa« – antwortete Albani, – »ein Tier, das zu der Gattung der Dickhäuter gehört, aber zugleich eine besondere Abart der Schweine bildet.«

»Ist sein Fleisch gut?«, fragte der Matrose.

»Es ähnelt dem Schweinefleisch.«

»Sehen Sie, mein Herr!«, rief in diesem Augenblick der Schiffsjunge aus. »Es sind auch zwei Junge dabei.«

»Gut!«, sagte der Venezianer. »Unser Gehege fängt an, sich zu bevölkern: zwei Bären, drei Affen, drei Babirusas und ein gut besetztes Vogelhaus! … In drei Wochen haben wir mehr bekommen, als wir hoffen konnten, und unser Lebensunterhalt ist jetzt gesichert. In die Hütte, kleiner Tonno; wir wollen das frohe Ereignis und die Genesung unseres braven Enrico durch ein Bankett feiern.«

»Und ich werde euch Brezeln dazu liefern«, sagte der Matrose. »Hinkepfot! … Ich hoffe, du hast meinen Honig verschont.«

## 20. Neue Entdeckungen

Wenn jetzt auch schon ein gewisser Überfluss in der Hütte zu herrschen begann, da ein großer Vorrat an Brot, ein Gehege voller kleiner und großer Tiere, Waffen, um sich noch weitere zu verschaffen, Liköre, aus der *Arenga saccharifera* gewonnener Zucker usw. vorhanden waren, so blieben die Schiffbrüchigen als fürsorgliche Leute hierbei nicht stehen.

Der Venezianer wollte die kleine Kolonie noch mit vielen anderen Dingen versorgen, die bis jetzt noch fehlten, vor allem mit ausreichend Lebensmitteln, die für eine lange Zeit ausreichen würden.

Da sie im Augenblick keine Eile hatten, die Insel zu durchstreifen, um sich zu vergewissern, ob sie bewohnt oder verlassen war, und da sie auch kein Boot bauen konnten, bevor sie nicht Steine fanden, um das Beil zu schleifen, das jämmerlich stumpf geworden war, widmeten sie sich, sobald Enrico dazu in der Lage war, wieder alleine zu gehen, verschiedenen anderen Aufgaben, die als sehr dringlich angesehen wurden.

Sie erweiterten vor allem das Gehege, um die Tiere voneinander trennen zu können, und vergrößerten das Vogelhaus, da die Zahl der Vögel sich beträchtlich vermehrt hatte, dank des vielen Vogelleims, den der Schiffsjunge aus der Giunta-wan zubereitete. Dann machten sie ein großes Stück Boden urbar und pflanzten die sorgsam aufbewahrten Süßkartoffeln darauf.

Die beiden Seeleute beschäftigten sich mit diesen Kulturen, während Herr Albani in der Begleitung von Hinkepfot die Wälder durchstreifte, um neue nützliche Pflanzen zu suchen, die für die kleine Kolonie von großem Nutzen sein konnten.

Seine Ausflüge waren nicht umsonst, denn jeden Abend, wenn er zur Hütte zurückkehrte, hatte er Sämlinge dabei, die er eilig in den

Boden pflanzte, oder neue Früchte. Er hatte schon andere Süßkartoffeln entdeckt, eine vorzügliche Zwiebelart, Knollen, die an Rüben erinnerten, und verschiedene Brotbaumfrüchte: Buâ mangha (*Artocarpus integrifolia*)[1], die bis sechzig Kilo schwer sind; Buâ champandak, eine kleinere, aber süße und sehr wohl schmeckende Art, und Tambul (*Artocarpus incisa*[2] oder Brotbaum).

Der gute Venezianer hatte das gelbliche Fruchtfleisch, das er im Ofen, im Topf und auf den Kohlen gekocht hatte, zur Zubereitung bestimmter Pasteten mit großem Erfolg verwendet. Doch einen Teil davon hatte er beiseite geschafft, wonach er diesen in Löcher steckte, die er in den Boden gegraben hatte, nicht ohne ihn vorher in Bananenblätter gewickelt zu haben.

So konserviert war das Fruchtfleisch nach einer gewissen Zeit leicht sauer, jedoch nicht unangenehm schmeckend, geworden und diente nun dazu, das gewöhnliche Brot zu variieren.

Doch damit war der gute Mann noch nicht zufrieden. Während seine Gefährten, nachdem sie einen kleinen Platz gerodet hatten, damit beschäftigt waren, ein tiefes Loch in der Nähe des Ufers zu buddeln, weil sie Fischweiher anzulegen gedachten, streifte er weiterhin entschlossen durch die Wälder, um nach Bäumen zu suchen, welche er für unentbehrlich hielt.

Eines Tages sahen die beiden Matrosen, dass er freudestrahlend in das Lager zurückkehrte. Er trug eine Art Kugel von der Größe eines Kinderkopfes mit sich, die mit harten, rötlichen Fasern bedeckt war.

»Was bringen Sie da, mein Herr?«, fragte der Matrose.

»Das, was ich so hartnäckig suchte«, antwortete der Venezianer. »Ich war mir sicher, dass ich sie auf dieser Insel finden werde.«

»Es scheint eine Kokosnuss zu sein, wenn ich mich nicht irre.«

»Ja, es ist eine Kokosnuss, Enrico. Ich habe etwa fünfzig Pflanzen entdeckt.«

»Aber … mein Herr …«, sagte der Matrose etwas verlegen. »Ich weiß wirklich nicht, warum Sie so sehr damit beschäftigt waren, nach Kokosnüssen zu suchen. Sie enthalten ja köstliches Zuckerwasser und einen Kern, den man gern isst, aber es gibt doch im Wald viel bessere Früchte.«

---

1 Der lateinische Name bezeichnet erneut den Jackfruchtbaum (*Artocarpus heterophyllus*), der diesmal seltsamerweise »Buâ mangha« und nicht wie zuerst »Buâ naglesa« genannt wird.

2 Der Brotfruchtbaum wird heutzutage allgemein mit *Artocarpus altilis* bezeichnet.

»Da irrst du dich, Enrico. Sag einmal, Matrose, wie würde dir beim Mittagessen ein Glas guten Weißweins gefallen? ...«

»Gewiss, mein Herr, und ich bin überrascht, dass Sie mich danach fragen, ob ich damit zufrieden wäre. Es ist eine lange Zeit her, dass ich einen Tropfen vom Traubensaft des guten Vater Noah getrunken habe.«

»Und eine Schüssel Zwiebeln, mit Öl gewürzt?«

»Erdbeben von Genua! ... Eine Schüssel Zwiebeln mit Öl! ... Dann verzichte ich gleich ganz auf die Brezeln! ...«

»Und ein gutes Glas Milch?«

»Blitz und Donner!«

»Und ein Likör, der dem Weinbrand ähnelt?«

»Donner!«

»Und ein Netz zum Fischen? Oder weiche Matten zum Schlafen?«

»Alle Welt!«

»Nun, mein Freund, diese Kokosnüsse vermögen dir alles dies zu verschaffen.«

Der Matrose sah Herrn Albani mit zwei großen Augen an, die aus ihren Höhlen zu fallen schienen.

»Sie machen Scherze?«, fragte er.

»Nein, Enrico. Die Kokosnusspflanzen sind so kostbar wie der Bambus, vielleicht sogar noch wertvoller. Hat man Durst, so nimmt man eine unreife Nuss und findet darin frisches, zuckerhaltiges Wasser. Braucht man Öl, so muss man nur einen reifen Nusskern auspressen, darf aber das Öl nicht ranzig werden lassen, weil es dann einen unangenehmen Geschmack bekommt, der dem europäischen Gaumen nicht so behagt, während die Malaien es dann umso höher schätzen. Wünscht man Milch, so genügt es, den Kern mit Wasser zu vermischen. Weißen Wein erhält man, wenn man den Saft in der Sonne gären lässt, Weinbrand aber bekommt man, wenn man die Milch durch ein Tuch filtriert und mehrere Tage gären lässt.«

»Aber die Netze?«

»Die jungen Zweige besitzen dünne, aber sehr feste Fasern, die man als Garn verwenden kann. Viele Völker bedienen sich ihrer, um schöne Netze daraus herzustellen, während sie aus den Fasern der Früchte selbst Matten weben, Stricke drehen und auch grobe, aber sehr haltbare Leinwand daraus machen.«

»Dann ist uns ein Fischweiher sicher, Herr Albani«, sagte der Matrose, der sich vor Freude kaum zu fassen wusste.

»Netze! … Ich verstehe, sie zu knüpfen, und werde so viele Fische damit fangen, dass wir hundert Fischkästen damit füllen können! … Heda! … Kleiner Tonno! Bringe ein Hoch aus, oder ich mache vier Luftsprünge und breche mir den Hals!«

Mit einem Mal unterbrach er sich, kratzte sich den Kopf mehrmals mit verlegener Miene und sagte dann, sich Herrn Albani nähernd:

»Hören Sie mich an, mein Herr … Sie wissen so viele nützliche Dinge für uns auf dieser Insel zu finden, aber könnten Sie nicht herausbringen, ob hier gar keine Tabakpflanze wächst? … Beim Bacchus! … Es sind vier Wochen, dass ich keinen Mund voll Rauch geschluckt und auch nicht den elendsten Zigarrenstummel zwischen den Zähnen gehabt habe.«

»Du bittest mich um etwas Unmögliches«, sagte der Venezianer. »Auf diesen Inseln wächst der Tabak nicht wild, aber man kann vielleicht einen Ersatz für Kautabak finden.«

»Womit, mein Herr?«, fragte der Matrose und sah ihn mit leuchtenden Augen an.

»Weißt du, was die Malaien kauen? …«

»Das Sirih[1].«

»Hast du es einmal zu kauen versucht?«

»Nein, noch nie, mein Herr.«

»Es ist nicht schlecht, und wenn es auch die Zähne schwärzt, so ist es doch viel weniger giftig als der Tabak. Alle malaiischen Völker, die Bewohner Hinter- und Vorderindiens kauen es. Willst du es probieren?«

»Aber wissen Sie, wie man es zubereitet? Ach, wenn ich es haben könnte, möchte ich es gern versuchen.«

»Dann folge mir. Wir wollen den halben Tag dazu anwenden, Sirih zu bereiten.«

Der Venezianer führte den jetzt ganz hergestellten Matrosen in den Wald und blieb vor einer Palme mit fächerartigen Blättern stehen, aus deren Mitte Trauben von dunklen Nüssen herabhingen.

»Was ist das für eine Pflanze?«, fragte der Matrose.

»Das ist eine Pinangpalme[2], und diese Nüsse sind die Areca, welche zur Herstellung des Sirih gebraucht werden.«

Er umfasste die Palme und schüttelte sie kräftig, wobei ein Regen von reifen Nüssen herabfiel.

---

[1] Betelpfeffer.

[2] Anderer Name der Betelnusspalme (*Areca catechu*).

Während des Aufsammelns trafen seine umherschweifenden Blicke auf eine Schlingpflanze, die sich um einen jungen Gummibaum gerankt hatte.

»Halt!«, rief er aus. »Da haben wir ja ohne weiteres Suchen die aromatischen Blätter des Betels.

»Wo sind sie?«, fragte der Matrose.

»Geh und sammle einiger der Blätter dieser Pflanze. Jetzt brauchen wir nur noch etwas bitteren und herben Gambirsaft. Wenn ich mich nicht irre, habe ich solche Bäume gesehen, bei dem großen …«

»Was ist?«

Der Venezianer antwortete nicht. Er schaute mit erhobenem Kopf, voll lebhaftesten Interesses auf einige Bäume mit hohem Stamm und von majestätischem Ansehen, die er vorher noch nicht bemerkt hatte.

»Nun, mein Herr?«, fragte der Matrose, der ganz überrascht war, keine Antwort zu erhalten.

»Enrico, wir haben wieder eine außerordentliche Entdeckung gemacht«, sagte Albani. »Nun wird es uns auch nicht einmal an Kerzen fehlen.«

»Kerzen? …«

»Ja, Enrico. Die Regenzeit steht bevor, und ich quälte mich schon mit dem Gedanken, dass wir die langen Abende ohne Licht zubringen müssten.«

»Aber wo sehen Sie diese Kerzen? … Haben Sie noch einen Bienenstock entdeckt?«

»Etwas noch Besseres; Bäume, die Wachs hervorbringen.«

»Hörner des Rhinozeros! … Bäume, die auch Kerzen liefern! Dann kann man sich ja wirklich auch auf einer wüsten Insel alle Bequemlichkeiten des Lebens verschaffen, wenn man so viel weiß wie Sie!«

»Sieh dir diese Bäume an.«

Der Matrose erblickte in der angegebenen Richtung eine Gruppe von kolossalen, mehr als vierzig Meter hohen Bäumen, die einen Durchmesser von zwanzig bis dreißig Zentimetern hatten und mit dichtem, dunkelgrünem Laub bedeckt waren, aus dem pflaumenähnliche Früchte hervorsahen.

»Was für Riesen! …«, rief der Matrose aus. »Wie nennt man sie?«

»In Hinterindien heißen sie Cay-cay[1].«

[1] Katappenbaum (*Terminalia catappa*), auch Badam, Indische oder Meermandel genannt.

»Aber wo befindet sich das Wachs?«

»In der Frucht.«

»Oh! … Wie sonderbar!«

»Wenn die Früchte reif sind, was jetzt der Fall ist, dann werden sie eingesammelt und der Sonne ausgesetzt, bis das Fruchtfleisch auf natürliche Weise vergeht und nur der Kern übrig bleibt.

Dieser wird zerschlagen und die Mandeln daraus gesammelt, welche das Wachs enthalten.«

»Ist das Wachs ähnlich wie Bienenwachs?«

»Nur etwas fetter, sodass es wie harte Butter erscheint. Die Mandeln werden zuerst in einem hölzernen oder steinernen Mörser zerstampft, bis ein Teig daraus wird, den man dann erhitzt und quetscht, sodass er das Wachs freigibt.«

»Bekommt man viel Wachs aus einer Mandel?«

»Man braucht durchschnittlich fünfhundert Mandeln für ein Kilo.«

»Und brennt es gut? …«

»Vortrefflich, es hat keinen Geruch und gibt eine helle Flamme.«

»Kommt dieses Wachs auch in den Handel?«

»Gewiss, Enrico. Man formt Brote mit einem Gewicht von zwei oder drei Kilogramm daraus und verkauft sie zu einem guten Preis. Das erhaltene Wachs ist zuerst gelblich, wird aber bei der Berührung mit der Luft nach und nach heller, und die daraus gefertigten Kerzen sehen ebenso gut aus wie die anderen.«

»Aber wissen Sie denn, Herr Albani, was das für eine wundervolle Sache ist? … Ich wusste gar nicht, dass es Bäume gibt, die in der Lage sind, Bienen ersetzen zu können.«

»Es gibt auch noch andere, besonders im Südamerika, aber bei dieser Pflanze hier befindet sich das Wachs in Form von dünnen Lamellen unter den Blättern.«

»Dann müssen wir herkommen und die Mandeln einsammeln, mein Herr.«

»Ja, Enrico, ebenso wie die Kokosnüsse, die sonst zu reif werden.«

»Aber wie können wir das alles bis in die Hütte bringen? Dazu brauchen wir mehr als fünfzehn Tage.«

»Ich weiß es wohl, und deshalb müssen wir uns ein Gefährt herstellen.«

»Eine Schubkarre? …«

»Nein, etwas Besseres und Leistungsfähigeres. Der Babirusa fängt an, sich einzugewöhnen und kann uns als Esel dienen.«

»Eine gute Idee, Herr Albani. Aber … unser Sirih? Brauchen wir noch mehr zu seiner Zubereitung?«

»Ich vergaß die Uncaria. Lass uns dort drüben nachsehen.«

Sie begaben sich nach dem Rand des Waldes und entdeckten nach sorgfältiger Untersuchung der Büsche endlich die gewünschte Pflanze.

Es war ein Reisigstrauch mit braunrötlicher Rinde, zylindrischen Zweigen und lanzettförmigen Blättern mit gekrümmten Stacheln.

Der Venezianer machte einen Einschnitt und sammelte in einem Steintöpfchen den herauslaufenden Saft.

»Das Sirih wird heute Abend fertig sein«, sagte er dann. »Wir müssen nur die Arecanüsse zu Pulver zerreiben, sie mit dem Saft der *Uncaria gambir* vermischen und den Teig in ein Stückchen aromatischen Betelblattes einwickeln. Um das Sirih noch pikanter zu machen, mischen die Malaien ein Stückchen frischen Kalkstein darunter, den sie durch das Verbrennen von Muscheln erhalten, aber es ist ohne diesen Zusatz vorzuziehen.

Da hast du deine Zigarrenstummel, Matrose; ich hoffe, dass du dich daran gewöhnen und zufrieden sein wirst.«

## 21. Ein Zündhütchen inmitten des Waldes

Da die Regenzeit nahte, welche in diesen fast äquatorialen Gegenden mehrere Wochen dauert, und zwar beinahe ohne Unterbrechung, machten sich die Schiffbrüchigen eifrig an die Arbeit, um einen Karren oder sonst ein Gefährt herzustellen, mit dem sie die neu entdeckten Früchte schneller in ihre Vorratsräume bringen konnten.

Schon von Mittag an zogen schwarze Wolken mit kupferfarbigen Rändern in südlicher Richtung herauf, die in der Luft umherwirbelten und sich dann in heftigem Platzregen auflösten.

Bevor sie die schwierige Arbeit begannen, errichteten sie erst verschiedene Bedachungen, um die Tiere zu schützen, sowie einen umfangreichen Vorratsraum, der Lebensmittel für sechs Monate aufnehmen konnte.

Als sie ihre Arbeit beendet hatten, die mehrere Tage dauerte, legten sie Hand an die Herstellung des Gefährts, wozu sie sich dicker Bambusstangen bedienten, da sie keine Säge besaßen, um Bretter zu erlangen; große Dornen und Rotang wurden dazu benutzt, so gut es ging die verschiedenen Stücke zu befestigen.

Sie wurden indessen gezwungen, die Arbeit mehrmals zu unterbrechen, um ihr Handwerkszeug auszubessern. Das Beil und die beiden Messer schnitten kaum mehr, und sie waren gezwungen, sie am Feuer glühend zu machen und mit großen Steinen die Schneide von Neuem zu schärfen.

Nach vier Tagen war der Karren soweit fertig, dass nur noch die Räder fehlten, und sie wussten auch nicht recht, wie sie sie mit ihren unvollkommenen Werkzeugen herstellen sollten.

Sie versuchten, den Stamm eines Baums zu durchschneiden, aber die Schneide des Beils war zu stumpf und prallte an den Holzfasern zurück.

Schon wollten sie die ganze Sache als unausführbar aufgeben, als der Schiffsjunge eines Tages am Strand, bei einem weit ausgedehnten Ausflug am Meer, um Vögel mit Leimruten zu fangen, eine wichtige Entdeckung machte.

Er hatte an der Küste richtige Sandsteine von ziemlich großem Umfang gefunden und kehrte eilends in die Hütte zurück, um die frohe Botschaft zu überbringen.

Man konnte sagen, dass nun auch die Frage wegen der Räder gelöst sei. Der Venezianer überließ dem Matrosen die weitere Ausführung des Gefährts und begann mit dem Bau einer Schleifmaschine.

Indem er die Steine heftig aneinander rieb und mit Wasser befeuchtete, glückte es ihm, einen davon abzurunden. Er befestigte ihn auf einer Kiste, machte eine Art Handgriff mit Kurbel und erreichte es schließlich, dass er sein Beil sowie die Messer der Kameraden schleifen konnte.

Diese Werkzeuge genügten nun, um bei sehr geduldiger Anwendung zwei ziemlich runde Stücke eines Baumstamms von beträchtlichem Umfang zu durchschneiden. Selbstverständlich waren diese Räder massiv, wie diejenigen, welche die Boers[1] am Kap der Guten Hoffnung benutzen, suchten aber an Haltbarkeit ihresgleichen.

Am 1. Oktober spannten die Schiffbrüchigen, nachdem sie ein Zaumzeug aus doppelter Segelleinwand verfertigt, den Babirusa vor den Karren. Wenn das Tier auch, dank der ausdauernden und gewissenhaften Bemühungen des kleinen Tonno, seine ursprüngliche Wildheit verloren hatte, so zeigte es sich doch zuerst äußerst widerspens-

[1] Buren.

tig, aber nach mehreren vergeblichen Versuchen gewöhnte es sich ein, und der Knabe gestattete sich den Luxus einer Trabfahrt bis an das Bambusdickicht in Gesellschaft der beiden Affen und Hinkepfots, der mit komischem Ernst und Stolz eine Peitsche hielt, die ihm Enrico geschenkt hatte.

Am nächsten Morgen, bei besserem Wetter, verließen die Robinsons ihr Haus, um sich in die Wälder zu begeben und die Kokosnüsse und Cay-cay-Mandeln einzusammeln.

Hinkepfot begleitete sie und wurde damit beauftragt, auf die Bäume zu klettern, während die beiden Affen, die nicht mehr daran dachten, ihre Freiheit wiederzugewinnen, als Wache für das Gehege zurückgelassen wurden.

Der Babirusa kam gut vorwärts; er hatte sich leicht an das Zaumzeug gewöhnt und zog, vom Schiffsjungen gelenkt, scheinbar ohne jede Anstrengung den primitiven Karren, der ziemlich schwer sein musste.

Am Rand des Waldes angekommen, hielten sie das Tier an, da das Gefährt nicht zwischen den Bäumen hindurch konnte, und Hinkepfot, der Matrose und Herr Albani begannen, die Cay-Cay-Mandeln und die Kokosnüsse, die nicht sehr weit entfernt waren, einzusammeln.

Die in Leinwandsäcke gefüllten Früchte wurden dann an den Rand des Waldes gebracht und auf den Karren geladen.

Bei einem dieser Wege machte der Matrose eine sehr merkwürdige Entdeckung, die sehr beunruhigend war. Als er sich zur Erde bückte, um sein heruntergefallenes Messer aufzuheben, wurden seine Blicke von einem kleinen Gegenstand angezogen, der aus dem welken Laub hervorschimmerte.

Erst hielt er es für ein Stückchen Glas oder ein Glimmersplitterchen, aber wie groß war seine Überraschung, als er stattdessen ein noch nicht abgefeuertes Zündhütchen erkannte!

»Herr Emilio!«, rief er mit leicht begreiflicher Bewegung aus. »Sehen Sie einmal! …«

»Ein Zündhütchen!«, rief der Venezianer und runzelte die Stirn. »Wer kann es verloren haben?«

Er nahm es in die Hand und drehte es prüfend zwischen seinen Fingern hin und her, dabei nach irgendeinem Zeichen oder Stempel suchend, aus dem die Herkunft oder Fabrik zu erkennen wäre; doch vergeblich.

»Was sagen Sie dazu, mein Herr?«, fragte der Matrose.

»Ich sage«, antwortete Albani mit ernster Miene, »dass jemand schon früher bis hierher gedrungen ist.«

»Aber wer? …«

»Lass uns darüber nachdenken: Bist du dir ganz sicher, dass du keines in einer deiner Taschen gehabt hast?«

»Ganz sicher, mein Herr.«

»Und der kleine Tonno? …«

»Ebenso wenig; denn der Kapitän allein hatte die Schlüssel zur Waffenkammer an Bord.«

»Dann müssen Männer auf dieser Insel gelandet sein und sich am Rand des Waldes herumgetrieben haben.«

»Aber wer weiß, wie lange das her ist.«

»Nein, Enrico, vor wenigen Tagen erst, denn dieses Zündhütchen blitzt noch, als ob es eben erst aus der Schachtel herausgenommen wurde. Wenn es schon seit einer Woche hier läge, dann würde es durch die Feuchtigkeit der Nächte längst gerostet sein.«

»Das ist wahr, mein Herr. Aber was glauben Sie, was für Leute es hier verloren haben könnten? … Vielleicht Schiffbrüchige? …«

»Wenn es ehrliche Leute gewesen wären, dann würden sie uns aufgesucht haben, da man vom Rand dieses Waldes unser Haus sehr gut sehen kann. Es müssen daher Männer gewesen sein, die ein Interesse daran haben, verborgen zu bleiben.«

»Aber wer? Vielleicht Sulupiraten?«

»Wer kann das schon sagen? Der Rauch, den ich vom Berg aus bemerkte, und jenes Licht kamen sicherlich von ihrem Lager her. Ich bin mir jetzt sicher, dass ich mich nicht getäuscht habe.«

»Aber was können diese Leute beabsichtigen? … Wollen sie uns vielleicht angreifen und plündern? …«

»Es kann schon sein.«

»Sie machen sich wohl Sorgen um uns. Dann müssen wir einen Entschluss fassen, mein Herr. Wir können doch nicht in der beständigen Furcht leben, im nächsten Augenblick angegriffen zu werden.«

»Ich weiß es wohl und bin auch schon entschlossen.«

»Und was gedenken Sie zu tun?«

»Wir bauen ein Boot und durchforschen die ganzen Küsten. Wenn diese Männer ihr Lager im Süden aufgeschlagen haben, dann werden wir ihre Hütte oder ihr Boot entdecken.«

»Und überlassen ihnen unser luftiges Haus und unsere Vorräte?«

»Einer von uns muss als Wache zurückbleiben, Enrico, und wir können inzwischen auch noch versuchen, unser Besitztum etwas mehr zu befestigen. Außerdem hoffe ich, dass die Unbekannten während der Regenzeit nichts gegen uns unternehmen werden.

Bekümmern wir uns jetzt nicht weiter um sie und denken darüber nach, unsere Magazine zu füllen.«

Sie nahmen die Nuss- und Mandelernte wieder auf und kehrten, als der Karren tüchtig beladen war, zu ihrer Hütte zurück.

In der Nacht stellten sie aber vorsichtigerweise Wachen aus. Da man nicht wusste, wer diese Männer waren, die auf der Insel gelandet waren, noch was sie bezweckten, riet es ihnen ihr Verstand, vorsichtig zu sein.

Man bemerkte jedoch weder in dieser Nacht noch in den darauffolgenden irgendjemanden, der um die Zäune herumschlich. Unzweifelhaft hatten die Unbekannten nicht weiter in diesen Teil der Insel vorzudringen gewagt und hielten sich möglicherweise ebenso in der Entfernung wie die Schiffbrüchigen, da sie irgendeine böse Überraschung fürchteten.

In der Zwischenzeit fuhren der Venezianer und seine Gefährten fort, ihre Magazine zu füllen.

Sie begaben sich täglich in den Wald und brachten den Karren voll Kokosnüsse, Artocarpofrüchte[1], Cay-cay-Mandeln und Bananen mit. Letztere wurden in Zuckersaft aus der *Arenga saccharifera* eingekocht und auch Mehl daraus gewonnen, um den Brotvorrat zu erneuern.

Der Venezianer hatte noch andere Pflanzen entdeckt, von denen es bessere und reichlichere gab. Am Fuß der Berge hatte er jenen Sago gefunden, den er zuvor mit solcher Hartnäckigkeit, jedoch ergebnislos, gesucht hatte.

Die betreffenden Bäume, welche überall auf den indo-malaiischen Inseln wild wachsen und gar keine Kultur brauchen, sind drei bis vier Meter hoch, einen Meter stark und tragen ein Büschel großer Blätter.

Nach sieben Jahren kann man sie abhauen, und sie liefern dann jeder ungefähr hundertfünfzig Kilogramm weißlichen Mehls, das an Weizenmehl erinnert.

Dieses Mehl befindet sich im Stamm, in den Zwischenräumen ei-

[1] Früchte des Brotfruchtbaums (*Artocarpus altilis*).

nes dichten Fasernetzes. Nachdem der Baum in Stücke geschlagen ist, wird das Mehl mit einem Stampfer herausgetrieben, gesiebt und dann werden mit etwas Wasser Brotlaibe daraus geformt.

Leicht geröstet kann man es auch zur Suppe verwenden, was vortrefflich schmeckt.

Auch der aus dem Stamm kommende und reichlich fließende Saft ist gut und bietet ein süßes, angenehmes und gesundes Getränk, das aber leicht in Gärung übergeht.

Die Robinsons sammelten große Vorräte dieses Mehls ein, von dem sie einen Teil rösteten, um sich gute Suppen zu bereiten. Der Backofen stand in diesen Tagen unter der Aufsicht des in einen Bäcker verwandelten Schiffsjungen keinen Augenblick still.

Als die Magazine gefüllt waren, bereiteten der Venezianer und der Matrose auch Kerzen aus dem Wachs der Mandeln und verwandelten das zuckerige Wasser und das weiche Fleisch der Kokosnüsse in weißen Wein und Branntwein, die sie in gebrannten Tongefäßen verschlossen, damit sie sich länger hielten.

Auch Öl gewannen sie daraus und konnten sich endlich den Luxus gestatten, ein Gericht Zwiebeln damit zu bereiten, die schon auf ihrem kleinen Feld gewachsen waren. Aber dieses Öl hielt sich nicht länger als zwei bis drei Tage, weil es dann ranzig wurde und dann einen so unerträglichen Geschmack annahm, dass der Gaumen ihn nicht vertragen konnte.

Sie fanden jedoch einen Weg, es durch etwas Besseres zu ersetzen, das sich länger aufbewahren ließ. Am Strand waren große Seeschildkröten erschienen, um dort ihre Eier abzulegen, und es gelang ihnen eines Morgens, mehrere auf einer Sandbank zu überraschen, als sie Löcher gruben, die ihnen als Nester dienen sollten.

Die größten wurden sofort getötet und ihr Fett am Feuer ausgelassen, das ein klares, duftendes Öl in großen Mengen ergab, welches besser als Butter schmeckte. Die anderen wurden dagegen in den Fischweiher geworfen, nachdem man diese sorgfältig mit einem Flechtwerk von Bambus bedeckt hatte, um die Schildkröten am Entweichen zu hindern. Jetzt konnten sie ohne Sorgen die Regenzeit herankommen lassen, da sie mit allem versehen waren, was zu ihrem Lebensunterhalt nötig war.

## 22. Der *Tia-kau-ting*

In der Befürchtung, ihre großen Vorräte unter den errichteten Schutzdächern doch nicht genügend vor den heftigen Regengüssen schützen zu können, die bevorstanden, dies betraf besonders das Sagomehl und das Brot, die die Feuchtigkeit nicht so gut vertragen, dachten die Schiffbrüchigen eines Tages daran, die Höhle als Aufbewahrungsort nutzbar zu machen.

Durch ihre Festigkeit und vollkommene Trockenheit war sie den Schutzdächern entschieden vorzuziehen, die nur mit Blättern bedeckt waren. Auch war sie kaum eine Meile[1] weit entfernt, und der Regen konnte sie nicht daran hindern, sich von Zeit zu Zeit nach dem großen Felsen zu begeben, um sich mit dem zu versorgen, was sie gerade brauchten.

Um ihre Brote und ihr Mehl vor den Insekten zu schützen, die während der Regenzeit Zuflucht in der Höhle suchen konnten, stellten sie runde Gefäße in der Art von Fässern her, wozu sie sich wieder der starken Zweige des wilden Bambus bedienten; später wurden dieselben mit einer Art Gummi fest verklebt, den sie aus der *Isonandra gutta*[2] bereiteten, der Pflanze, welche den Kautschuk hervorbringt.

Als viele Gefäße gefüllt waren, spannten sie eines Morgens den Babirusa vor den bereits gut beladenen Karren und machten sich auf den Weg nach der östlichen Küste, der am Saum des Waldes entlangführte.

Eine halbe Stunde darauf langten sie bei der Höhle an, deren Eingang jetzt vollständig von Schlingpflanzen verdeckt war.

Mit großer Vorsicht, da sie befürchteten, wieder eine *Cobra Capello* zu finden, schoben sie den grünen Vorhang zurück und betraten den Gang mit einer brennenden Kerze. In der ersten Höhle angelangt, blieb der Schiffsjunge plötzlich stehen und rief aus:

»Tausend Kanonenkugeln! … Skorpione! … Hebt eure Absätze in die Höhe!«

»Zum Teufel mit den giftigen Biestern! …«, schrie der Matrose und drehte sich schnell auf den Fersen um.

---

[1] Eine italienische Meile = 1.487 Meter.

[2] Der Guttaperchabaum (*Palaquium gutta*) produziert Guttapercha, einen gummiartigen Stoff, der jedoch kein Kautschuk ist. Echter Kautschuk stammt vom Kautschukbaum (*Hevea brasiliensis*).

Herr Albani war auch einige Schritte zurückgetreten, da er fürchtete, es mit wirklichen giftigen Skorpionen zu tun zu haben, aber als er das Licht hinunterhielt, das er trug, sah er stattdessen etwa hundert schwarze Tiere, die bedeutend kleiner waren als Skorpione, sich aber aufrichteten und drohend ihre Hinterbeine bewegten.

»He! … Matrose! … Kleiner Tonno!«, rief er.

»Flüchten Sie, mein Herr«, antworteten beide von draußen her.

»Aber nein, meine Freunde, es sind keine Skorpione, und es besteht nicht die geringste Gefahr.«

Die beiden Seeleute, welche aus Erfahrung wussten, dass Herr Albani nie irrte, kehrten, allerdings mit einer gewissen Vorsicht, wieder zurück.

»Dann sind es also keine Skorpione?«, fragte Enrico, am äußersten Ende des Ganges stehen bleibend.

»Nein, mein Freund. Es sind unschädliche Insekten, ähnlich den *Staphylinidae*[1] in unserer Heimat.«

»Aber ich habe gesehen, wie sie ihr Hinterteil gehoben haben und dabei die erschreckenden Formen der Skorpione annahmen.«

»Es ist ihre Art, ihre Feinde zu erschrecken.«

»Dann sind das also sehr schlaue Insekten, mein Herr?«, fragte der Matrose erstaunt.

»Jedes Lebewesen hat so seine Art und Weise, um sich zu verteidigen.«

»Das hätte ich nie für möglich gehalten.«

»Da es ihnen zumeist an Verteidigungswaffen fehlt, greifen die Insekten auf tausende Tricks zurück und greifen dabei mitunter zu den seltensten Hinterlisten. Es gibt zum Beispiel eine Spinne, die auch bei uns häufig vorkommende Migolodonte[2], die, um stärkeren Feinden zu entgehen, sich eine kleine Zelle ausgräbt, welche sie mit einer Art Stöpsel schließt. Dahinter verborgen lauert sie ihrer Beute auf und greift sie an, wenn sie sicher ist, sie zu besiegen; sieht sie sich aber einem Insekt gegenüber, das kräftiger ist, dann zieht sie sich zurück und klammert sich von innen an den Stöpsel an, sodass er nicht herausgehoben werden kann.«

»Oh! … Wie sonderbar! …«

»Andere sind noch schlauer«, fuhr der gelehrte Venezianer fort, während der Schiffjunge die Insekten mit einem Besen aus großen Blättern verjagte. »Es gibt einfache Larven, die sich, um ihren schwachen

---

[1] Kurzflügler.

[2] Gemeint sind die sog. Falltürspinnen (*Ctenizidae*).

Körper zu schützen, mit einem Panzer umgeben, der aus sehr feinen Fäden gebildet wird und mit Sandkörnern bedeckt ist.[1] Andere dagegen hüllen sich mit Schlamm ein[2], der getrocknet ausreicht, um sie zu schützen.«

»Aber das sind ja ganz erstaunliche Dinge, die Sie mir da erzählen …«, rief der Matrose. »Ich hätte niemals gedacht, dass diese kleinen Wesen so schlau sind …«

»Stell dir vor, es gibt Käfer, die, sobald sie bemerken, dass man sie beobachtet, ihre Beine zusammenziehen und sich auf die Seite fallen lassen, um so zu tun, als wären sie tot.[3] Andere versuchen ihre Feinde zu täuschen, indem sie ihre Form ändern. Erst neulich habe ich einen schönen, dunkelfarbigen Schmetterling beobachtet, der sich in der Mitte eines Strauchs niedergelassen hatte. Ich wollte ihn einfangen, musste aber lange nach ihm suchen, bis ich ihn schließlich entdeckte, denn um davonzukommen, hatte er seine Flügel so gut gefaltet, dass er wie ein echtes vertrocknetes Blatt[4] aussah.«

»Was für ein schlauer Kerl! …«

»Mein Herr«, rief in diesem Augenblick der Schiffsjunge, »die Höhle ist jetzt sauber.«

»Noch nicht«, sagte der Matrose. »Wir haben noch einen Toten zu begraben.«

»Bei der Lava des Vesuv! … Einen Toten!«, rief der kleine Tonno aus und blickte mit weit aufgerissenen Augen um sich.

»Eine Art ägyptischer Mumie, die vielleicht seit zwanzig Jahren schlummert. Sei nicht zimperlich, mein Junge, und hilf uns, sie zu begraben.«

Nachdem sie die zweite Höhle betreten hatten, nahmen sie die Mumie heraus und begruben sie am Fuß eines Baums; dann begannen sie damit, den Karren zu entladen und die Gefäße in das Magazin zu rollen.

»Hier werden sie sich frischhalten«, sagte Enrico.

»Es ist eine schöne Grotte«, sagte der Schiffsjunge. »Wenn sie auch der blauen in meinem heimatlichen Golf nicht gleichkommt, so ist sie doch bequem, und man könnte ganz gut darin wohnen.«

1 Gemeint sind die Larven der Köcherfliegen (*Trichoptera*).
2 Laufkäfer (*Carabidae*) beispielsweise hüllen ihre Eier in einen Kokon aus Schlamm.
3 In eine sogenannte Schreckstarre fallen u. a. die Große Stelzenwanze (*Neides tipularius*) und der Rotbraune Reismehlkäfer (*Tribolium castaneum*).
4 Gemeint ist der Indische Blattschmetterling (*Kallima inachus*).

»Wir wollen das kleine Loch oben etwas vergrößern und ein Fenster daraus machen, mein kleiner Tonno. Etwas mehr Luft wird die Vorräte besser erhalten.«

Sie hatten ihr Beil mitgebracht und es gelang ihnen, da der Felsen aus leicht bröckelndem Tuffstein bestand, ohne große Mühe ein Fenster zu öffnen, das groß genug war, den Kopf hindurchzustecken.

Diese Öffnung war etwa zwanzig Fuß[1] von einem Felsenriff entfernt, das sich vor den Felsen und den Wellen erstreckte und manchmal schaumspritzend gegen diese Hindernisse brandete.

Von dort aus konnte man ein gutes Stück Meer und Küste überblicken und sogar Anbauflächen von Bäumen erkennen, welche es auf der Insel gab, die an der von der Höhle eingenommenen Stelle eine Art spitzen Winkel bildete.

Ein Fahrzeug, das in die Nähe der luftigen Hütte gekommen wäre, würde sofort entdeckt worden sein.

Indem er nach Osten schaute, sah Albani eine lange Reihe von Brandungswellen, die zu Füßen einer Insel endeten, welche 20 oder 25 Meilen entfernt sein mochte und ziemlich groß zu sein schien.

Den Tag über begaben sich die Robinsons mehrfach hin und her und beförderten einen großen Teil ihrer Vorräte in die Höhle. Am Abend verschlossen sie den Eingang mit großen Felsstücken, um zu verhindern, dass die Tiere des Waldes ins Magazin eindrangen, und kehrten dann zu ihrer luftigen Hütte zurück.

Es war schon seit einer Stunde dunkel, als sie dort ankamen. Sie aßen eilig, da sie sehr müde waren, und legten sich dann nieder; nur der Schiffsjunge ging noch, wie er es täglich tat, auf die Plattform hinaus, um die Stangen heraufzuziehen, die als Leiter dienten.

Als er schon wieder in die Hütte treten wollte, warf er noch einen Blick auf das Meer und sah nach Nordosten zu einen leuchtenden Punkt schimmern, der sich deutlich von der dunklen Oberfläche des Wassers abhob.

»Eine Schiffslaterne?«, murmelte er verwundert.

Da er wusste, von welcher Wichtigkeit diese Entdeckung sein konnte, stürzte er in die Hütte und schrie:

»Kommen Sie schnell heraus, Herr Albani! … Ich habe die Laterne eines Schiffs gesehen!«

---

[1] 1 Fuß = 30,48 cm.

Der Venezianer und der Matrose sprangen auf und eilten auf die Plattform hinaus, aufgeregt fragend:

»Wo ist es? …«

»Schauen Sie dort unten, nach Nord-Ost zu«, antwortete der Schiffsjunge.

»Erdbeben von Genua! …«, rief der Matrose. »Es ist wirklich ein Schiffslicht! …«

»Ja«, bestätigte Herr Albani, der sehr bewegt schien.

»Ob sich wohl ein Schiff unserer Insel nähert?«

»Ich glaube es, Enrico.«

»Vielleicht ein europäisches Schiff? …«

»Nein, denn dann würde es zwei Laternen haben, eine rote und eine grüne, während diese weiß ist und, wie mir scheint, viel mehr Licht ausstrahlt als die bei unseren Schiffen gebräuchlichen.«

»Müssen wir nicht Signale geben, mein Herr, und ein Feuer am Strand anzünden?«

»Nein«, sagte Albani nach kurzem Schweigen.

»Ich verstehe Sie«, sagte Enrico. »Sie fürchten, dass wir uns einschiffen und diese Insel verlassen werden. Aber Sie irren sich, mein Herr; ich gehe nicht von diesem Ort fort, wo ich mich so glücklich fühle, dass ich mir nichts anderes wünsche.«

»Ich ebenso wenig, mein Herr«, fügte der kleine Tonno hinzu.

»Dies ist nicht der Grund, meine Freunde«, antwortete Albani. »Die Klugheit rät mir, für jetzt nicht die Aufmerksamkeit jener Schiffer auf uns zu lenken.«

»Aber was fürchten Sie?«, fragten die beiden Matrosen.

»Dass dieses Schiff von Personen besetzt ist, die besser an ihrem Mastbaum aufgehängt würden. Ihr dürft nicht vergessen, dass wir uns in einer Gegend befinden, die von den blutdürstigsten Piraten des hinterindischen und auch des Suluarchipels unsicher gemacht wird.«

»Glauben Sie wirklich, dass es von solchen Schurken geführt wird?«

»Es könnte auch eine ehrliche chinesische Dschunke sein, die nach den Molukken segelt, da diese Schiffe auch nur eine einzige große Laterne haben, die am Fockmast hängt, aber wir könnten uns auch irren. Wenn ihr es jedoch wollt, meine Freunde, dann zündet nur Feuer an.«

»Oh, nein, mein Herr!«, riefen beide aus.

»Dann warten wir, bis es Morgen wird. Auf dem Meer herrscht eine solche Stille, dass das Schiff nicht weit kommen wird.«

»Sagen Sie, Herr Albani«, begann der Matrose, »glauben Sie, dass die Sulupiraten die Existenz dieser Insel kennen?«

»Wahrscheinlich, Enrico, da sie dieses Meer beschiffen.«

»Und dass sie hier landen?«

»Ich wüsste nicht, was sie hierher locken könnte.«

»Vielleicht, um Wasser oder Holz einzunehmen.«

»Das wäre möglich.«

»Für einen solchen Fall müssten wir die Hütte verlassen und uns in die Wälder flüchten.«

»Oder in die Höhle«, sagte der kleine Tonno.

»Gewiss«, antwortete der Venezianer. »Wenn uns diese Leute überfallen, vorausgesetzt, dass es Piraten sind, dann werden sie nicht zögern, uns gefangen zu nehmen und in die Sklaverei zu verschleppen.«

»Aber wir lassen uns nicht fassen, mein Herr. Wir haben ja unsere vergifteten Pfeile und werden uns schon verteidigen. Ich werde diese Nacht nicht schlafen.«

»Wir können nacheinander wachen, das genügt.«

»Dann will ich die erste Wache übernehmen«, sagte der Schiffsjunge.

»Halte deine Augen offen!«, sagte Enrico. »Beim ersten Anzeichen einer Gefahr weckst du mich; und wenn es sein muss, mit einem Tritt.«

»Mach dir keine Sorgen, Seemann. Ich werde das Licht nicht aus den Augen lassen.«

Der Venezianer und der Genuese, die wussten, dass sie sicher schlafen konnten, solange der Schiffsjunge wachte, nutzten diesen Vorteil, um ins Bett zu gehen. Eine Wache zu dritt war nicht nötig und sie waren ja zum Umfallen müde.

Der kleine Tonno setzte sich neben Hinkepfot an das äußerste Ende der Plattform und schloss seine Augen für keinen Moment. Um ganz bestimmt wachzubleiben und den Schlaf zu vertreiben, kniff er sich von Zeit zu Zeit kräftig in die Arme.

Das Schiffslicht blieb unterdessen unbeweglich in einer Entfernung von ungefähr sechs Meilen vor der Insel sichtbar. Da über der See eine vollkommene Windstille herrschte, konnte der Segler weder an der Insel vorbeikommen noch dort landen.

Der Matrose löste den Schiffsjungen kurz vor Mitternacht ab und diesem folgte um drei Uhr morgens der Venezianer. Als der Morgen dämmerte, waren die beiden anderen aber von solcher Unruhe erfüllt, dass sie nicht lange zögerten und ihm Gesellschaft leisteten.

Bei genauer Beobachtung des Lichts merkten sie, dass es sich der Insel beträchtlich genähert hatte. Vielleicht hatten die Flut oder irgendeine Strömung das Schiff vorwärtsgetrieben.

Als die Sonne nach einer kurzen Dämmerung gegen vier Uhr aufging und Meer und Schiff hell beleuchtete, sah man, dass es nur noch drei oder vier Meilen weit entfernt war.

Ein einziger Blick genügte dem Venezianer, um zu wissen, mit was für einem Fahrzeug er es zu tun hatte. Es war kein wirkliches Schiff, sondern eine jener rasch segelnden Barken mit zwei Mastbäumen und großen Segeln und sehr niedrigem Rumpf, welches man *Tia-kau-ting* nannte und wie es von den Piraten und Schmugglern des chinesischen Mittelmeers und der Sulusee benutzt wurde.

»Ich hatte es befürchtet«, murmelte er, die Stirn runzelnd.

»Ein Korsarenschiff?«, fragte der Matrose, der in der Barke einen *Tia-kau-ting* erkannt hatte.

»Es ist hier keine Gegend für Schmuggel und dergleichen«, sagte Albani. »Kommt, meine Freunde, wir wollen hinabsteigen und versuchen, unsere Schätze in Sicherheit bringen. Wenn die Schurken unsere Hütte erblicken, werden sie nicht verfehlen, dieser Küste einen Besuch abzustatten.«

Kaum gesagt, waren sie schon auf dem Boden. Es waren nur noch wenige Vorräte unter dem Schutzdach geblieben; aber selbst wenn sie einen kleinen Schaden erleiden würden, so wäre dies ein unangenehmer Verlust, sodass sie die Höhle der Mumie ausfüllten. Doch es lag ihnen ja vor allem daran, die Tiere und die Vögel aus dem Gehege in Sicherheit zu bringen, die sie mit so viel Mühe angeschafft hatten

Sie spannten den Babirusa vor den Karren, warfen ihre wenigen Werkzeuge, ihr Topfgeschirr und die letzten Stücke Leinwand hinein und so viele Vorräte wie Platz fanden, banden die Vögel fest, jetzt etwa zwanzig an der Zahl, und flüchteten nach der Höhle zu, begleitet von den beiden Affen, welche die kleinen Babirusas führten, und von Hinkepfot, der die beiden Bären nach sich zog.

Nach einer Viertelstunde gelangten sie in ihren großen unterirdischen Magazinen an. Der Schiffsjunge wurde damit beauftragt, die Sachen an Ort und Stelle zu bringen, während Albani und der Matrose mit den Blasrohren und Köchern mit vergifteten Pfeilen bewaffnet an die nördliche Küste zurückkehrten, um die Bewegungen des verdächtigen *Tia-kau-ting* zu beobachten.

Als sie den Rand des Bambusdickichts erreicht hatten, sahen sie, dass das Schiff, von einer leichten nordöstlichen Brise getrieben, mit gewendetem Bug langsam auf die Insel zusegelte, zu dem Ort, an dem ihre Lufthütte stand. Es gab keinen Zweifel mehr, die Mannschaft stand im Begriff zu landen.

»Tausend Erdbeben!«, rief der Matrose stirnrunzelnd. »Diese Kanaillen haben unsere Hütte entdeckt und kommen sicher, um sie zu zerstören.«

»Wir kennen ihre Absichten noch nicht, Enrico«, sagte Albani. »Vielleicht wollen sie Wasser einnehmen oder Holz sammeln, um einen Schaden auszubessern.«

»Sehen Sie die Gruppe am Bug?«

»Ja, ich sehe sie.«

»Sehen sie nicht wie schwarze Männer aus?«

»Höchstens Sulaner[1] oder Buginesen[2], denn ich sehe keine breiten Hüte aus Rotang, wie sie die chinesischen Schiffsleute tragen.«

»Dann sind es also Piraten.«

»Warten wir noch etwas ab, um es beurteilen zu können, Enrico.«

»Aber sehen Sie doch, mein Herr …«

»Was siehst du denn noch?«

»Die beiden großen Kanonen auf dem Vorderdeck und die beiden kleineren auf dem Zwischendeck.«

Albani runzelte die Stirn.

»Ein schlechtes Zeichen«, murmelte er. »Ein bewaffneter *Tia-kau-ting* kann nur von Piraten bemannt sein.«

Der kleine Segler kam indessen immer näher, geradewegs auf die kleine Bucht zu, die neben der Höhle lag. Man sah auf dem Vorderdeck mehrere halbnackte Männer von dunkler Hautfarbe, mit großen Flinten bewaffnet, die von alter Machart, mit Feuer- oder Steinschlössern, zu sein schienen.

Auf dem Zwischendeck sah man andere um die beiden kleinen Kanonen gruppiert, als ob sie nur auf das Kommando warteten, Feuer auf die luftige Hütte zu geben. Dreihundert Meter von der Küste entfernt wurden die Segel des *Tia-kau-ting* beigedreht. Ein Boot wurde herabgelassen, zehn mit Flinten bewaffnete Männer nahmen darin Platz und ruderten auf die kleine Bucht zu, wobei sie aber sehr

[1] Bewohner des Sulu-Archipels.
[2] Heute Bugis genanntes Seefahrervolk, das ursprünglich von der indonesischen Insel Sulawesi stammte und wegen Piraterie gefürchtet war.

vorsichtig zu Werke gingen, als ob sie irgendeinen Hinterhalt oder eine unvermutete Salve befürchteten.

Die Leute waren von hoher Gestalt, gutem Gliederbau, rötlicher Hautfarbe, etwas breitem Gesicht mit vorstehenden Backenknochen, gerader Nase und schwarzem Haar und Augen, die etwas schief standen.

Ihre Kleidung bestand aus einem einfachen, bis auf die Knie reichenden Hemd und einem breiten Gürtel, in dem mehrere große Säbel mit röhrenförmiger Spitze steckten, die den Parangs[1] der Bornesen glichen.

Nach wenigen Minuten landete das Boot, und acht Männer stiegen aus und gingen schweigend auf die luftige Hütte zu.

Der Matrose und Herr Albani standen hinter den dichten Bambuspflanzen verborgen, aber verloren die Ankömmlinge nicht aus den Augen. Beide schienen sich in großer Aufregung zu befinden, da sie befürchteten, dass die Hütte, die sie jetzt so lieb gewonnen hatten, zerstört werden würde.

»Wehe ihnen, wenn sie sie uns verderben«, sagte Enrico, mit entschlossener Miene einen vergifteten Pfeil in das Blasrohr steckend.

## 23. Die Verwüstungen der Piraten

Zwanzig Schritte von der luftigen Hütte entfernt waren die Schiffsleute des *Tia-kau-ting* stehen geblieben, hatten den Hahn ihrer Flinten gespannt und sich auf die Fußspitzen erhoben, um zu sehen, ob sich auf der Plattform irgendein Insulaner versteckt hielt.

Da sie niemanden entdeckten und auch nicht das mindeste Geräusch hörten, gingen sie um das Gebäude herum, worauf einer von ihnen, der Kühnste und Gewandteste, sich an die Stangen klammerte und hinaufkletterte.

Seine Gefährten hielten noch immer die Waffen erhoben, um auf den ersten Angriff zu antworten, während das kleine Schiff, das jetzt vor Anker gegangen war, die Geschütze richtete.

Der Mann war sehr rasch auf die Plattform gelangt und betrat die Wohnung. Kurz darauf kam er wieder heraus und stieß Rufe aus, die wie Zorn klangen.

[1] Parang-Niabo oder Parang-Nabur heißen verschiedene Arten von gebogenen, zweischneidigen Schwertern aus Borneo.

Er wechselte ein paar Worte mit seinen Gefährten, die nicht minder wütend zu sein schienen als er, dann fing er an, die wenigen noch übrig gebliebenen Lebensmittel hinunterzuwerfen, während die anderen den Schuppen seines Inhalts beraubten.

Sie schienen mit der mageren Beute nicht zufrieden zu sein, denn die beiden Schiffbrüchigen hörten sie fortwährend wie die Besessenen schreien und sahen sie von den Palisaden der Einhegung bis an die Hütte laufen, wobei sie ihre üble Laune durch heftige Säbelhiebe zeigten, die sie gegen die Bambusstangen führten.

Ihre an Bord zurückgebliebenen Gefährten hatten sich beeilt, ihnen nachzukommen, um an der Plünderung teilzunehmen. Als sie die spärlichen Lebensmittel sahen, gerieten auch sie in Wut und fingen an, den Zaun und den Schuppen einzureißen, dann zertraten sie mit den Füßen die Pflanzen des kleinen Feldes und begannen schließlich, sogar die Bambusstangen zu zerschlagen, die der luftigen Hütte als Stütze dienten.

Die beiden vor Zorn bebenden Schiffbrüchigen sahen hilflos dieser barbarischen Verwüstung zu, der Zerstörung ihres mit so viel Sorgfalt bebauten Feldes und ihres mühsam errichteten Hauses.

Vor allem der Matrose schien von Augenblick zu Augenblick mehr vor Wut zu bersten.

»Kanaillen!«, rief er aus. »Auf solche Weise unsere Aussichten auf die Zukunft zu zerstören und das Haus, das uns während der Regenzeit Schutz gewähren sollte! … Ihr Diebe! … Wenn ich nur eine gute Büchse hätte, dann solltet ihr sehen, wie ich euch behandelte.«

»Lass sie gewähren, Enrico«, antwortete Albani. »Seien wir froh, wenn wir mit heiler Haut davonkommen.«

»Aber ich kann solche gräuliche Verwüstung nicht mit ansehen, mein Herr! Ich muss irgendjemanden umbringen!«

»Damit sie uns verfolgen und gefangen nehmen? … Nein, Enrico, gib dich zufrieden. Mit Geduld und gutem Willen bessern wir den Schaden leicht wieder aus.«

In diesem Augenblick stürzte die luftige Hütte, des stützenden Bambusses beraubt, mit großem Getöse zusammen, während die Piraten über diese tapfere Tat wie die Kinder lachten und kreischten.

Das war zu viel für den Matrosen, dessen Blut kochte. Jede Vorsicht vergessend und ehe Herr Albani ihn zurückhalten konnte, war er aus dem Dickicht herausgestürzt und hatte ein Gebüsch erreicht, das sich bis auf dreißig Schritte an die Hütte erstreckte.

Das Blasrohr ergreifen, hineinzublasen und einen tödlichen Pfeil auf einen Mann abfeuern, der in guter Schussweite stand, war die Tat eines Augenblicks.

Der durch das dünne Blasrohr in der Mitte seines Rückens getroffene Pirat fiel, einen Schmerzensschrei ausstoßend, hintenüber. Seine Gefährten wandten sich rasch um und sahen den durch die Büsche entfliehenden Matrosen, der schon bald zwischen den Bäumen verschwand. Sie schossen ihre Musketen ab, aber es war zu spät. Enrico war inmitten des Bambuspflanzengewirrs in Sicherheit. Die Salve hatte keine andere Wirkung, als Lärm und eine gewaltige Rauchwolke zu erzeugen.

Herr Albani eilte hinter seinem Gefährten her, der mit der Geschwindigkeit eines Hirsches flüchtete. Er hatte gesehen, dass die Piraten hinter ihm her waren und da er den Ort, der ihnen als Zufluchtsort diente, vor ihnen verbergen wollte, hatte er es für besser gehalten, das Waldesdickicht im Inneren aufzusuchen.

In zehn Minuten durchquerten die beiden Flüchtlinge die Plantage; da der Ort praktisch war, verbargen sie sich in der Mitte eines unzugänglichen Waldes, um eine weitere Verfolgung unmöglich zu machen.

»Steigen wir auf diesen Baum«, sagte der Venezianer, auf einen Stamm deutend, der mit äußerst dichtem Laub bedeckt und überdies noch mit einem wahren Netz von Calamus überzogen war.

Mit gegenseitiger Unterstützung gelangten sie hinauf und machten es sich auf den gabelförmigen Ästen bequem.

»Unvorsichtiger!«, sagte Albani zu dem Genuesen, sobald er Luft holen konnte. »Einen Augenblick zu spät in dem Dickicht angelangt, und die Schüsse hätten dir den Schädel zerschmettert.«

»Es ist wahr, mein Herr, ich bin sehr unvorsichtig gewesen«, erwiderte der Matrose, »aber ich konnte mich beim Anblick dieser Verwüstungen nicht im Zaum halten.«

»Und jetzt werden sie die ganze Insel durchstreifen, um ihren Gefährten zu rächen.«

»Glauben Sie das wirklich?«

»Sicherlich, Enrico. Sie hoffen vielleicht, andere Hütten zu finden, die sie plündern, oder Einwohner, die sie zu Sklaven machen können.«

»Aber es wird ihnen nicht leicht werden, unsere Höhle aufzufinden.«

»Wenn sie unsere Spuren entdecken, gelangen sie dorthin. Sie brauchen nur den Einschnitten unserer Karrenräder zu folgen, dann können sie den Weg nicht verfehlen.«

»Erdbeben! … Sie könnten den kleinen Tonno überfallen.«

»Schweig! …«

Eine heftige Detonation dröhnte vom Meer her, kurz darauf folgte eine weitere.

»Was geht dort vor?«, fragte der Matrose. »Sind die Schurken etwa von einem spanischen Kreuzer angegriffen worden?«

»Sie feuern ihre Kanonen gegen das Bambusdickicht ab, in der Hoffnung, uns aufzuspüren«, antwortete Albani. »Ich bin mir sicher, dass ich mich da nicht irre.«

»Glücklicherweise sind wir weit weg und in Sicherheit.«

»Aber ich fürchte, dass der kleine Tonno, wenn er die Schüsse hört, glaubt, dass wir uns in Gefahr befinden, und nach uns sucht.«

»Wollen Sie, dass wir versuchen, die Höhle zu erreichen? Sie ist nicht mehr sehr weit entfernt.«

»Wir wissen noch nicht, von welcher Seite die Piraten uns verfolgen, und wenn wir dieses Versteck verlassen, laufen wir ihnen vielleicht gerade in den Weg. Wenn wir noch Gewehre hätten, dann könnten wir den Rückzug wagen, aber mit unseren Blasrohren wäre es eine Unvernunft, die uns das Leben kosten könnte. Diese Waffen sind wertvoll im Hinterhalt oder bei Ausfällen, aber nützen wenig bei einer Verteidigung.

Wir müssen Geduld haben und die Nacht abwarten, um uns nach der Ostküste zurückzuziehen.«

»Aber was wird aus dem kleinen Tonno? …«

»Hoffen wir, dass er nicht die Unvorsichtigkeit begeht, seinen Schlupfwinkel zu verlassen. Ich hatte ihm gesagt, sich unter keinen Umständen vor unserer Rückkehr von seinem Posten zu entfernen.«

»Still, mein Herr, ich glaube, ich höre dort unten Stimmen.«

Sie lauschten mit angehaltenem Atem und hörten wirklich Leute mit lauter Stimme am Rand des Gehölzes sprechen.

Die Piraten schienen die Pflanzung durchstreifen zu wollen, nachdem sie sie nach allen Richtungen durchsucht hatten. Sie entschlossen sich nun, die Wälder zu durchsuchen, was allerdings nicht leicht werden würde. Denn die Insel war riesengroß, von einer beträchtlichen Ausdehnung. Vielleicht versuchten sie deshalb, den Berg zu ersteigen, um von oben her die Hütten oder Dörfer zu entdecken, die sie an dieser Küste vermuteten.

Nach und nach entfernten sich die Stimmen nach Westen zu, und die Stille kehrte in den Wald zurück. Selbst vom Meer aus waren die Kanonen des kleinen Schiffs nicht mehr zu hören. Albani und der Matrose wagten sich aber noch nicht aus ihrem Versteck heraus. Sie wollten dieses Versteck sehnlichst verlassen und sich in die Höhle zurückziehen, wagten aber nicht, sich zu rühren, aus Angst, dass ein Pirat in geringer Entfernung von ihnen über sie herfallen könnte.

Es verging eine Stunde und noch eine, aber man hörte keine Stimme mehr, nur die Papageien und Rhinozerosvögel plapperten auf den höchsten Baumwipfeln.

»Versuchen wir unser Glück, mein Herr«, sagte Enrico. »Der kleine Tonno wird über unser Ausbleiben sehr unruhig sein, und außerdem würde ich gerne einen Bissen Brot essen.«

»Klettere erst auf die oberen Äste und sieh nach, ob du von dort aus vielleicht jemanden sehen kannst. Der Baum ist sehr hoch und vielleicht kannst du erkennen, was am Strand vor sich geht.«

Der Matrose ließ es sich nicht zweimal sagen. Er kletterte, sich an den Zweigen sowie an den Calamusranken anklammernd, bis in den Wipfel des hohen Baums und sah sich dort um.

Da der Baum einer der höchsten des Waldes war, konnte er mühelos einen großen Teil der nördlichen Küste übersehen.

Der *Tia-kau-ting* lag noch in der kleinen Bucht vor Anker, aber unter den Felsen. Ein Mastbaum war niedergelegt worden, und am Strand waren mehrere Männer damit beschäftigt, einen Baum mit sehr geradem Stamm umzuschlagen.

»Jetzt verstehe ich, warum diese Spitzbuben gelandet sind«, murmelte der Matrose. »Sie brauchen einen neuen Fockmast.«

Er blickte auf das Bambusdickicht hinab und sah, dass sich das hohe Schilfrohr nicht bewegte, ein sicheres Zeichen dafür, dass kein Mensch es durchquerte. Dann sah er nach dem Berg hin, und es schien ihm, als ob er Gestalten sähe, die zwischen den Bäumen und Gebüschen auftauchten und wieder verschwanden.

Befriedigt von diesen Beobachtungen wollte er wieder hinabsteigen, als er am Rand des Waldes, ungefähr dreihundert Schritte von ihrem Gehölz entfernt, einen Mann erblickte, der, auf die Erde gebückt, sich mit schlangenartigen Bewegungen näherte.

»Beim Geweih eines Hirsches!«, rief er aus.

Er ließ sich am Stamm bis zu Herrn Albani hinuntergleiten, der ihn voll Unruhe erwartete.

»Sind sie fort?«, fragte er.

»Der Haupttrupp marschiert auf den Berg zu, aber wir stehen trotzdem in Gefahr, aufgespürt zu werden, mein Herr«, antwortete der Matrose. »Einer dieser Schurken hat unsere Fährte entdeckt und nähert sich uns.«

»Nur ein Einziger?«

»Ich habe keine weiteren gesehen. Beeilen wir uns zu entfliehen, ehe er uns erreicht.«

»Nein, Enrico«, antwortete der Venezianer. »Wenn er uns bemerkt, macht er Lärm und zieht die Aufmerksamkeit seiner auf dem Schiff gebliebenen Gefährten auf uns.«

»Was wollen Sie dann tun? Er ist kaum weiter als dreihundert Schritte entfernt.«

»Ihn vorbeilassen.«

»Aber wenn er unsere Spur entdeckt hat?«

»Umso schlimmer für ihn, da wir ihn töten werden«, sagte Albani mit entschlossener Stimme. »Sie dürfen unsere Höhle nicht ausfindig machen, sonst sind wir verloren.«

»Hören Sie nur! …«

»Das war ein zerbrechender Zweig. Lass mich nur machen, Enrico.«

Der Venezianer hatte sich rittlings auf einen festen Ast gesetzt und das Blasrohr in die Hand genommen.

Der Pirat näherte sich schleichend durch das Gebüsch. Man konnte die trockenen Blätter knistern, die Äste brechen hören und die Wipfel der Büsche leicht schwanken sehen.

Ohne Zweifel hatte er ihre Fußspuren entdeckt, die sich auf dem nassen Waldboden erhalten hatten, und folgte ihnen, ohne abzuweichen. In wenigen Minuten musste er beim Baum sein.

Albani und Enrico, verborgen im Laub, hielten den Atem an, aber verfolgten jede Bewegung des nahenden Feindes. Beide hielten die Blasrohre an den Lippen.

Mit einem Mal erschien ein Kopf zwischen zwei Büschen. Langsam blickte er auf und schaute mit großer Aufmerksamkeit in die benachbarten Bäume, glitt dann weiter nach vorne und der ganze Körper kam zum Vorschein. Der Pirat hielt ein langes Messer zwischen den Zähnen und in der rechten Hand eine Steinschlossflinte.

Die beiden Robinsons, die im Begriff standen, entdeckt zu werden, zögerten nicht länger. Ihre beiden Pfeile, die mit dem tödlichen Upasgift bestrichen waren, wurden mit einem kaum hörbaren Zischen abgeschossen und trafen den Mann in die Kehle und in die linke Schulter.

Als er sich verwundet fühlte, riss er wütend die beiden leichten Pfeile aus, sprang auf die Füße und legte die Flinte an, aber die Kräfte verließen ihn plötzlich, und er fiel in entsetzlichen Zuckungen auf die Erde.

»Fliehen wir«, sagte Albani.

Sie ließen sich auf den Boden hinab, und ohne sich um den Feind zu kümmern, dessen Tod sicher war, flüchteten sie eilig nach Osten zu. Nach ungefähr fünfhundert Metern verlangsamten sie ihren Lauf, da sie befürchteten, dass noch mehr Piraten in der Nähe sein könnten.

»Zwei Kanaillen weniger«, sagte der Matrose. »Es liegt mir nicht, diese Leute gewissermaßen aus dem Hinterhalt zu töten, aber es handelt sich darum, unsere Haut zu retten und mit ihnen kurzen Prozess zu machen. Hoffen wir, dass sie uns jetzt in Ruhe unseren Schlupfwinkel erreichen lassen.«

»Wir sollten aufpassen, dass wir uns nicht in diesen Wäldern verirren«, sagte Albani. »Dort ist die Sonne, das ist gut.«

»Glauben Sie, dass sie die Spuren des Wagens entdeckt haben?«

»Hoffentlich sind sie nicht bis zur Ostküste vorgedrungen.«

»Ich sah, wie Männer den Berg hinaufstiegen, aber sie können auch die Küsten aufsuchen.«

»Dann werden sie die geheimnisvollen Menschen finden, die das Zündhütchen verloren haben.«

»Aber diese besitzen Schusswaffen und können sie leicht abwehren, mein Herr. Ach, wenn wir doch wüssten, wer sie sind, und uns mit ihnen vereinen könnten, um diese Seeräuber fortzujagen!«

»Wir müssten die ganze Insel durchqueren und würden dabei sehr viel Zeit verlieren. Außerdem glaube ich, dass die Piraten sich lange hier aufhalten werden.«

»Ich habe Matrosen auf dem Schiff gesehen, wie sie einen Mast niedergerissen und ihre Fock herabgelassen haben.«

»Jetzt verstehe ich, weshalb sie hier gelandet sind. Zweifellos ist ihr Mast durch irgendeinen Sturm beschädigt worden.«

»So wird es gewesen sein, Herr Albani.«

»In zwei oder drei Tagen werden sie wieder auf dem Meer und wir damit frei sein. Aber aufgepasst, Matrose!«

»Was sehen Sie?«

»Es ist jemand dort im Gehölz versteckt.«
»Erdbeben von Genua! … Noch ein Pirat?«
»Nein, es scheint ein Tier zu sein.«
»Vielleicht ein Tiger?«
»Ich weiß es nicht, Matrose. Lass uns unsere Blasrohre laden und abwarten, bis es sich zeigt.«

## 24. In der Höhle belagert

Herr Albani und der Matrose waren hinter dem Stamm eines riesigen Durio stehen geblieben; sie wagten es nicht weiterzugehen, bevor sie wussten, mit was für einem Feind sie zu tun hatten.

Die Büsche, welche das Gestrüpp bildeten, bewegten sich, als ob sich ein Mensch oder ein Tier mühsam einen Weg hindurch bahnte. Es sah so aus, als sei es ihm unangenehm, aus dem Gewirr, das sehr dicht und blattreich war, hervorzutreten.

Endlich nach einer letzten Anstrengung gelang es ihm, sich einen Weg zu bahnen und zu zeigen. Bei seinem Anblick hatten die beiden Robinsons, fast wie verabredet, ihre Blasrohre erhoben, in die sie eilends zwei Pfeile gesteckt hatten.

Es war kein Mensch, sondern ein Tiger, der kranke Beine zu haben schien, denn er bewegte sich schwerfällig und ziemlich seltsam; auch war er viel größer und krummer als die anderen.

»Dies Tier ist ja missgestaltet!«, rief der Matrose erstaunt aus.

»Und ich kann seine Beine gar nicht entdecken«, sagte der Venezianer nicht weniger erstaunt.

»Er ist vielleicht verwundet? …«

»Oder es ist vielleicht gar kein echter Tiger?«

»Was meinen Sie damit?«

Der Venezianer konnte keine weiteren Erklärungen abgeben, denn der lebhaft aufspringende Tiger befreite sich von seinem schönen Fell und vor den beiden Robinsons erschien … der kleine Tonno!

»Tausend Erdbeben! … Der Kleine!«, rief der Matrose, auf ihn zustürzend.

»In der Haut des auf dem Berg getöteten Tigers«, antwortete der Schiffsjunge, ihnen entgegenlaufend. »Ach! Herr Albani, was für Angst habe ich in diesen vier Stunden ausgestanden! Ich fürchtete, man hätte euch getötet, als ich alle diese Schüsse hörte.«

»Es fehlte nicht viel daran«, sagte Enrico.

»Hat sich irgendein Pirat bei der Höhle gezeigt?«, fragte Albani.

»Niemand, mein Herr.«

»Und Hinkepfot?«

»Ich habe ihn als Wächter der Tiere zurückgelassen.«

»Aber warum hast du die Tigerhaut angelegt?«

»Um die Piraten zu erschrecken, falls ich sie getroffen hätte.«

»Der Schlaukopf!«, rief Enrico aus.

»Du bist ein braver Junge«, sagte Albani. »Aber lasst uns keine Zeit verlieren und fliehen. Ist die Höhle noch weit entfernt?«

»Zehn Minuten«, antwortete der Schiffsjunge.

»Vorwärts, meine Freunde.«

Der Schiffsjunge belud sich mit dem Tigerfell, und alle drei machten sich auf den Weg, indem sie suchten, sich auf den dichtesten Waldstellen zu halten.

Nach wenigen Minuten langten sie ohne jeden Zwischenfall bei der Höhle an. Sie schoben den Laubvorhang zurück, entfernten die Felsstücke und betraten das Magazin, wo sie Hinkepfot, die beiden Affen, die Babirusas und die Vögel vorfanden. Der Schiffsjunge hatte während der Abwesenheit seiner Gefährten auch keine kostbare Zeit verloren. Er hatte alles ordentlich aufgestellt, die Vögel freigelassen, nachdem er das Fenster durch ein feines Netz von Kokosfasern gesichert, sodass sie nicht herausfliegen konnten. Dann hatte er drei Lagerstätten von großen frischen Blättern bereitet und alle verfügbaren Gefäße mit Wasser gefüllt, da er nahebei einen Teich entdeckt hatte.

»Braver Junge«, sagte Albani. »Jetzt können wir hier eine längere Belagerung aushalten, ohne uns Sorgen machen zu müssen.«

»Glauben Sie, dass sie uns belagern werden?«, fragte der Matrose.

»Wenn sie die Spuren unseres Karrens entdecken, kommen sie ganz gewiss her.«

»Könnte man die Spuren nicht verwischen?«

»Das würde viel Zeit kosten und uns der Gefahr aussetzen, überrascht zu werden. Wenn sie uns belagern wollen, dann mögen sie nur kommen; wir verteidigen uns mit den Blasrohren.«

»Aber sie können den Eingang erzwingen.«

»Es sind viele Felsstücke vorhanden, sodass wir uns gut verbarrikadieren können, Enrico. Einer von uns hält draußen hinter dem Laubvorhang Wache und beim ersten Anzeichen von Gefahr benachrichtigt er uns, und wir verrammeln den Gang.«

»Ich werde der erste sein«, sagte der kleine Tonno. »Hinkepfot kann mir Gesellschaft leisten.«

»Später lösen wir dich ab«, sagte der Matrose.

Der Schiffsjunge bewaffnete sich mit seinem Blasrohr, befahl Hinkepfot, ihm zu folgen, und verbarg sich hinter den Schlingpflanzen, während seine Gefährten, die seit dem vorigen Abend nichts gegessen halten, sich eine Mahlzeit bereiteten.

Der ganze Tag verlief ruhig. Man hörte hier und da einen Flintenschuss auf dem Berg oder von der nördlichen Küste her schallen, aber es zeigte sich kein Pirat in der Nähe der Höhle.

Sie nahmen wahrscheinlich an, dass sich die Bewohner der luftigen Hütte in die dichten Wälder des die Insel beherrschenden Berges geflüchtet hätten.

Noch bevor die Sonne unterging, bestiegen Albani und der Matrose den großen Felsen, um zu sehen, ob sich der *Tia-kau-ting* noch in der kleinen Bucht befände.

Er lag noch an derselben Stelle vor Anker, wo er sich schon am Morgen befunden hatte, und es fehlte ihm noch immer der Fockmast.

»Ich fürchte, sie brauchen lange Zeit, um ihn wiederherzustellen«, sagte Albani.

»Vielleicht haben sie noch andere Schäden auszubessern«, antwortete Enrico.

»Wenn sie tagelang hier bleiben, dann entdecken sie ganz sicher unsere Spur.«

»Und vielleicht auch unsere Fischweiher, mein Herr. Es würde mir sehr leidtun, wenn ich sie ohne Fische und Schildkröten wiederfinden würde.«

»Mit Geduld bringen wir alles wieder in Ordnung, Enrico. Es fehlt uns ja weder an Energie noch an gutem Willen.«

»Es ist wahr, aber es ist hart, dass man für diese Kanaillen gearbeitet haben soll, und ich kann mich nicht darin finden. Und ferner, wenn sie wissen, dass diese Insel bewohnt ist, dann kehren sie vielleicht von Zeit zu Zeit hierher zurück.«

»Ich glaube nicht, dass die wenigen Lebensmittel, die sie gefunden haben, sie zu einem zweiten Besuch veranlassen. Sie würden unnütze Zeit verlieren und werden sich auch durch die Aussicht vom Berg aus davon überzeugen, dass die Insel unbebaut ist.«

Weil die Nacht hereinbrach, stiegen sie wieder herab, aber der Matrose blieb vor der Höhle im Schlingwerk verborgen. Aus Angst, jederzeit überrascht werden zu können, hatten sie beschlossen, auch nachts zu wachen, um jederzeit bereit zu sein, den Gang verbarrikadieren zu können.

Während der Wachzeit des Matrosen lieb alles ruhig. Um Mitternacht löste ihn der Schiffsjunge ab, in Gesellschaft Hinkepfots, der förmlich zu begreifen schien, dass seine Herren sich in ernster Gefahr befanden.

Der Schiffsjunge wachte, mit dem Blasrohr in der Hand, zusammengekauert inmitten der Pflanzen, die ihn vollständig verbargen, als sich plötzlich der neben ihm schlummernde Hinkepfot erhob und ein dumpfes Brummen ausstieß.

»Oh! … Oh! …«, rief der Knabe. »Es muss sich etwas ereignen!«

Er stand auf und schob vorsichtig die Pflanzen auseinander. Danach blickte er zum Waldrand hin, konnte aber nichts sehen. Da jedoch der Himmel von dicken Wolken bedeckt war, war es nicht einfach, eine Person auf zwei- bis dreihundert Schritte in der Finsternis zu erkennen.

»Sollte er einen Tiger gewittert haben?«, murmelte der Schiffsjunge. »Das wäre ein ebenso böser Feind wie die anderen.«

Der Mias fuhr fort zu brummen und die Ohren zu bewegen, als ob er ein fernes Geräusch besser hören möchte. Ab und zu beugte er sich auf die Erde nieder und sog heftig die Luft durch die Nase ein.

»Es geschieht etwas in dem dunklen Wald«, sagte der unruhig gewordene Schiffsjunge. »Ich werde die Gefährten warnen.«

Schnell glitt er in den Gang zurück, wo er an den Beinen des Venezianers und Enricos zupfte und dabei sagte:

»Schnell, wacht auf!«

»Sind die Piraten da?«, fragte der Matrose, mit dem Blasrohr in der Hand aufstehend.

»Ich weiß es nicht, aber Hinkepfot gibt Zeichen von Unruhe zu erkennen.«

»Gehen wir hinaus«, sagte Albani, »diese Waldmenschen wittern den Feind auf große Entfernung.«

Schnell waren sie alle draußen. Hinkepfot lauschte noch immer brummend, mit dem Kopf nach dem nördlichen Strand gerichtet.

»Die Gefahr naht von dort«, sagte Albani.

»Aber ich sehe nichts«, antwortete Enrico.

»Glaubst du vielleicht, dass du Augen wie der Mias hast? …«

»Sollten die Piraten unsere Karrenspuren entdeckt haben?«

»Ich fürchte es, weil Hinkepfot nach jener Seite blickt.«

»Tausend Erdbeben! …«

»Was hast du?«

»Ich sah einen Vogel zwischen diesen Bäumen auffliegen.«

»Es wird eine große Fledermaus gewesen sein«, sagte der kleine Tonno.

»Nein, vom Flugverhalten her sah es mir eher wie ein Tukan aus.«

»Dann kommen die Feinde von dort«, sagte Albani.

»Still! …«

»Die Zweige bewegen sich.«

In diesem Augenblick stieß der Mias ein lautes Brummen aus und schien sich vorwärts stürzen zu wollen, aber der Schiffsjunge hielt ihn zurück.

»Bring ihn in die Höhle«, sagte Albani. »Er könnte uns verraten.«

Während der kleine Tonno sich beeilte zu gehorchen, streckte sich Albani auf dem Boden aus, um nicht gesehen zu werden, und hielt dabei das Blasrohr an den Mund. Der Matrose folgte seinem Beispiel.

Es sah so aus, als ob die Feinde den Spuren des Karrens folgten, die sie auch schon in der Nähe der luftigen Hütte bemerkt haben mussten. Von Zeit zu Zeit hörte man die Büsche rascheln und die trockenen Blätter knistern, doch konnte man wegen der Dunkelheit, die immer dichter zu werden schien, zumal sich am Himmel immer mehr dunkle Wolken bildeten, nichts erkennen.

»Sehen Sie«, sagte mit einem Mal der Matrose.

»Ich sehe es«, antwortete Albani.

»Sie folgen den Karrenspuren.«

»Jawohl, Enrico.«

»Und es sind mehrere.«

»Sobald sie sich uns nähern, ziele auf den Nächststehenden, und ich tue es auf den Zweiten. Dann werden es zwei weniger.«

Auf eine Entfernung von hundert Schritten sah man jetzt dunkle Gestalten mit großer Vorsicht zwischen den Gräsern und Blättern herangleiten.

Es waren zehn oder zwölf, die, wie es schien, alle mit Flinten bewaffnet waren.

»Ziele genau«, murmelte Albani, das Blasrohr an die Lippen setzend. »Sie kommen gerade auf die Höhle zu.«

»Ich habe meinen Mann ausgewählt.«

Die beiden Pfeile flogen mit pfeifendem Laut durch die Luft. Die beiden in der erster Linie pirschenden Piraten sprangen wie aufgeschnellt in die Höhe und stießen laute Schmerzensschreie aus, während ihre Gefährten wahllos ihre Waffen abfeuerten, da sie die Angreifer nicht sehen konnten.

»In die Höhle!«, rief Albani aus.

Geschützt von dem Laubvorhang schlüpften sie rasch in den Gang zurück und häuften die Felsstücke als Verschluss vor den Eingang.

»Schnell, lasst uns eine Barrikade bauen«, fuhr Albani fort.

Der kleine Tonno, der ein Licht angezündet hatte, kam mit Hinkepfot herbeigelaufen. Sie rollten die Felsstücke heran, die in Massen in der ersten Höhle reichlich vorhanden waren, und häuften sie im Gang auf.

Inzwischen hörte man die Piraten draußen wie die Besessenen schreien und Schüsse abfeuern. Da sie nicht gesehen hatten, von welcher Seite die Pfeile geschleudert worden waren, hatten sie auch den Eingang der Höhle noch nicht entdeckt, aber es konnte nicht lange dauern, bis sie ihn fanden, wenn sie den Radspuren weiter folgten.

Die drei Robinsons und Hinkepfot fuhren damit fort, Felsbrocken heranzurollen, so als wollten sie den ganzen Tunnel verbarrikadieren, um so zu verhindern, dass die Belagerer vordrangen, oder ihnen das Eindringen zumindest zu erschweren. Schon hatten sie den halben Gang verstopft, als sie Stimmen vom anderen Ende her widerhallen hörten.

»Sie haben uns entdeckt«, sagte Enrico.

»Aber sie werden nicht hereinkommen«, antwortete Albani. »Wir haben mehr als zweihundert Pfeile und unsere Geschosse sind, wie sie aus Erfahrung wissen, besser als ihre Kugeln.«

»Sie werden uns belagern.«

»Was kümmert es uns? … Wir haben Lebensmittel für acht oder zehn Monate.«

»Aber es wird uns an Wasser fehlen, mein Herr«, sagte der kleine Tonno. »Wir haben höchstens genug für zehn bis fünfzehn Tage.«

»Es wird genügen, liebe Freunde. Diese Belagerung wird nicht lange dauern. Bringt eure Waffen in Ordnung, und halten wir uns bereit, den Angriff zurückzuschlagen.«

## 25. Der Orkan

Die Lage der Robinsons gestaltete sich recht ernst, da es nunmehr sicher schien, dass die Piraten aus Wut über den Tod ihrer vier Gefährten entschlossen waren, sie zu rächen und alles zu versuchen, um die Bewohner der Insel in ihre Hände zu bekommen.

Da sie sehr zahlreich und mit Flinten bewaffnet und sogar mit Schleudern und zwei kleinen Kanonen versehen waren, konnte man nicht sehr auf den Widerstand rechnen, den die im Gang aufgehäuften Felsstücke darboten. Dennoch waren die tapferen Überlebenden der *Liguria* nicht übermäßig beunruhigt.

Anstatt die Zeit mit unnützen Reden hinzubringen, arbeiteten sie unermüdlich weiter.

Nicht zufrieden damit, den ersten Gang verschlossen zu haben, türmten sie auch ähnliche Hindernisse im zweiten auf, der nach der letzten Höhle führte. Da dieser enger und gewundener als der andere war, eignete er sich noch besser zur Verteidigung, denn er gestattete den Angreifern nur, einer nach dem anderen einzudringen.

Als sie mit den Vorbereitungen fertig waren, kehrten sie in die erste Höhle zurück, um zu hören, was die Piraten machten.

Der Angriff schien noch nicht begonnen zu haben, denn die Steine bildeten eine feste Masse. Sie hörten jedoch die Piraten sprechen und ab und zu mit den Flintenschäften gegen die Barrikade schlagen.

Es schien so, als würden sie überlegen, ob sie etwas unternehmen oder die Ankunft von Hilfstruppen abwarten sollten.

»Sie werden bis Sonnenaufgang warten«, sagte Albani. »Vielleicht hoffen sie aber auch, einen anderen Eingang zu finden.«

»Damit werden sie unnütz ihre Zeit verlieren«, sagte der Matrose.

»Aber es ist ja auch das Fenster da«, bemerkte der Schiffsjunge.

»Es ist so klein, dass ein Mann nicht hindurch kann«, antwortete Albani. »Und dann liegt es mehr als fünfzehn Fuß hoch und der Felsen ist sehr steil.«

In diesem Augenblick dröhnte ein Schuss, der ein lautes Echo in den Höhlen erschallen ließ, sodass die Tiere erschreckt aufsprangen und die Vögel schrien. Ein Pirat hatte eine geeignete Öffnung zwischen den Felsstücken gefunden, in die er sein Flintenrohr eingeführt, was aber nur einen höllischen Lärm verursacht hatte, da die Kugel gegen die anderen Felsmassen geprallt zu sein schien.

»Sie vergeuden ihr Pulver«, sagte Enrico lachend.

»Und verlieren ihre Zeit«, fügte der kleine Tonno hinzu. »Es tut mir nur für unsere Tiere leid, die sehr verängstigt sein werden, wenn sie diese Musik hören.«

Die Schüsse folgten jetzt rasch aufeinander, was einen ohrenbetäubenden Lärm verursachte, aber ohne Konsequenzen blieb, weil alle Kugeln in der Mitte der Barrikade stecken blieben, die ungefähr vier Meter dick war.

Nur etwas Rauch drang durch die Ritzen in die Höhle, verbreitete sich auch in der zweiten und zog durch das kleine Fenster wieder ab.

Die Piraten mussten sich wohl bald von der Nutzlosigkeit ihrer Beschießung überzeugen, denn sie hörten nach kurzer Zeit damit auf. Stattdessen hörte man sie heftig gegen die feste Barrikade stoßen und schlagen, als ob sie Löcher zu öffnen gedachten, durch die sie ihre Gewehre einführen und ein wirksameres Feuer veranstalten konnten.

Da der Gang trichterförmig gestaltet war, hielten die Steine oben sehr fest und es war schwierig, sie herauszuziehen. Es wäre ein Mauerbrecher nötig gewesen, um diese Felsblöcke zu zertrümmern, oder wenigstens ein Artilleriegeschütz.

Der Morgen dämmerte bereits, ohne dass die Piraten den Eingang erzwungen hätten. Die Robinsons freuten sich schon über diesen ersten Erfolg, als von draußen laute Freudenrufe zu hören waren.

»Blitz und Donner!«, rief der plötzlich beunruhigte Matrose. »Was geschieht jetzt?«

»Haben sie vielleicht eine zweite Öffnung entdeckt?«, fragte der Schiffsjunge, indem er die Augen umherschweifen ließ.

»Es werden andere Leute dazu gekommen sein, vielleicht die, welche das Zündhütchen auf dem Berg verloren haben«, sagte Albani. »Pah! ... Zehn oder dreißig, das macht nichts aus. Und übrigens ...«

Eine furchtbare Detonation, die den Boden der Höhle erzittern ließ, schnitt ihm das Wort ab.

»Eine Mine?«, rief der Schiffsjunge aus.

»Nein, es ist eine Schiffskanone«, antwortete der Matrose. »Ich kenne diese Geschütze.«

»Mit solchen einpfündigen Kugeln zerschmettern sie das Hindernis nicht«, sagte Albani, der eine bewunderungswürdige Ruhe behielt. »Ganz nach eurem Gefallen, ihr Erzhalunken des Meeres, und du, kleiner Tonno, bereite uns etwas für unsere leeren Mägen.«

Die Piraten ließen nach diesem ersten Schuss eine Pause folgen, vermutlich um die Auswirkung des ersten Treffers zu begutachten, aber schon bald setzten sie ihren Beschuss fort.

Der Matrose und Herr Albani hörten, wie die Kugeln die Felsbrocken zertrümmerten, aber die Felsmasse im Gang war so fest, dass hundert Pfund Pulver erforderlich gewesen wären, um eine Bresche zu schlagen.

Dennoch drang beim zehnten Schuss eine Kugel, die irgendwie durch eine Ritze gerutscht war, in die Höhle ein und schlug in die gegenüberliegende Wand.

»Oh! … Oh! …«, rief der Matrose. »Jetzt wird es ernst, Herr Albani.«

»Es hat noch Zeit«, antwortete der Venezianer.

»Aber wenn sie mit dieser Musik fortfahren, dann werden sie am Ende eine Öffnung herstellen.«

»Und wir antworten ihnen mit Pfeilen.«

»Aber wenn es ihnen glückt, hereinzukommen? …«

»Aber werden sie die Zeit dazu haben? …«

»Wie meinen Sie das?«

»Horcht doch einmal!«, sagte der Venezianer.

Man hörte aus der Ferne ein dumpfes Rollen.

»Ist das Donner? …«, fragte Enrico.

»Ein nahender Orkan, der uns zu Hilfe kommt«, antwortete Albani. »Der Donner grollt schon seit einer Stunde, und ich höre, wie die Wellen sich mit wachsender Wut an den Felsen brechen.«

»Dann rechnen Sie wohl auf diesen Verbündeten?«

»Ja, Enrico. Binnen Kurzem wird der Wind aufkommen und das Meer stürmisch werden, und da die Insel keine geschützten Buchten besitzt, müssen die Piraten aufs offene Meer hinaus, wenn sie nicht wollen, dass ihr *Tia-kau-ting* an der Küste zerschellt. Darum blieb ich ruhig und war von der Erfolglosigkeit ihrer Anstrengungen überzeugt. Hörst du? …«

»Ja, der Donner hallt noch immer.«

Unterdessen setzten die Piraten mit wachsender Wut ihr Feuern auf den Gang fort. Sie schienen sich der Gefahr bewusst zu sein, in der sich ihr *Tia-kau-ting* befand, und verdoppelten ihre Anstrengungen, um das Hindernis zu überwinden, das ihnen einen so unglaublichen Widerstand leistete.

Von Zeit zu Zeit setzten sie das Schießen aus und bearbeiteten die Steinmasse mit großen Ästen und Baumstämmen, und diese Stöße brachten größeren Schaden hervor als die Kugeln, denn sie zerschmetterten die halb zerbrochenen Felsbrocken.

Die drei Robinsons begannen, unruhig zu werden, da das Unwetter noch immer nicht losbrach. Sie hatten sich hinter den beiden Ecken der Höhle aufgestellt, um nicht von den großen Geschossen der Kanone getroffen zu werden, und erspähten den günstigsten Augenblick, um ihre tödlichen Pfeile auf die Angreifer zu schleudern. Auch Hinkepfot hatte sich ihnen angeschlossen und hielt einen tüchtigen Knüppel in seinen kräftigen Händen.

Draußen rollte fortwährend der Donner, und man hörte die Wellen immer heftiger gegen die Felsenklippen schlagen, aber der Sturm war noch nicht entfesselt. Nur heftige, kurze Windstöße sausten in langen Zwischenpausen über die Insel hin.

Mit einem Mal gaben die Felsbrocken unter einem letzten und noch kräftigeren Stoß nach, der vielleicht mit einem großen Baumstamm von den Angreifern mit voller Kraft geführt worden war, die recht zahlreich sein mussten.

Eine Bresche, die einen Lichtschein in die dunkle Höhle warf, öffnete sich in der Nähe des Stollengewölbes. Einige Flintenläufe fuhren herein und gaben eine Salve ab, welche die gegenüberliegende Wand traf.

Der Matrose und Albani waren wie der Blitz bereit, sobald die Waffen zurückgezogen wurden, und sandten zwei Pfeile durch die entstandene Öffnung.

Ein lautes Schreien zeigte ihnen, dass ihre Geschosse nicht vorbeigegangen waren.

»Das war einer, der uns nicht mehr nerven wird!«, sagte der Matrose, den dieser erste Erfolg erfreute. »Los, wen immer es treffen mag!«

Die über diesen Widerstand erstaunten Piraten, welche jetzt wussten, dass die Pfeile vergiftet waren, hatten eilends den Eingang verlassen.

»Nehmen wir den Posten ein«, sagte Enrico.

»Nein«, antwortete Albani. »Wir dürfen nicht unvorsichtig sein.«

»Aber sie haben sich zurückgezogen, mein Herr; das Licht fällt frei durch die Bresche.«

»Sie können uns aber belauern.«

Ein furchtbarer Stoß erschütterte die Felsmasse und ließ noch mehrere Stücke herabfallen. Albani, Enrico und der Schiffsjunge antworteten mit drei Pfeilen darauf.

Ein weiterer Schrei erklang von draußen, dem ein schrecklicher Lärm und die Entladung mehrerer Flinten folgten. Aber beinahe im selben Augenblick drang ein heller Lichtschein in die Höhle, gefolgt von einer so dröhnenden elektrischen Entladung, dass es schien, als ob der ganze Felsen über den Häuptern der Angreifer zusammenbrechen würde.

»Der Orkan! …« rief Albani mit froher Stimme. »Endlich werden wir von diesen Halunken befreit werden! Haltet euch tapfer, meine Freunde, und spart nicht mit den Pfeilen.«

Die beiden Seeleute gingen wirklich nicht sparsam damit um. Hinter den Ecken der Höhle verborgen, fuhren sie fort, ihre vergifteten Pfeile durch die Bresche zu schießen.

Die Piraten konnten nicht mehr herankommen, ohne getroffen zu werden, und feuerten ihre Flinten daher durch den Gang ab, ohne Schaden damit anzurichten.

Rasend vor Wut, von diesen wenigen Verteidigern in Schach gehalten zu werden, nahmen sie ihre Wurfgeschosse wieder auf, und es gelang ihnen, das Loch zu vergrößern und die Barrikade immer mehr einzureißen.

Einer der Kühnsten unter ihnen stürzte sich in den Gang und brach in das Innere ein, bevor die Robinsons es noch entdecken konnten, da die Dunkelheit durch die am Himmel einherjagenden schwarzen Wolken sehr zugenommen hatte, aber Hinkepfot versetzte ihm einen so tüchtigen Schlag, dass er vor Schmerz heulend zurückwich.

»Ziehen wir uns zurück!«, befahl Albani, der sah, wie sich weitere Feinde unter dem Gang versammelten.

Die drei Robinsons und Hinkepfot stürzten in die zweite Höhle und häuften im zweiten Gang Steine, Ballen von Lebensmitteln, Gefäße und schließlich auch den Karren auf.

Nun brach das Ungewitter mit äußerster Wut los. Blitze folgten auf Blitze, der Donner dröhnte mit furchtbarer Gewalt und erfasste den gesamten Bereich in weniger als einer Minute. Auf dem Meer hört man den Sturm heulen und brüllen, während die Wellen ihren Schaum bis an das kleine Fenster der Höhle spritzten.

Die Piraten waren mit lautem Siegesgeschrei in den Gang gestürmt, aber sofort vor dem zweiten stehen geblieben, der ihnen einen nicht geringeren Widerstand entgegenzusetzen schien.

Ihre Siegesrufe verwandelten sich bald in ein Geschrei der Wut und Enttäuschung. Jedoch entschlossen, ihre Gefährten zu rächen, hatten sie einen neuen Angriff mit einem Baumstamm versucht, als man in der Ferne einen Kanonenschuss vernahm, dem sofort ein zweiter folgte.

Der Angriff wurde abrupt abgebrochen. Man hörte zwar noch immer Rufe, die aber schnell schwächer wurden.

»Sie sind fort«, sagte Albani, der mit angehaltenem Atem lauschte.

»Ja«, sagte Enrico, »diese Schüsse waren Alarmzeichen.«

»Ihr könnt euch bei diesem Orkan bedanken, meine Freunde.«

»Ans Fenster, mein Herr«, rief der kleine Tonno. »Wir werden sehen können, wie das Schiff die kleine Bucht verlässt.«

Der Venezianer begab sich an das Fenster und sah hinaus. Das Meer hatte einen schaurigen Anblick angenommen. Riesige, dunkelgrüne Wellen stürzten sich schäumend auf den Strand, brachen sich mit unbeschreiblicher Heftigkeit an den Klippen, während ein tosender Wind die schwarzen Wolkenmassen durcheinander trieb und die Blitze flammend herniederzuckten.

Man sah, wie die hohen Bäume auf den Felsen wie Strohhalme unter den Peitschenschlägen des Orkans hin und her schwankten und Blätter und Zweige umhergewirbelt wurden.

»Es ist ein wahrer Zyklon«, sagte der Matrose. »Ich möchte nicht auf dem *Tia-kau-ting* sein.«

»Er wird die Bucht gewiss nicht verlassen«, sagte der kleine Tonno.

»Dann zerschmettern ihn die Wellen an den Klippen«, sagte Albani. »Die Bucht bietet keinen Schutz, und sie sind gezwungen, in die offene See hinauszusegeln.«

»Lassen Sie uns hoffen, dass sie alle ersaufen«, rief Enrico. »Da am doppelten Kap! … Sehen Sie nur, Herr Albani!«

Der Venezianer blickte nordwärts und sah in der Tat, wie der *Tia-kau-ting* nach Osten zu flüchtete; nur seine unteren Segel waren gerefft, und er tanzte gefährlich auf den hohen Wellen dahin, einen Augenblick auf den schaumbedeckten Wogenkämmen erscheinend und dann wieder in den beweglichen Schlünden verschwindend.

»Möchte das Meer euch alle verschlingen! …« rief der Matrose. »Das ist mein Wunsch für euch!«

Wenige Minuten darauf verschwand das Schiff am düsteren Horizont, während das Unwetter seine ganze Wut entfesselte.

## 26. Der Stapellauf der *Roma*

Während des ganzen Tages und der folgenden Nacht tobte der Orkan ohne Unterbrechung, ließ das Meer zu riesiger Höhe aufschäumen und fällte, besonders am Ufer entlang, eine große Zahl von Bäumen und überschwemmte das Tiefland. Der Donner schwieg keinen Moment, sehr zum großen Entsetzen der in der Höhle eingeschlossenen Tiere.

So viel den Robinsons daran lag, die nördliche Küste aufzusuchen, um die Bedeutung des angerichteten Schadens zu ermessen und sich zu überzeugen, ob die Piraten ihre Fischweiher entdeckt hatten, auf die sie besonders viel Wert legten, da sie sehr reich an Fischen und Schildkröten waren, wagten sie doch nicht, ihr Asyl zu verlassen.

Am nächstfolgenden Morgen jagte indessen ein kräftiger Ostwind die Wolken nach Westen zurück, und die Sonne kam wieder zum Vorschein.

Da sie wussten, dass schönes Wetter jetzt von kurzer Dauer sein würde wegen der bevorstehenden Regenzeit, so benutzten die Schiffbrüchigen der *Liguria* die eingetretene Windstille sofort, um sich nach der Küste zu begeben.

Sie spannten den Babirusa vor den Karren und schlugen am Strand entlang den Weg nach der Stelle ein, wo sich vor zwei Tagen ihre schöne luftige Hütte befunden hatte.

Von den Piraten war keine Spur mehr zu entdecken. Sie hatten nicht nur die Waffen der von den tödlichen Pfeilen erlegten Leute mitgenommen, sondern auch deren Leichname. Nur einige Kanonenkugeln waren vor der Höhle liegen geblieben.

Das Unwetter hatte großen Schaden an der Küste, die sie entlangzogen, angerichtet. Zahlreiche Bäume waren dem Sturmwind zum Opfer gefallen und von den Blitzen getroffen worden. Viele hatten die Zweige und Blätter verloren. Der Boden war dann auch mit allen Arten von Früchten besät sowie von entwurzelten Sträuchern und ausgerissenen Schlingpflanzen, besonders Nepenthes und Calamus.

Als sie den Strand in der Nähe der kleinen Bucht erreichten, überfiel sie eine große Traurigkeit beim Anblick der barbarischen Verwüstungen, welche die Piraten angerichtet hatten. Die große Hütte war vollständig zertrümmert und ausgeplündert. Die Stützstangen hatten den wüsten Seeräubern zum Kochen gedient, die Palisaden des Geheges waren ausgerissen und lagen zerbrochen umher; das kleine Feld war ganz zertrampelt und zerstört, aber zum Glück waren die kaum hervorgesprossten Pflanzen nicht aus dem Boden gerissen worden.

»Die Schändlichen!«, rief der Matrose, der beinahe vor Wut platzte. »Welche Verwüstung! … Mit welcher Lust sie unsere Hütte und die Gehege zerstört haben!«

»Nur nicht den Mut verlieren, meine Freunde«, sagte Albani. »Es fehlt uns nicht an der nötigen Energie, und in einer Woche können wir alles wieder ausbessern.«

»Werden wir uns eine neue Hütte errichten?«

»Eine größere als die erste, Enrico. Das Bambusdickicht liefert uns so viel Holz, wie wir brauchen. Lasst uns nachsehen, ob sie unsere Fischweiher verschont haben.«

Sie hatten den Trost, sie unberührt zu finden. Da sie hinter einigen ziemlich hohen Felsen verborgen lagen, waren sie den Vandalen entgangen, die sich anscheinend nicht die Mühe gemacht hatten, die Küste zu durchstreifen.

Befriedigt von dieser Entdeckung, besuchten sie die kleine Bucht, in der Hoffnung, dass die Piraten bei ihrem plötzlichen Aufbruch irgendwelche Gegenstände zurückgelassen haben könnten, die für sie brauchbar wären, aber sie fanden nur den Fockmast des *Tia-kau-ting*, der außerdem noch seines ganzen Tauwerks beraubt war.

Als sie ihn genauer untersuchten, bemerkten sie, dass er in halber Höhe durch ein Geschoss von beträchtlichem Kaliber schwer beschädigt worden war.

»Mit dieser Beschädigung hätten sie ihre Fahrt nicht fortsetzen können«, sagte Albani. »Sie sind hier gelandet, um ihn gegen einen anderen zu vertauschen, weil sie wussten, dass die Regenzeit bevorsteht, die häufig große Unwetter mit sich bringt.«

»Das ist wahr«, bestätigte Enrico.

»Glauben Sie, dass sich der *Tia-kau-ting* vor dem Orkan gerettet hat?«, fragte der kleine Tonno.

»Hm! … Ich habe da so meine Zweifel«, antwortete Albani. »Ich würde nicht überrascht sein, wenn eines Tages die Strömung oder die Wellen seine Wrackstücke hier ans Land trieben. Vorwärts, meine Freunde, nehmen wir unsere Werkzeuge zur Hand und werden wir wieder zu Zimmerleuten. Die großen Regengüsse stehen bevor, und wir werden kaum Zeit genug haben, unsere Hütte wieder aufzubauen.«

»Wir haben ja noch die Höhle, mein Herr«, sagte der kleine Tonno.

»Aber ich ziehe mir die Hütte vor«, sagte Enrico. »Dort drinnen kam ich mir wie im Gefängnis vor. An die Arbeit!«

Die drei Robinsons ließen die Zeit nicht ungenützt verstreichen. Das Bambusdickicht war nur wenige Schritte weit entfernt und lieferte ihnen das nötige Holz, dass sie für den Wiederaufbau ihrer schwebenden Hütte und dem Gehege für die Tiere brauchten.

Eine ganze Woche lang arbeiteten sie mit fieberhaftem Eifer vom Morgen bis zum Abend und gönnten sich nur kurze Ruhepausen. Die Regenzeit rückte vor, und jeden Abend bedeckte sich der Himmel mit Wolken, welche sich in reichlichen Regenschauern auflösten.

Die neue Hütte, die genau an der Stelle aufgebaut worden war, an der die alte gestanden hatte, war größer, bequemer und fester, da sie die Stützstangen verdoppelt und das Dach soweit vergrößert hatten, dass es die ganze hintere Terrasse bedeckte.

Zehn Tage darauf war auch das Gehege für die Tiere fertig. Auch dieses war erweitert und hatte ein Dach erhalten, um die Vierfüßler, Vierhänder und das Geflügel vor dem Regen zu schützen.

Schließlich brachten sie auch das Feld in Ordnung, das der Schiffsjunge inzwischen umgegraben hatte, und umgaben es mit einem Zaun, als Schutz gegen Angriffe von wilden Tieren. Als alles beendet war, begaben sie sich nach der Höhle, um die Tiere wieder zurückzubringen. Die armen Geschöpfe schienen, obwohl sie der Schiffsjunge täglich mit reichlichem frischen Wasser und grünen Blättern versorgt hatte, doch unter der Gefangenschaft in der dunklen Höhle gelitten zu haben, denn sie zeigten sich äußerst erfreut bei der Rückkehr in das Gehege.

Am 25. Oktober benutzten der Matrose und Albani das schöne Wetter, um eine kurze Forschungstour in den Wäldern der östlichen Küste zu machen. Es quälte sie schon seit mehreren Tagen der lebhafte Wunsch, den Leichnam des Piraten aufzufinden, der sie beinahe überrumpelt hätte, als sie auf dem Baum versteckt waren. Sie hofften, dass er den Nachsuchungen seiner Gefährten entgangen sei und dass sie seine Flinte und Munition finden würden.

Da sie laufend den Wald durchstreift hatten, war es nicht leicht, den Baum wiederzufinden, auf dem sie sich versteckt hatten, aber nach geduldigen Bemühungen glückte es ihnen, endlich den Leichnam zu entdecken, den die Tiger bis auf die Knochen abgenagt hatten. Flinte und Munition waren verschwunden, wahrscheinlich von den anderen Piraten fortgeschleppt, aber sie fanden in einem benachbarten Gebüsch einen schweren Stahlsäbel, der von großem Nutzen für sie sein konnte.

»Wir können ihn bei der Herstellung des Bootes gut gebrauchen«, sagte Albani.

»Sind Sie noch immer entschlossen, es zu bauen?«, fragte der Matrose.

»Ja, weil ich den lebhaften Wunsch hege, die südliche Küste der Insel zu besuchen.«

»Sie wollen wohl die Leute ausfindig machen, die das Zündhütchen verloren und das Feuer angezündet haben, das Sie vom Gipfel des Berges aus bemerkt haben?«

»Ja, Enrico.«

»Vorausgesetzt, dass die Piraten sie nicht getötet haben.«

»Sie können nicht bis an die südliche Küste der Insel vorgedrungen sein. Dann hätten sie nicht so schnell herbeieilen können, um uns in der Höhle zu belagern. Kehren wir zurück, mein Freund, der Himmel bewölkt sich, und es wird bald regnen. Mit der guten Jahreszeit ist es jetzt zu Ende.«

Der Venezianer täuschte sich nicht. Am nächsten Morgen begann ein heftiger Regenfall, der kaum einmal unterbrochen wurde.

Von Sonnenauf- bis Sonnenuntergang und auch einen Teil der Nacht hindurch folgte ein Wolkenbruch dem anderen, begleitet von blendenden Blitzen und so furchtbaren Donnerschlägen, dass es schien, als würde die ganze Insel untergehen.

Heftige Winde tosten und ließen das Meer in hohen Wellen an das Ufer schlagen; dies führte, vor allem während der Nacht, zu plötzlichen Temperaturabfällen.

Ströme und Teiche bildeten sich auf allen Seiten der Insel und flossen dann dem Meer zu, aber die Feuchtigkeit fügte den Wäldern keinen Schaden zu, sondern begünstigte noch dessen Entwicklung. Auch das kleine Feld profitierte davon sehr, denn die Süßkartoffeln, Zwiebeln und dicken Wurzelknollen wuchsen beinahe sichtlich.

Unsere Robinsons konnten jedoch die schwebende Hütte nicht mehr verlassen, aber sie blieben trotzdem nicht untätig, denn sie fanden immer eine Arbeit, mit der sie ihre Zeit ausfüllen konnten.

Sie hatten einen kleinen Ofen aus Tonerde hergerichtet und im Inneren ihres Häuschens aufgestellt und saßen nun am Feuer, eifrig damit beschäftigt, ihre Kleidungsstücke auszubessern, die schon recht zerrissen waren, oder sie nähten sich neue Jacken aus den Segeln, die sie noch besaßen. Außerdem gab Herr Albani seinen beiden Gefährten Schreibunterricht, und sie machten außerordentliche Fortschritte, obgleich sie sich zuerst sehr widerwillig gezeigt hatten, da sie bisher noch nie eine Feder zwischen den Fingern gehalten hatten.

Es wird seltsam erscheinen, dass sie sogar mit Tinte, Papier und Federn versehen waren, aber Herrn Albani war es nicht schwer geworden, ihnen auch dies auf der wüsten Insel zu verschaffen.

Der Wald, wieder der Wald, hatte ihnen dies alles geliefert.

Um Papier zu erlangen, hatte man die Gluga *(Broussonetica papyrifera)*[1] in Anspruch genommen, die von den Javanern und Malaien Daluwang[2] genannt wird, weil sie das unter demselben Namen bekannte Papier daraus gewinnen.

Um es zu bekommen, hatte Herr Albani einige ausgewachsene Pflanzen gesucht, die Rinde abgeschält und sie eingeweicht, nachdem er sie in kleine viereckige Stücke geschnitten. Nach einigen Tagen hatte er sie wieder herausgenommen, mit einer Art Holzspachtel geschlagen und dann zu größeren oder kleineren Bogen zusammengefügt, die getrocknet schon bald die gewünschte Dichtigkeit erhielten.

Er hätte sie dann in Reiswasser tauchen müssen, um sie zu glätten, aber da er keines hatte, begnügte er sich damit, sie in eine Auflösung von Sagomehl zu legen, was denselben Erfolg erzielte.

Durch dieses einfache Verfahren, das alle malaiischen Völker seit Jahrhunderten anwenden, hatte er etwa hundert Bogen ziemlich guten Papiers erlangt, auf denen die beiden Seeleute das Schreiben üben.

Die Federn lieferte ihnen die *Arenga saccharifera.* Diese kostbare Pflanze verschaffte ihnen nicht nur den süßen Likör Toddi sowie den berauschenden Tuwah, sondern auch die Gomutifasern, aus welchen feste Stricke gedreht werden, die nicht vermodern, selbst dann nicht, wenn sie sich sehr lange im Wasser befinden, und eine Art Baumwolle, die als Zunder gebraucht wird, aber auch gesponnen werden kann. Sie liefert den Malaien und Javanern auch die Schreibfedern. Man wählt die dicksten Fasern aus, die zwischen den Blättern stehen, und wendet sie zum Schreiben an, aber mehr als Pinsel wie als Feder.

---

1 Eigentlich »kertas daluwang«, was so viel wie »Rindenpapier« bedeutet, da es aus gestampfter Rinde des sog. Papierbaums hergestellt wird.

2 Papiermaulbeerbaum (*Broussonetia papyrifera*), alternative Namen: Papiermaulbeere oder Japanischer Papierbaum.

Da sie nichts Besseres fanden und weder Gänse noch Enten besaßen, mussten sich die beiden Matrosen darin fügen und waren deshalb nicht unzufrieden, da ihre Kritzeleien trotzdem lesbar waren.

Schwerer war es, sich Tinte zu verschaffen, aber nach langem Umhersuchen wurde auch diese Schwierigkeit erfolgreich überwunden; und auch diesmal war es der Wald, der sie ihnen lieferte.

Herr Albani hatte bei seinen Ausflügen mehrere Bäume entdeckt, die unter dem Namen *Eucalyptus microcorys* oder Talgbäume[1] bekannt sind, so genannt, weil sie nach dem Fällen eine gewisse Fettigkeit bewahren.

Erst hatte er keinen großen Wert darauf gelegt, obgleich ihm nicht unbekannt war, dass man aus diesen Pflanzen ein gutes Öl gewinnt, welches gerne von Malern gebraucht wird; aber später fiel ihm ein, dass aus den Splittern der Baumstämme nach längerem Einweichen auch eine gute Tinte gemacht werden kann, und er beschloss, es zu versuchen.

Er legte einige zerschnittene Stückchen mit einem Stück Eisen zusammen in ein Gefäß voll Wasser und erhielt nach drei Tagen eine sehr gute schwarze Tinte, die auf dem Glugapapier leicht floss.

Wie man sieht, konnten die Schiffbrüchigen dank ihrer unermüdlichen Tätigkeit ruhig das Ende der Regenzeit abwarten, ohne sich zu langweilen oder Sorgen machen zu müssen.

Nach fünfzehn Tagen hörte jedoch das schlimmste Unwetter auf. Es regnete zwar immer noch sehr stark, aber mit Unterbrechungen und meist nur morgens und abends, weil die Südwinde in diesen Stunden große Wolkenmassen über der Insel zusammentrieben.

Die Robinsons entschlossen sich, diese Ruhepausen zu benutzen, um ihr großes Vorhaben auszuführen und sich ein Boot zu bauen. Sie hatten das im Wald gefundene Zündhütchen nicht vergessen, ebenso wenig wie den vom Berg aus bemerkten Rauch, und brannten vor Begierde, die geheimnisvollen Bewohner ihrer Insel kennenzulernen, die an der südlichen Küste lebten.

Ein Boot war dazu nötig, denn sie wagten es nicht, die ganzen Wälder zu durchqueren, die sie von jenen fernen Ufern trennten, erstens, weil sie wussten, dass sie von zahlreichen Tigern bewohnt waren, und dann, weil sie im Fall der Gefahr kaum schnell zu ihrer Hütte zurückkehren konnten, um ihre unter vielen Mühen gesammelten

[1] Der *Eucalyptus microcorys* gehört zur Familie der Myrtengewächse (*Myrtaceae*) und kommt eigentlich nur in Australien vor.

Schätze zu verteidigen oder demjenigen zu Hilfe zu eilen, der als Wache zurückbleiben musste.

Mit einem Segelboot ließ sich die Rückkehr leichter und rascher bewerkstelligen.

Es war nur sehr schwierig, ein solches zu bauen. An Bäumen fehlte es ja nicht, aber an dem nötigen Handwerkszeug, da sie nur das Beil, den Säbel des Piraten, den Kris der Mumie und einige Stecheisen besaßen, die sie aus den Eisenteilen der Segelstangen verfertigt hatten. Wenn sie einen Stamm mit diesen Werkzeugen allein hätten aushöhlen sollen, dann würden sie mehrere Monate dazu gebraucht haben, umso mehr als das Beil schon äußerst abgenutzt war und mindestens zwanzigmal hätte geschliffen werden müssen.

»Wenn wir es mit Feuer versuchten?«, sagte der Matrose. »Ich weiß, dass die Inselbewohner des großen Ozeans es nie anders machen, mein Herr.«

»Auf diese Idee bin ich noch nicht gekommen«, sagte der Venezianer. »Mit Feuer könnte es wohl gehen, aber wir müssen erst den richtigen Baum finden.«

»Ich weiß, wo sich ein Durio von ganz riesigem Umfang befindet, Herr Albani«, sagte der Schiffsjunge.

»Wenn er nur nicht zu weit vom Strand entfernt ist.«

»Es sind nur wenige Schritte; von der Plattform aus kann man ihn sehen.«

»Dann wollen wir mal schauen.«

Sie verließen die Hütte, und der Schiffsjunge führte seine Gefährten zu einem kolossalen Baum, der sich dicht bei einer kleinen Bucht erhob, in der Nähe der Höhle, die ihnen in der Nacht während ihrer Landung als erster Zufluchtsort gedient hatte.

Dieser Durio war über vierzig Meter hoch und hatte einen Durchmesser von zweieinhalb Metern. Wenn er so gefällt wurde, dass er nach dem Ufer zu fiel, dann konnte später das Boot leicht von Stapel laufen.

»Nutzen wir die kurze Zeit aus«, sagte der Venezianer. »Morgen früh kann der Baum am Boden liegen.«

Sie nahmen das Beil und begaben sich zu der kleinen Bucht, deren Ufer sanft nach dem Meer zu abfiel wie eine kleine Werft.

Der Durio erhob sich gerade auf dem Rand des Ufers und musste, wenn man ihn am Fuß fällte oder abbrannte, sich notwendigerweise nach dem Meer zu neigen.

»Das wird uns viel Mühe ersparen«, sagte der Venezianer, nachdem er das Terrain geprüft hatte. »Auf diese Weise ist das Boot leicht ins Wasser zu bringen. Vorwärts, meine Freunde, lasst uns einige junge Bäume herunterschlagen, damit wir den Stamm des Durio bewegen können, wenn die Zeit für den Stapellauf gekommen ist.«

Nicht weit vom Strand entfernt standen mehrere Gruppen von Mangostanen, Bäume, die einen ganz glatten und perfekten runden Stamm hatten.

Sie schlugen vier davon nieder und legten die Baumstämme dann in einer Entfernung von je vier Metern am Strand nieder, woraufhin sie dann mit großer Kraft den Stamm des Riesenbaums in Angriff nahmen.

Es war eine harte und sehr lange Arbeit; aber da sie keine Säge besaßen, blieb ihnen keine andere Wahl. Wenn der Stamm nicht zu feucht gewesen wäre, hätten sie versucht, ein Feuer anzuzünden, um ihn über der Wurzel abzubrennen, aber die Rinde des Kolosses brannte nicht.

So arbeiteten sie den ganzen Tag lang mit dem Beil, wobei sie sich alle halbe Stunde ablösten, aber es wurde dunkel, bevor sie den halben Stamm des Durio durchschnitten hatten.

Nachdem sie jedoch die Rinde rundherum entfernt hatten, häuften sie eine Masse trockener Zweige auf und zündeten sie in der Hoffnung an, dass ein Teil der inneren Fasern verkohlen und ihre Arbeit für den nächsten Tag erleichtern würde.

Sie wurden auch nicht enttäuscht, denn beim ersten Morgenlicht fanden sie den unteren Teil des Stammes tatsächlich weitgehend verkohlt vor. Mit ein paar kräftigen Schlägen des Beils konnten sie ihn nun niederlegen.

Da ihnen viel daran lag, dass er nach der Seite des Meeres zu, und zwar genau auf die Mangostanenstämme, fallen sollte, hatten sie Hinkepfot auf den Koloss klettern lassen, um Rotangranken daran festzubinden.

Während dann der Schiffsjunge die letzten Beilhiebe führte, stellten sich der Venezianer und der Matrose auf die beiden Ufer der kleinen Bucht und rissen mit aller Kraft an den festen Pflanzenstricken, wobei ihnen auch der Mias mit seiner ungewöhnlichen Stärke half.

Um zehn Uhr vormittags fiel der riesige Baum nach kurzem Schwanken mit großem Getöse zu Boden und stürzte auf die Mangostanenstämme. Seine gewaltigen Zweige tauchten in das Wasser der Bucht und brachten eine förmliche Flut hervor.

»Hurra! … Hurra!«, … schrien die beiden Seeleute freudestrahlend.

»Die Hauptsache ist getan«, sagte Albani, der nicht minder froh war als seine Gefährten. »In fünfzehn Tagen werden wir endlich auch ein Boot haben.«

Da der Stamm vierzig Meter lang war, beschlossen sie, einen großen Teil davon abzubrennen, denn zehn Meter genügten zum Bau ihres Boots.

Dem Schiffsjungen wurde diese Arbeit aufgetragen, die nur darin bestand, Holz zu sammeln und dafür zu sorgen, dass das Feuer nicht ausging. Der Matrose und der Venezianer beschäftigten sich mit der Herstellung des Schiffskörpers.

Da jedoch die Regenzeit anhielt, mussten sie zunächst eine Bedachung errichten, um unter deren Schutz arbeiten zu können. Es war wieder der Bambus, der ihnen das nötige Material lieferte und der so einfach zu verarbeiten war.

Drei Tage darauf konnten der Venezianer und seine Gefährten mit der Arbeit beginnen.

Während der Schiffsjunge ein höllisches Feuer um den Stamm brennend erhielt, sodass langsam der überflüssige Teil desselben verkohlte, handhabten der Venezianer und der Matrose das Beil und den schweren Piratensäbel, um den oberen Teil des Kolosses eben zu machen.

Als sie dies erreicht hatten, griffen auch sie zum Feuer, indem sie große Mengen glühender Kohlen aufhäuften, die nach und nach die inneren Fasern des Duriobaums zerstörten, die dann sorgfältig abgetragen wurden.

Zwölf Tage waren nötig, um den Stamm auszuhöhlen, drei weitere, um den Bug, und ebenso viele, um das Hinterteil herzustellen.

Am 28. November[1] setzten sie die Bänke und den Mastbaum hinein, am 29. wurde das Steuer angebracht, und am 30. um zehn Uhr früh wurde das Boot unter lauten Hurrarufen der beiden Seeleute vom Stapel gelassen.

Das Fahrzeug war neun Meter lang und trug eine Schiffslast von

[1] Im Original steht »Oktober«. Da dies jedoch der inneren Chronologie widerspricht und den Zeitablauf ad absurdum führt, wurde der Monat »Oktober« in den »November« abgeändert. Das wurde auch bei allen folgenden Datumsangaben berücksichtigt.

sechs Tonnen. Es war etwas schwer, schwamm aber vorzüglich und musste sehr gut segeln.

»Geben wir ihm einen Namen, mein Herr«, sagte der Matrose, bevor er das Segel aufspannte.

»Wir wollen ihm einen Namen geben, der an die ferne Heimat erinnert«, sagte der Venezianer.

Er nahm seinen Hut aus Rotangfasern ab und rief mit bewegter Stimme:

»Lang lebe unsere *Roma*[1]! …«

»Lang lebe die *Roma*! … Hurra! … Hurra! … Hurra! …«, schrien die Seeleute, die Häupter entblößend.

»Das Segel hoch«, sagte Albani. »An die Stricke, kleiner Tonno.«

Die Segelstange wurde am Mast emporgehisst und hielt das Segel hoch, das sich unter der frischen Nordostbrise aufblähte.

Der Matrose band das Seil fest, und der Schiffsjunge drehte das Segel nach der Windrichtung.

Die *Roma* streifte den Strand an der Steuerbordseite, überwand die kleine Klippe, die sie von der Seehöhle trennte, und glitt dann – anmutig zur Backbordseite geneigt – in die Wellen hinein.

Wie ein Seevogel tanzte sie auf dem Wasser dahin, die schäumenden Wogen durchschneidend. Sie schien ihre Schwerfälligkeit verloren zu haben und führte ohne Schwierigkeit die plötzlichen Drehungen aus, die der Matrose und der Schiffsjunge sie machen ließen.

Nachdem sie ein wenig ins offene Meer hinausgesegelt waren, steuerten die Robinsons nach Osten zu, weil sie den Teil des Strandes kennenlernen wollten, der sich an ihre Höhle anschloss und den sie wegen der steilen Felsen, die ihn umgaben, noch nicht hatten beobachten können.

Da der Wind auch für die Rückkehr günstig war, richteten sie das Bugspriet nach Südost und hielten sich nahe an der Küste.

Zahlreiche Klippen umgaben die Insel von dieser Seite, die vom ewigen Anprall der Wogen vielfach ausgehöhlt waren. Oft sahen sie große Meereshöhlen, in denen sich die Wellen mit ohrenbetäubendem Getöse brachen; von Zeit zu Zeit tauchten auch mit Saugnäpfen bewaffnete Tentakel auf.

In diesen dunklen Höhlen schienen viele Polypen und Cephalopoden zu hausen, jedoch nicht von der erschreckenden Größe wie der,

[1] Italienischer Name für die Hauptstadt Rom.

welcher die Schiffbrüchigen bei ihrer Landung auf der Insel angegriffen hatte.

Man sah auch zahlreiche Fische in dem ruhigen, durchsichtigen Wasser der kleinen Meerbusen schwimmen.

Der aufmerksam beobachtende Venezianer sah, wie der Schiffsjunge rasch den mit dem Messer bewaffneten Arm eintauchte, um eine Art von Rochen zu erlegen, einen sehr flachen, kreisrunden Fisch mit breiten Flossen und flachem Schwanz, der am Heck vorüberschwamm, und hielt ihn mit lautem Zuruf davon zurück.

»Unvorsichtiger!«

Der Schiffsjunge blickte ihn verwundert an.

»Es war ein schöner Fisch, der uns eine gute Mahlzeit geliefert hätte, mein Herr«, sagte er.

»Dich aber betäubt haben würde«, antwortete Albani. »Die elektrischen Entladungen dieser Fische sind nichts weniger als angenehm.«

»Aber was war es eigentlich? ...«

»Ein Zitterrochen[1].«

»Bleib weg von ihm«, rief Enrico. »Ich kenne diese verteufelten Fische.«

»Ich habe sie noch nie gesehen«, sagte der Schiffsjunge.

»Ich sage dir, dass sie förmlich eine elektrische Batterie in sich haben, nicht wahr, Herr Albani?«

»Ja, Enrico, eine Batterie, welche die Glieder lähmt und den Getroffenen vor Schmerzen zum Schreien bringt.«

»Aber ich hatte gar nicht die Absicht, den Fisch mit meinen zu Händen greifen, sondern wollte ihn mit dem Messer treffen.«

»Du würdest doch denselben Schock bekommen haben, mein Junge. Diese Fische besitzen eine so blitzartige Kraft, dass sie sich sogar auf die Netze überträgt, welche die Fischer in der Hand halten.

Ich sah einmal einige Fischer hinfallen, die ihre Füße auf Sand gesetzt hatten, unter dem sich Zitterrochen verborgen hatten.«

»Aber haben sie denn eine elektrische Batterie in ihrem Körper?«, fragte der Matrose.

»So etwas Ähnliches, Enrico. Ihr Gerät besteht aus verschiedenen kleinen Scheiben aus einer besonderen, halbtransparenten Substanz, die in senkrechten Stapeln angeordnet und in einander überlappenden Kammern eingeschlossen sind. Deren membranöse Abteilungen ent-

[1] Die Familie der Zitterrochen (*Torpedinidae*) umfasst mehr als 20 Arten.

halten eine große Anzahl von Gefäßen und Nervendrähten, welche an der Oberfläche der Scheiben enden.«

»Wenn diese Fische derart bewaffnet sind, werden sie sich gewiss nicht von ihren Feinden fressen lassen.«

»Nein, denn sie können sie aus einer bestimmten Entfernung mit einem Stromschlag betäuben. Doch nach der ersten Entladung verlieren sie einen Großteil ihrer Verteidigungskraft und …«

»Was ist los? …«

»Aber seht einmal dort unten bei der Klippe«, sagte Albani, der plötzlich aufgestanden war. »Was ist das für ein Gegenstand, mit dem die Wellen spielen?«

»Ja«, meinten die beiden Matrosen. »Es scheint ein Wrack zu sein«

»Steuere darauf zu, kleiner Tonno«, sagte der Venezianer.

Das Boot entfernte sich vom Strand und trieb auf eine schwärzliche Masse zu, welche gegen eine Reihe kleiner Klippen an der Wasseroberfläche stieß.

Nach wenigen Minuten war diese erreicht. Es war ein Wrack, ein Stück vom Hinterteil eines kleinen Schiffes, auf dessen schwarzgemaltem Grund sich weiße Buchstaben abhoben, die das Salzwasser inzwischen angegriffen und unlesbar gemacht hatte.

»Tausend Erdbeben!«, rief der Matrose. »Entweder irre ich mich sehr oder aber dies ist das Heck vom *Tia-kau-ting* der Piraten.«

»Ich glaube es auch«, sagte Albani. »Ich erinnere mich, auf seinem Achterteil Buchstaben und weiße Verzierungen gesehen zu haben.«

»Gott hat diese Kanaillen bestraft, mein Herr. Das Meer hat alle verschlungen.«

»Ich hatte es vorausgesehen. Es war unmöglich, dass ein so kleines Schiff einem so furchtbaren Unwetter standhalten konnte. Jetzt können wir wenigstens unsere Fahrt um die Insel ruhig ausführen, ohne ihre plötzliche Rückkehr befürchten zu müssen.«

Da sich die Sonne zum Untergang neigte und sie befürchteten, dass der Wind seine Richtung ändern würde, legten sie das Segel um und kehrten eine Stunde darauf in die kleine Bucht zurück.

»Seid ihr zufrieden, meine Freunde?«, fragte der Venezianer, ans Land steigend.

»So zufrieden, mein Herr, dass ich diese Insel nie mehr verlassen werde«, sagte der Matrose.

»Und ich ebenso wenig«, sagte der kleine Tonno. »Ich werde für immer hierbleiben, selbst dann, wenn zehn Schiffe kommen sollten, um mich von hier fortzuholen. Was fehlt uns denn hier? … Wir sind ohne einen Bissen Brot gelandet und sind jetzt glücklicher als ein König. Was kann man sich noch mehr wünschen?«

»Es ist wahr, mein Herr; und alles verdanken wir Ihrer Tatkraft und Ihrem Wissen«, fügte Enrico hinzu. »Danke, Herr Albani; wir verdanken Ihnen unser Leben.«

»Umarmt mich, meine Freunde«, sagte der Venezianer bewegt. »Ich bin glücklich, euch zufriedengestellt zu haben!«

## 27. Die Brandstifter der *Liguria*

Zwanzig Tage nach dem Stapellauf des Boots, als die Regenzeit ihr Ende erreicht hatte, begannen sie ihre Vorbereitungen zur Abfahrt, da sie entschlossen waren, die südlichen Ufer der Insel zu durchforschen, um die geheimnisvollen Menschen kennenzulernen, die einen Teil ihres Besitztums bewohnten.

Da sie weder die in den Gehegen befindlichen Tiere und Vögel noch das Feld, das von den Affen geplündert werden konnte, nicht sich selbst überlassen wollten, hatten sie beschlossen, dass der Schiffsjunge zu ihrer Bewachung in der Hütte zurückbleiben sollte. Schließlich hatte der Junge bereitwillig akzeptiert, zusammen mit Hinkepfot und den beiden Affen an Land zurückzubleiben. Sie hatten ihn gebeten, die unter so vielen Mühen erworbenen reichlichen Schätze zu bewahren.

Am Morgen des 16. Dezember bestiegen der Venezianer und der Matrose das Boot, das sie mit Vorräten für eine Woche versehen hatten, nachdem sie den kleinen Tonno zum Abschied umarmt hatten.

»Wir überlassen dir unsere Hütte und unsere Tiere«, sagte Albani zu dem Knaben. »Wenn der Wind uns günstig ist, rechne ich darauf, dass wir in vier Tagen wieder zurück sein können.«

»Haben Sie keine Angst, mein Herr«, antwortete der Schiffsjunge. »Ich werde die Tiere und das Feld besorgen. Glückliche Reise, mein Herr.«

Das Boot stach in See, und nachdem es die kleine Halbinsel passiert hatte, welche die Bucht nach Westen abschloss, segelte es an der Küste entlang. Der Schiffsjunge, mit Hinkepfot an der Seite, grüßte sie von der Höhe eines Felsens herab durch fröhliches Schwenken seines Rotanghuts.

Es war ein herrlicher Morgen, der Himmel klar und tiefblau, und die Sonne stieg in ihrem vollen Glanz schnell am Horizont empor.

Das Meer war sehr ruhig und kräuselte sich kaum unter dem leichten Hauch des Ostwinds. Nur am Strand brachen sich die Wellen der Brandung, sprangen, hüpften und fielen wie ein Regen aus goldenen Funken auseinander.

Das Boot schoss mit vollem Segel rasch dahin. Es hielt sich etwa vierhundert Meter von der Küste entfernt und hinterließ am Heck einen idealen weißen Streifen.

Der Matrose kaute glücklich seinen Sirih und lenkte die Segelleinen, während Herr Albani am Steuer saß.

Die Küsten der Insel flogen rasch vorüber, aber die beiden Robinsons konnten sie in aller Ruhe betrachten, da sie ihr Boot ziemlich nahe am Ufer hielten. Herr Albani, der sich mit Papier und Feder versehen hatte, zeichnete die Hauptpunkte auf, die kleinen Buchten und Felsenriffe, denen er allen einen Namen gab.

Er hatte schon eine Bucht Aïda Maria und eine andere Prinzessin Helena benannt, die Vorgebirge Savoyen[1] und Piemont, die Landzunge Ischia und die Felsenriffe Venedig, Rialto und Palestrina[2].

Die Küsten blieben fortdauernd hoch und steil, sodass es schwer gewesen wäre zu landen. Auf der Höhe zogen sich dichte Wälder hin, nur selten durch tiefe Einschnitte unterbrochen, die augenscheinlich aus alten Bächen entstanden waren.

Man sah Gruppen von Gewürznelkenbäumen, Betelnusspalmen, Tamarinden[3], wunderschönen Kokospalmen, Mangobäumen und wilden Zedern; riesige Kampferbäume, deren Geruch bis an das Boot drang, kolossale Durios und unendlich viel Bambus.

Zahllose Vögel flatterten am Ufer, auf den Klippen und auf den Bäumen erblickte man Scharen von Papageien in allen Farben; rote Loris mit schwarzer Kehle, weiße und schwarze Kakadus, Terengulonis[4] mit smaragdgrünem Rücken, himmelblauem Schwanz und gol-

[1] Das Haus Savoyen ist eine italienische Herrschaftsdynastie, die von 1861 bis 1946 die Könige Italiens stellte. Sie herrschte unter anderem über die Territorien Savoyen und Piemont. Die Angaben von Personen, Landschaften und Städten bekunden Salgaris Verbundenheit zu König und Vaterland.

[2] Italienische Stadt in der Provinz Rom.

[3] Der Tamarindenbaum (*Tamarindus indica*) wird auch Indische oder Sauerdattel genannt und trägt essbare Hülsenfrüchte. Allerdings ist »Tamarinde« nicht nur die Bezeichnung für die Früchte und den Baum selbst, sondern auch eine Sammelbezeichnung für vielerlei vergleichbare Pflanzen weltweit.

[4] Trotz langwieriger und aufwändiger Recherche war es nicht möglich herauszufinden,

diger Brust; Seeschwalben mit marineblauen, metallisch glänzenden Oberfedern und leuchtend schwarzem unteren Gefieder; strahlende Fasanen, in schwarz, türkis, grün und rot schillernd, und Möwen, die stolz über die Oberfläche des Wassers schwebten.

Gegen Mittag, als sie gerade ein wenig Gebäck verzehrten, entdeckten die beiden Robinsons in einer von steilen Ufern umgebenen Bucht so riesige Bäume, dass beide in laute Rufe der Überraschung ausbrachen.

Sie waren mehr als hundert Meter hoch und so dick, dass acht Männer nicht imstande gewesen wären, sie zu umspannen. Sie ähnelten den Rieseneichen Kaliforniens[1], trugen aber sehr große, rote Blüten, die einen so scharfen Duft aushauchten, dass er sich mehrere hundert Meter weit auf dem Meer verbreitete.

»Was sind das für Bäume?«, fragte der Matrose.

»Ich weiß es nicht«, sagte Albani, »aber sie ähneln einigen Bäumen, die man erst kürzlich auf der Insel Formosa[2] entdeckt hat.«

»Diese Kolosse müssen eine tüchtige Reihe von Jahren zählen.«

»Gewiss, Enrico.«

»Sagen Sie einmal, mein Herr, haben die Bäume eigentlich ein langes Leben?«

»Einige zählen Tausende von Jahren.«

»Tausende von Jahren? … Sie wollen sich wohl über mich lustig machen, mein Herr?«

»Durchaus nicht. Man weiß, dass zum Beispiel die Erlen durchschnittlich 360 Jahre leben, der Efeu 450, die Rosskastanien 600, die Oliven 700, die Zedern 830 und die Eichen bis 1500 Jahre alt werden.«

»Blitz und Donner! … Eintausendfünfhundert Jahre! …«

»Oh, aber es gibt Pflanzen, die ein noch längeres Leben haben. Die botanischen Jahrbücher erwähnen Linden von 2000 Jahren, Kastanien und Platanen von 1200 Jahren und auch berühmte Rosenstöcke, die zehn Jahrhunderte überdauert haben. Die ausdauerndsten

welche Art von Vögeln Salgari hier meinte. Es könnte sich unter Umständen um den Grünrücken-Nektarvogel (*Cinnyris jugularis*) handeln oder um irgendeinen Vogel, der einst in Terengganu, einem heutigen Bundesstaat von Malaysia, entdeckt worden ist.

1 Gemeint sind die Riesen- und Küstenmammutbäume der Gattung *Sequoia*, die allerdings zu den Zypressengewächsen (*Cupressaceae*) gehören und nicht zu den Eichen (*Quercus*), die ihrerseits Buchengewächse (*Fagaceae*) sind.

2 Gemeint ist die Insel Niederländisch-Formosa, die heute den Namen Taiwan trägt. Dort wächst die gewaltige Formosa-Scheinzypresse (*Chamaecyparis formosensis*).

Bäume von allen sind jedoch die Baobab[1], riesige Bäume, die in Afrika wachsen, und man hat einige gesehen, denen die Botaniker ein Alter von sechzig Jahrhunderten zusprechen.«

»Sechstausend Jahre! …«

»Ja, Enrico.«

»Und welches sind wohl die langlebigsten Tiere?«

»Die Riesenschildkröten des Himalaja[2].«

»Ich dachte, es wären die Elefanten.«

»Nein, denn Schildkröten können fünf- bis sechshundert Jahre leben.«

»Was für eine schöne Lebensdauer! …«

»Vielleicht nicht so sehr schön, weil diese in ihre Panzer eingeschlossenen Schildkröten ganze Jahre in einer Art von Betäubung verbringen. Gib auf das Segel acht, Enrico; es befinden sich Klippen unter dem Wasser vor uns, und wir müssen sie sorgfältig zu vermeiden suchen.«

In der Tat sah man vor dem Boot her im durchsichtigen tiefen Wasser graue Spitzen aufragen, die seltsame Äste und Zweige bildeten. Einige dieser Klippen waren rund und andere, die sich in größerer Tiefe befanden, glichen von Ästen gehaltenen Baumstämmen, welche sich in verschiedene Richtungen verlängerten.

»Es sind Korallenriffe«, sagte Albani, der sie mit großer Neugier betrachtete. »Sie sind in voller Arbeit befindlich, und in wenigen Jahren werden die Zweige bis an die Oberfläche des Wassers reichen.«

»Aber sind Korallen denn lebendig?«, fragte der Matrose erstaunt.

»Sehr lebendig, Enrico; betrachte nur die äußeren Glieder dieser Zweige: Was siehst du? …«

»Aber … ich weiß nicht recht, es sieht wie kleine Blümchen aus.«

»Es sind Gruppen von Korallenpolypen.«

»Aber wie machen es diese Mollusken, die, wie ich höre, ganz klein und gallertartig sind, um diese Riffe herzustellen, die wie von Granit erscheinen?«

»Das ist leicht zu erklären. Es setzt sich eines Tages in einer Tiefe von vierzig bis fünfzig Metern ein Korallenpolyp fest. Er ernährt sich,

[1] Afrikanischer Affenbrotbaum (*Adansonia digitata*).

[2] Es gibt keine Riesenschildkröten im Himalaja-Gebirge. Gemeint ist vermutlich entweder die Aldabra-Riesenschildkröte (*Aldabrachelys gigantea*), die heute noch auf der zu den Seychellen gehörenden Insel Aldabra im Indischen Ozean zu finden ist, oder eine ausgestorbene Art wie z. B die Atlasschildkröte (*Megalochelys sivalensis*), die dereinst auch in Indien lebte.

wächst, breitet Zweige aus wie eine Pflanze und bringt Eier hervor, die sich nach einer gewissen Zeit in kurzer Entfernung festsetzen. Andere Polypen entstehen daraus, die ebenfalls wachsen und Zweige ausbreiten. Diese kleine Kolonie vergrößert sich nach und nach, verbindet sich untereinander und bildet zuerst den sogenannten Korallenstock, den die Einheimischen gerne als Korallengebäck bezeichnen. Auf der Korallenbank wachsen dann wieder Tausende von anderen Knospen, Tausende von anderen Zweigen sprießen, die sich darauf erheben und fest werden, sich verbreitern und fortfahren, sich untereinander zu verschlingen, bis sie an die Meeresoberfläche gelangen. Erst dann hört der Bau auf, weil die Polypen das Sonnenlicht fliehen, aber wenn er sich auch nicht weiter erhebt, so verbreitert er sich doch nach den Seiten. Die Korallen werden häufig von den Wellen zerbrochen, aber dieser Schaden wird bald wieder ausgebessert; dabei werden die Korallenreste verfestigt und erhöhen die Bank immer weiter. So entsteht ein Riff, das mit der Zeit durch die fortgesetzte Arbeit der Polypen zu einer Insel werden kann.«

»Ist die Koralle, die als Basis für die durch die Polypen gebildeten Inseln dient, denjenigen ähnlich, die wir an den Küsten von Sizilien, Sardinien und Algerien fischen?«

»Nein, Enrico, die Edelkoralle mit der schönen rosa oder roten Farbe findet man nur in unserem Mittelmeerraum. Unsere Polypen gehören zu einer etwas anderen Gattung, und die Pflanzen[1] sind mit einer Art Häutchen mit Blumen umgeben, aus denen die kleinen Polypen herauskommen.«

»Aber woher kommen die schönen roten Farbtöne? ...«

»Man glaubte früher, dass die Färbung von Eisenoxid stamme, aber jetzt weiß man, dass sie einer besonderen Eigentümlichkeit der Polypen verdankt wird.«

»Und Sie glauben, dass unsere Insel von Korallenpolypen hergestellt ist?«

»Nein, Enrico ... aber ... sieh einmal, dort oben! ...«

»Wo?«, fragte der Matrose.

»Auf jenem Felsen.«

Der Matrose blickte nach der angegebenen Richtung und sah zu seinem nicht geringen Erstaunen eine sehr hohe Stange, an der ein weißer Lappen flatterte.

[1] Korallen (*Corallium*) zählen zu den Nesseltieren (*Cnidaria*) und nicht zu den Pflanzen.

»Sollte es ein Signal sein?«, fragte er.

»So scheint es«, antwortete der Venezianer, nach der Luvseite steuernd.

»Aber wer kann es dort aufgerichtet haben?«

»Vielleicht die Leute, welche das Zündhütchen verloren haben.«

»Aber dann müssen es Seeleute sein; Wilde würden nicht dies Notsignal aufgehisst haben.«

»Das glaube ich auch, Enrico.«

»Es scheint etwas Papier unter jener Stange zu liegen.«

»Um genau das festzustellen, steuere ich gerade auf den Felsen zu.«

»Vielleicht erfahren wir, wer jene Leute sind, mein Herr«, sagte der Matrose.

»Wir wollen es hoffen.«

Sie drehten das Boot nach dem Ufer zu. Die Küste bildete an dieser Stelle eine tiefe Bucht, die am äußersten Ende durch einen achtzig bis neunzig Meter hohen Felsen abgeschlossen wurde.

Das ganze hohe Ufer war von Bäumen bedeckt, über denen man große Schwärme von Anhingas flattern sah, Vögel mit so langem Hals, dass sie ihren Namen Schlangenvögel[1] wohl verdienen, und einem kleinen spitzen Kopf mit scharfem, geradem Schnabel.

Diese Vögel sind tüchtige Schwimmer, da sie Schwimmfüße haben, schleppen sich aber auf der Erde nur mühsam fort. Sie sind ziemlich scheu und keinen Schuss Pulver wert, denn ihr Fleisch ist ebenso abscheulich wie das der Kormorane.

Nachdem das Boot auf einer kleinen Sandbank gelandet war, begannen Herr Albani und der Matrose, den Felsen zu erklettern, indem sie sich an den Rotangranken festhielten, die von oben herabhingen, und die Füße in die Felsenritzen setzten.

Nach zehn Minuten befanden sie sich auf dem Gipfel vor dem Baumstamm, an dem der Lappen befestigt war. Ein Haufen Steine, der darunter lag, schien etwas zu verstecken.

»Es scheint ein Schriftstück darunter zu liegen«, sagte der Venezianer.

Er stieß den Haufen mit dem Fuße auseinander, und es kam eine Flasche zum Vorschein, auf der in goldenen Buchstaben geschrieben stand:

---

[1] Schlangenhalsvögel (*Anhingidae, Anhinga*).

Marsala[1] – Palermo.

Die beiden Robinsons sahen sich mit großer Überraschung gegenseitig an.

»Marsala!«, rief Albani aus. »Sollte diese Flasche von einem italienischen Schiff herstammen?«

»Sehen Sie nach, ob sie irgendein Schriftstück enthält, mein Herr«, sagte der Matrose, der von lebhafter Bewegung ergriffen zu sein schien.

Der Venezianer hielt sie in die Höhe, sodass die Sonnenstrahlen hineinfielen, und sah, dass ein Stück Papier darin war.

Er zerbrach das Glas, ergriff und entfaltete das Schriftstück und las die folgenden mit Bleistift geschriebenen Zeilen:

> »Harry Tompson und Marino Novelli erlitten am 6. September 1840 Schiffbruch an der südlichen Spitze der Insel.«

Die beiden Robinsons schrien laut auf, der eine vor Staunen, der andere vor Wut.

»Die Malteser! …«, hatte der Venezianer ausgerufen.

»Die Verräter! …«, hatte der Matrose mit einem unbeschreiblichen Ausdruck von Hass geschrien. »Ich werde sie töten!«

## 28. Eine traurige Entdeckung

Was für Schicksale mochten wohl veranlasst haben, dass die beiden Malteser, die sich wenige Minuten vor Ausbruch der Katastrophe an Bord der *Liguria* mit einem Boot geflüchtet hatten, hierher zurückgekehrt waren, während sie nach den südlichen Küsten Borneos zu steuern schienen? …

Waren sie durch einen Sturm zurückgetrieben worden oder, nachdem sie dreizehn Tage auf dem weiten Sulumeer umhergeirrt, in Ermanglung von Lebensmitteln und Wasser nach dem Norden zurückgekehrt, um auf irgendeiner Insel des Archipels zu landen? …

Wie auch immer: Jetzt wussten die Robinsons, wer die Personen waren, welche die Südküste der Insel bewohnten und sie wussten da-

[1] Likörwein aus der gleichnamigen sizilianischen Hafenstadt.

durch auch, dass diese Menschen, mit denen sie es zu tun hatten, vielleicht noch sehr viel gefährlicher waren.

»Die Verräter! ...«, hatte der Matrose mit heiserer Stimme ausgerufen. »Ich werde sie töten!«

Herr Albani hatte nichts auf diese stolze Drohung erwidert, die den ganzen Hass verriet, den der Matrose gegen die wahrscheinlich absichtlichen Urheber der entsetzlichen Katastrophe hegte. Er hatte nur die Arme auf der Brust gekreuzt und ruhig dem Genuesen in das Antlitz geblickt, das von wildem Zorn ganz verzerrt war.

»Schiffen wir uns ein, mein Herr«, sagte Enrico. »Wir müssen die Opfer der *Liguria* zu rächen suchen.«

Herr Albani rührte sich nicht. In seinem Inneren vollzog sich in diesem Augenblick wahrscheinlich ein heftiger Kampf zwischen dem Wunsch, alles zu vergessen, und dem, dem berechtigten Zorn des rachgierigen Matrosen zu folgen.

»Nein, Enrico«, sagte er auf einmal. »Die Sonne ist im Untergehen begriffen, und wir kennen diese Küsten nicht, welche verborgene Klippen enthalten können zum Schaden unseres Boots.«

»Wir werden uns vom Ufer fern halten, mein Herr.«

»Wir haben aber keine Eile und können auf diesem Felsen übernachten.«

»Ich habe aber Eile, Herr Albani. Wir werden die beiden Elenden im Schlaf überraschen und sie töten.«

»Wir dürfen uns nicht zu ihren Richtern aufwerfen, Enrico.«

»Wollen Sie sie etwa am Leben lassen?«

»Das Unglück wird sie milder gemacht haben.«

»Sie haben das Schiff in die Luft gesprengt, mein Herr.«

»Vielleicht irren wir darin. Wer weiß, ob die Feuersbrunst es nicht veranlasst hat.«

»Ah! ... Nein, ich werde es ihnen nie vergeben!«

»Dann vergebe ich es.«

»Sie? ...«

»Ja, Enrico. Ich werde es nie zulassen, dass die italienischen Robinsons ihre Insel durch ein Verbrechen beflecken. Nein, mein Freund, wir wollen großmütig sein und versuchen, unsere Kräfte mit den ihrigen zum Wohl aller zu vereinigen.«

»Aber ... Herr Albani ...«

»Wenn sie schuldig sind, wird Gott es übernehmen, sie schon bestrafen.«

»Nun, sei es so«, sagte der Matrose, »aber zuerst sollen sie hören, wie meine Stimme ihnen ihre Schändlichkeiten ins Gesicht schleudert.«

»Geh hin und binde das Boot fest, während ich uns eine Unterkunft zurechtmache.«

»Sind Sie entschlossen, auf dieser Klippe zu lagern?«

»Es ist nicht ratsam, sich an dieser Küste, die wir nicht kennen, aufzuhalten. Außerdem könnten sich hier gefährliche Unterwasserklippen verbergen. Beim Morgengrauen werden wir die Segel setzen und gewiss schon mittags die Südküste der Insel berühren.«

Der Matrose, der seine Rachepläne aufgegeben zu haben schien, stieg den Felsen hinab und befestigte das Boot, sodass die Wellen es nicht ins offene Meer treiben konnten, während Herr Albani einige Palmenblätter und Zweige abschnitt, um ein Nachtlager zu bereiten.

Nachdem sie etwas Brot und den am Morgen gebratenen schwarzen Kakadu verzehrt hatten, legten sie ihre Blasrohre neben sich und schlummerten ein, sicher, auf diesem hohen Felsen ungestört zu bleiben.

Die Nacht war ruhig. Sie erwachten mitunter von fernem Tigergebrüll, aber keines dieser gefährlichen Tiere wagte es, den steilen Felsen zu erklettern.

Beim Morgengrauen machten sich beide Robinsons wieder auf den Weg; es wehte eine frische Brise von Nord nach Nordwest.

Das Wetter war herrlich, das Meer ruhig, und nur in der Nähe des Ufers machte sich eine starke Brandung bemerkbar, die vielleicht durch die große Tiefe des Meeres und die steil abfallenden Küsten hervorgebracht wurde.

Die Insel begann, sich hier nach Südost zu biegen, aber ohne Buchten und Vorsprünge. Der große Berg, der dieses im Sulumeer verlorene Fleckchen Erde beherrschte, war schon sehr weit entfernt.

Binnen Kurzem musste das Boot die äußerste südliche Spitze umschiffen, die sich in der Form einer schmalen, niedrigen Landzunge verlängerte, sodass der Matrose, der auf der Sitzbank stand, durch die lichten Stellen des Waldes hindurch die östliche Küste erkennen konnte.

Gegen zehn Uhr deutete Herr Albani auf ein langes Felsenriff und auf eine am Ufer aufgestellte Stange, an deren Spitze ebenfalls ein Lappen wehte.

»Sie müssen dort unten ihre Hütte haben«, sagte der Venezianer. »Dies ist der südlichste Punkt der Insel.«

»Ha! Dort drüben also!«, sagte der Matrose die Stirn runzelnd. »Kanaillen! ... Ich bin neugierig, was für eine Miene sie annehmen werden, wenn sie ihre Opfer erblicken!«

»Die Einsamkeit und der Kampf um die Existenz werden sie milde gemacht haben, Enrico.«

»Ich halte jedoch mein Blasrohr bereit und schwöre Ihnen, Herr Albani, dass ich bei der ersten Beleidigung den schändlichen Verrätern zwei vergiftete Pfeile in den Leib jagen werde.«

Das Boot wurde auf die Signalstange zugesteuert, die sich an der Seite eines dichten Gehölzes riesiger Bäume erhob. Die beiden Schiffbrüchigen ließen ihre Blicke umherschweifen, in der Hoffnung, die beiden Verräter am Strand auftauchen zu sehen, aber vergeblich.

Nur einige Anhingas nisteten ungestört auf den Klippen, wie Vögel, die nichts zu befürchten hatten.

»Wo mögen sie sich hinbegeben haben?«, fragte der Matrose. »Wenn diese sonst so scheuen Vögel hier ruhig bleiben, dann sieht man daraus, dass die Küste unbewohnt ist.«

»Wir werden es bald erfahren«, antwortete der Venezianer, der etwas verstimmt schien.

In wenigen Minuten hatte das Boot die Strecke zurückgelegt und lief in eine kleine Bucht ein, die von einem Korallenriff abgeschlossen wurde.

Sie banden das Boot an einen Felsenvorsprung, bewaffneten sich mit den Blasrohren, da sie nicht wussten, welcher Empfang ihnen bevorstand, und stiegen ans Land. Die ersten Gegenstände, auf die ihre Augen fielen, waren die Bruchstücke eines Boots, ein Stück Achterschiff, ein Stück Kiel und ein Stück Schiffsbeplankung, auf dem noch in roten Buchstaben gemalt war:

Liguria – Genua.

»Dann haben sie wohl auch Schiffbruch erlitten?«, sagte der Venezianer.

»Es wird wohl so sein«, antwortete der Matrose. »Die Wellen haben ihr Boot an diesen Klippen zerschmettert. Gott hat sie bestraft.«

»Aber wo mag ihre Hütte sein?«

»Vielleicht hinter jenem Gehölz.«

Sie stiegen den Strand hinauf und traten vorsichtig und geräuschlos in das Gehölz. Nach wenigen Schritten befanden sie sich vor einer kleinen Hütte mit halb eingestürztem Dach, die aus Baumzweigen erbaut und mit einem Bambuszaun umgeben war.

Rund herum sah man Vogelfedern liegen, halb verkohlte Holzscheite, Stücke von Flaschen und Lumpen. Ein entsetzlicher scharfer Geruch drang aus dem kleinen Gebäude.

»Es ist etwas Verwesendes dort drinnen«, sagte der Matrose stehen bleibend.

»Es riecht nach faulendem Fleisch«, sagte der erbleichende Venezianer. »Die beiden Schiffbrüchigen werden doch nicht gestorben sein?«

»Oder dass sie sich getötet haben? … Es ist Leichengeruch.«

»Gehen wir weiter hinein, Enrico.«

»Lassen Sie uns erst einmal rufen. Ahoi! … Marino! … Harry! …«

Es kam keine Antwort auf den Ruf. Stattdessen kamen verschiedene sonderbare Tierchen heraus, die den Igeln glichen, aber etwas größer waren, mit stachligem Körper, langer, spitzer und sehr kleiner Schnauze, die mit bestimmten hornartigen Lamellen versehen war, und Klauen an den Pfötchen.

»Was für Tiere sind das?«, fragte der Matrose zurückweichend.

»*Echidnei*[1]«, antwortete der Venezianer. »Es sind die merkwürdigsten Tiere, die es gibt, und man weiß nicht, wie sie sich fortpflanzen, da sie mehr den Vögeln als anderen Tierarten entsprechen.«

»Sind sie gefährlich?«

»Nein, denn sie können nicht einmal beißen. Also vorwärts, Enrico.«

Trotz des fürchterlichen Geruchs, der herausdrang, betraten die beiden Robinsons die elende Hütte, blieben aber sofort mit einem halberstickten Schreckensausruf stehen.

Auf einem Haufen welker Blätter lag ein Mann mit grauenhaft verzerrten Zügen, abgemagert wie ein indischer Fakir, die knochige Brust halb entblößt, die Hände krampfhaft geballt, und schon in voller Verwesung begriffen.

In seiner Nähe lagen ein Gewehr, eine Schachtel, in der Pulver gewesen zu sein schien, die Überreste eines Fisches und verschiedene Lumpen.

Ein einziger Blick genügte den beiden Robinsons, um den Mann zu erkennen.

»Harry! …«, riefen sie beide aus.

[1] Ameisenigel (*Tachyglossidae*), auch Schnabeligel oder Echidna genannt, hier vermutlich konkret der Kurzschnabeligel (*Tachyglossus aculeatus*).

»Tot«, sagte der Matrose. »Vielleicht von seinem Gefährten ermordet.«

»Nein«, sagte Albani. »Ich entdecke keine Wunde an ihm.«

»Vielleicht hat ihn eine Krankheit hingerafft?«

Der Venezianer beugte sich, anstatt zu antworten, zu den Überresten des Fisches hinab.

»Gottes Gerechtigkeit hat ihn bestraft«, murmelte er.

Er ergriff das Gewehr, schaute in die Schachtel, um zu sehen, ob sie noch etwas Pulver enthielt, warf sie aber weg, als er sah, dass sie leer war, und verließ dann rasch, gefolgt von dem Matrosen, die verpestete Hütte.

»Wir müssen Marino suchen«, sagte er. »Wenn er auch von diesem Fisch gegessen hat, kann er nicht weit gekommen sein.«

»Was für ein Fisch? … Was ist geschehen, mein Herr?«, fragte Enrico.

»Der unglückliche Harry ist an Gift gestorben.«

»Aber auf welche Weise? …«

»Er hat einen Tetrodone[1] gegessen.«

»Das verstehe ich nicht.«

»Es ist äußerst giftiger Fisch. Wahrscheinlich haben beide Schiffbrüchige, nachdem ihre Munition zur Neige gegangen war, große Not gelitten, wie aus der erschreckenden Magerkeit Harrys hervorgeht, und schließlich diese Tetrodoni gefangen, mit denen sie sich selbst vergiftet haben.«

»Sind denn diese Fische so gefährlich?«

»Ja, Enrico. Es gibt in diesen Meeren, wie auch in den australischen und im Stillen Ozean einige Fische, die man nicht ungefährdet essen kann. Quirós[2] und Cook[3], die beiden großen Seefahrer, sind beinahe durch den Genuss von Fischen gestorben, die diesen glichen, und die Inselbewohner dieser Regionen wissen, dass die Tetrodoni sehr giftig sind.«

»Aber wo mag Marino sein? …«

»Entweder ist er entflohen, als er seinen Kameraden sterben sah, oder er ist im Wald niedergefallen.«

»Lassen wir ihn von den Tigern verspeisen und kehren wir nach unserer Hütte zurück. Ich bin besorgt um den kleinen Tonno.«

---

1 Eine Art von Kugelfisch (*Tetraodontidae*).

2 Pedro Fernández de Quirós (1565 bis 1614) war ein portugiesischer Seefahrer und Entdecker.

3 James Cook (1728 bis 1779) war ein englischer Seefahrer und Entdecker.

»Nein, Enrico, wir müssen uns erst überzeugen, was aus Marino geworden ist.«

»Aber vielleicht haben die Tiger seinen Leichnam verzehrt.«

»Dann ist sein Gewehr übrig geblieben.«

»Glauben Sie, dass diese Schurken ihre ganze Munition aufgebraucht haben?«

»Da bin ich mir sicher. Sie werden bei ihrer Flucht nicht viel mitgenommen haben.«

»Und der Hunger wird sie bald gepeinigt haben, während wir, ohne Waffen und sonstige Hilfsmittel gelandet, im Überfluss schwelgen, alles durch Ihren Verdienst, denn ohne Sie hätten der kleine Tonno und ich uns bald in derselben Lage befunden wie die beiden Malteser. Da es aber so viele Fruchtbäume auf dieser Insel gibt, hätte es beiden nicht schwer werden müssen, sich Mangofrüchte, Durios, Kokosnüsse und so weiter zu verschaffen.«

»Glaubst du denn, dass Früchte allein genügen, Enrico? … Für einige Tage wohl, aber dann lassen die Kräfte nach, wenn man nicht mehlhaltige Speisen oder Fleisch genießt. Wer weiß, wie unvernünftig viel Obst die Unglücklichen gegessen haben, um den unersättlichen Hunger, der sie quälte, zu täuschen! Aber du hast ja gesehen, in welchem Zustand wir den unglücklichen Harry gefunden haben … Ha! … Was gibt es da?«

Er hatte sich gebückt und eine Schachtel aufgenommen, die halb versteckt unter dem welken Laub lag.

»Eine leere Zündhütchenschachtel«, sagte er. »Dies ist ein Beweis, dass ihre Munition zu Ende ist.«

»Still, mein Herr!«

»Was hast du?«

»Sehen Sie einmal! …«

»Wo? …«

»Dort oben, auf der Anhöhe! … Er ist es! …«

## 29. Der Malteser

Sie waren gerade aus dem Gehölz herausgetreten, das die kleine Halbinsel, die äußerste Grenze der südlichen Küste, bedeckte.

Der Boden stieg allmählich an und bildete einen kleinen Hügel mit Gruppen von Betelnusspalmen, wilden Bananen, Gebüsch und

Rotang, das riesigen Schlangen gleich an den Abhängen herunterhing.

Ein Mann stieg mühsam die Anhöhe empor, schwer auf einen Stock gestützt. Er mochte dreißig Jahre zählen und war von hohem Wuchs, aber so mager, dass seine Kleidungsstücke um die skelettartigen Glieder schlotterten.

Sein ungepflegtes, rabenschwarzes Haupt- und Barthaar verlieh ihm einen wenig vertrauenerweckenden, wilden Anstrich.

»Es ist Marino!«, wiederholte der Matrose.

»Und in welchem Zustand! …«, rief Albani mit bewegter Stimme aus. »Wenn wir gezögert hätten, ihn aufzusuchen, dann würden wir nur einen Leichnam gefunden haben.«

»Heda, Marino!«, rief der Matrose, der seine Rachegelüste ganz vergessen zu haben schien.

Als der Malteser sich beim Namen rufen hörte, blieb er wie angewurzelt stehen, schaute sich verwirrt um und machte dann eine äußerste Anstrengung, seine Schritte zu beschleunigen, so als ob er entfliehen wollte.

»Bleib stehen, Unglücklicher!«, rief der Venezianer. »Wir wollen dir nichts Böses tun!«

Der Schiffbrüchige schien ihn jedoch nicht zu hören. Er klammerte sich an Gebüsch, Wurzelwerk und Steinen an und fuhr fort, nach der Höhe des Hügels zu entfliehen.

Seine Kräfte mussten aber erschöpft sein, denn er schwankte bei jedem Schritt, und es sah aus, als müsste er jeden Moment hinfallen, um nicht wieder aufzustehen.

Die beiden Robinsons folgten ihm, rasch die Felsen erkletternd, und machten ihm Zeichen, stehen zu bleiben, aber ohne etwas zu erreichen. Eine unüberwindliche Furcht schien den Malteser gepackt zu haben, seitdem er seine Verfolger erkannt hatte.

Plötzlich jedoch, nach der Überwindung eines Felsens, verließen ihn seine Kräfte vollständig, und er fiel inmitten eines Gebüsches nieder, unfähig, sich wieder aufzurichten.

Albani und der Matrose waren in wenigen Schritten an seiner Seite.

»Unglücklicher, wohin wolltest du fliehen?«, fragte ihn der Erstere.

Der Malteser schlug seine halb erloschenen Augen auf und sagte mit heiserer Stimme:

»Die Rächer! … Umso besser, dann ist alles zu Ende!«

»Nein, keine Rächer«, sagte Albani. »Es kommt uns nicht zu, die Opfer der von euch in Brand gesetzten *Liguria* zu rächen.«

Als er diese Worte hörte, zuckte es wie ein Blitz in den Augen des Maltesers auf.

»Verbrannt! …«, rief er aus. »Von wem verbrannt?«

Dann warf er einen beinahe tierischen Blick auf ihre gut gefüllt erscheinenden Taschen und murmelte mit halb erstickter Stimme:

»Ich sterbe vor Hunger!«

Dem Matrosen drehte sich das Herz um bei diesem Flehen. Er nahm eine Handvoll Brot und reichte sie ihm, indem er mit mühsam unterdrückter Rührung sagte:

»Nimm, Kamerad.«

Der Malteser stürzte sich mit der Gier eines Wolfs, der drei Wochen nichts gefressen hatte, auf das Gebäck und verschlang es in großer Eile.

»Trink erst einen Schluck«, fuhr der Matrose fort und reichte ihm eine Bambusflasche voll Saft von der *Arenga saccharifera*. »Es wird dir gut tun, Kamerad.«

Der Schiffbrüchige schluckte den ganzen Inhalt hinunter und gab ihm dann die Flasche mit den folgenden Worten zurück:

»Dank, Enrico; so lohnt ihr einer Kanaille meiner Art!«

»Lass es gut sein; wir haben alles vergessen, nicht wahr, Herr Albani? …«

»Ja«, antwortete der Venezianer.

Der Malteser blickte sie lange an, während seine tief liegenden Augen sich nach und nach mit Tränen füllten.

»Aber ist es wahr, dass die *Liguria* in Brand gesteckt ist?«, fragte er schluchzend.

»Ja«, antwortete Albani mit ernster Stimme. »Ihr habt eine Schändlichkeit begangen, die beinahe der ganzen Mannschaft das Leben gekostet hat.«

»Aber nein, mein Herr!«, rief der Malteser aus. »Harry hatte mir geschworen, nur ein paar mit Petroleum getränkte Lumpen in Brand gesteckt zu haben, um die Mannschaft zu erschrecken und an unserer Verfolgung zu verhindern.«

»Und stattdessen hat er den Vorratsraum angezündet und eine solche Feuersbrunst verursacht, dass das Schiff in die Luft geflogen ist.«

»Dann hatte der Nichtswürdige also gelogen! … Herr Albani, Enrico, ich schwöre euch beim Andenken meiner Mutter, dass ich das

Feuer nicht gelegt habe und dass Harry mich getäuscht hat. Aber … wie sagt ihr … die *Liguria* ist in die Luft geflogen? …«

»Mit der ganzen Mannschaft.«

»Dann hängt mich auf; ihr habt das Recht dazu.«

»Nein, das Besitztum der italienischen Robinsons soll durch kein Verbrechen befleckt werden; wir bringen dir Vergebung.«

Der Malteser hatte sich ihnen zu Füßen geworfen und weinte bitterlich. Der Venezianer und der Matrose richteten ihn auf und sagten:

»Es wird nicht mehr davon gesprochen; alles ist vergessen.«

»Danke, ihr Herren; ich bin von jetzt an euer Sklave.«

»Nicht Sklave, sondern unser Freund. Folge uns nach unserem Boot.«

»Nicht dort entlang«, sagte der Malteser voll Entsetzen, als er den Venezianer die Richtung nach der Hütte einschlagen sah. »Dort ist Harry.«

»Wir haben ihn gesehen. Sag mir, wie lange Zeit ist er tot?«

»Seit sieben Tagen, mein Herr.«

»Und wie ist er gestorben?«

»Als er einen Fisch aß.«

»Ich hatte es mir gedacht.«

»Ich hatte mich in den Wald begeben, um Früchte zu suchen, da wir nichts mehr hatten, was wir uns zwischen die Zähne stecken konnten, und Harry war an den Strand gegangen, um Austern zu suchen. Als ich zurückkehrte, sah ich, wie er sich in fürchterlichen Schmerzen auf dem Boden wand. Ich glaubte zuerst, er sei von einer giftigen Schlange gebissen worden, aber auf meine Frage zeigte er mir die Überreste eines Fisches, den er gebraten und dann gegessen hatte. Ich suchte, seine Schmerzen zu lindern, indem ich ihm den Saft von Kräutern, die ich für heilsam hielt, kochte, aber drei Stunden darauf lebte der Unglückliche nicht mehr. Nun ergriff mich eine namenlose Furcht, und ich floh auf diesen Hügel hinauf. Seit sieben Tagen irre ich durch diese Wälder, wie ein wildes Tier, von Hunger erschöpft, aber ohne den Mut zu haben, wieder in die Hütte hinabzusteigen. Wissen Sie, was wir gelitten haben, mein Herr! Sie sehen, in welch jammervollem Zustand ich mich befinde. Ich bin nur noch Haut und Knochen.«

»Aber hattet ihr nicht nach der Küste von Borneo zugesteuert?«

»So ist es, mein Herr, aber da wir keinen Kompass besaßen und uns davor fürchteten, uns mehr und mehr zu verirren, kehrten wir nach

Norden zurück und hofften, den Suluarchipel zu erreichen, bis wir eines Nachts an dieser Küste Schiffbruch erlitten.

Das Boot war an den Klippen zertrümmert, und wir landeten äußerst schwierig mit einem Gewehr, dreißig Patronen und einigen Flaschen Marsala.

Solange wir Pulver und Kugeln hatten, konnten wir ganz gut leben, indem wir uns Vögel schossen, aber als die Munition zu Ende war, bekamen wir es bald mit dem Hunger zu tun. Die Früchte des Waldes genügten nicht, uns bei Kräften zu erhalten, und das schreckliche Fasten reduzierte uns bald zu lebenden Skeletten herab.«

»Eine Frage.«

»Sprecht, mein Herr.«

»Wusstet ihr, dass wir hier waren?«

»Ja«, antwortete der Malteser. »Wir hatten einen Ausflug in das Innere der Insel unternommen, in der Hoffnung, einige Eingeborene zu finden, und entdeckten euch dann eines Tages bei der Bebauung eines kleinen Feldes.«

»Und warum seid ihr nicht gekommen, um uns um unsere Gastfreundschaft zu bitten?«

»Aus Furcht, ergriffen und aufgehängt zu werden, wozu ihr volles Recht hättet. Aber … wir hatten auch den kleinen Tonno gesehen; ist er vielleicht im Boot geblieben?«

»Nein, in der Hütte.«

»Eine Hütte, ein Feld, ein Boot, ein Gehege mit Tieren, Affen! … Ach! … Wie sehr beneideten wir euch, Herr Albani! … Ihr lebtet im Überfluss, und wir starben vor Hunger. Oh! … Wir haben unser Verbrechen gebüßt, ihr könnt es mir glauben!«

»Nun brauchst du uns um nichts mehr zu beneiden, Marino. Von jetzt an bist du ein Mitglied unserer Familie, und wir werden alle für das Wohl unserer kleinen Kolonie arbeiten. Ins Boot, Enrico, wir haben hier nichts mehr zu tun.«

Sie stiegen den Hügel hinab, bahnten sich einen Weg durch den Wald und gelangten an den Strand, wo sie bald die kleine Bucht auffanden, in deren Nähe ihr Boot befestigt war.

Sie warfen noch einen letzten Blick auf die kleine Hütte, in der der Malteser Harry den ewigen Schlaf schlummerte, spannten dann das Segel auf und gelangten rasch auf das offene Meer hinaus, um die Halbinsel herumsegelnd, da sie die Ostküste ihrer Besitzung besuchen wollten.

Die Halbinsel wurde zum Gedächtnis des unglücklichen Maltesers Harry genannt.

Das Meer war nicht mehr so ruhig wie zuvor, da die Brise stärker geworden war. Große Wellen kamen von Osten her und brachen sich mit großem Getöse und starkem Schaum an den Klippen der Insel.

Auch der Himmel, der am Morgen so klar gewesen war, bedeckte sich mit Wolken, die von Süd-Süd-Ost heraufzogen, das ganze Himmelsgewölbe bedeckten und die Insel mit einem furchtbaren Platzregen zu überschütten drohten.

Die Robinsons blieben aber auf der offenen See, da sie sahen, dass sich ihr Boot trotz seiner schweren Bauart vortrefflich verhielt und leicht durch die Wellen glitt. Außerdem hatten sie es eilig, nach Hause zu kommen.

Herr Albani hörte nicht auf, die Ufer der Insel festzustellen und den kleinen Buchten, Vorsprüngen, Halbinseln und Riffen Namen zu geben.

Gegen vier Uhr nachmittags verschlechterte sich der Zustand des Meeres so sehr, dass man sich Sorgen machen musste.

Haushohe Wellen stiegen von Osten her auf und drohten, das Boot umzustürzen, während heftige Windstöße das Segel schwellten und den Mast dermaßen hin und her bogen, dass er zu zerbrechen drohte.

»Das sind Wellen aus der Tiefe«, sagte der Venezianer. »Es muss ein heftiger Sturm im Osten ausgebrochen sein.«

»Heute Morgen war der Himmel sogar klar und das Meer ruhig«, sagte Enrico. »Wir haben keinen Donner gehört.«

»Die Wellen aus der Tiefe, die durch lang andauernden Sturm erzeugt werden, setzen sich über unglaubliche Entfernungen hinweg fort, Enrico. Vielleicht brach der Sturm, der diese Wolken bewegt hat, mehrere hundert Meilen von dieser Insel entfernt aus, vielleicht in der Nähe der Sangir-Inseln[1], das heißt in der Celebes-See[2] oder noch weiter weg, auf den Molukken oder in Mindanao.«

»Und Sie glauben, dass die Wellen solche Entfernungen überwinden können, ohne ihre Stärke zu verlieren?«

---

[1] Die heute Sangihe-Inseln genannten Sangir-Inseln befinden sich nordöstlich von Sulawesi zwischen Celebessee und Molukkensee, etwa auf halbem Weg zwischen Sulawesi und Mindanao.

[2] Die Celebessee, auch Sulawesisee genannt, ist ein Randmeer des Pazifiks und liegt südlich der Sulusee.

»Ja, Enrico. Im Pazifik hat man solche Wellen beobachtet, die von noch weiter als tausend Meilen her kamen.«

»Sagen Sie, Herr Albani, stimmt es denn, dass man bei bestimmten Stürmen Wellen beobachtet hat, welche einige hundert Meter hoch waren? ... Wenn ich Ihnen die Wahrheit sagen muss, dann habe ich solche noch nie gesehen.«

»Es sind Lügen, die von den Matrosen verbreitet werden. Aber es ist wahr, dass diese Wasserberge für diejenigen, die sich besonders auf kleinen Schiffen befinden, eine scheinbar unglaubliche Höhe haben. Es wurde allerdings festgestellt, dass sich diese Höhen im Durchschnitt auf wenige Meter reduzieren.«

»Oh, dann ist das ...«

»Es stimmt wirklich, Enrico. Sehr genaue Beobachtungen, die man auf dem Atlantik während heftiger Stürme gemacht hat, haben diese Höhen auf lediglich sechs Meter begrenzt. Man hat aber auch schon Wellen gesehen, die neun und sogar dreizehn Meter erreicht haben.«

»Das ist eine hübsche Höhe!«

»In der Nähe von Kap Horn hat man welche gesehen, die um die fünfzehn Meter hoch waren, und der Seefahrer Dumont d'Urville[1] behauptete, welche gesehen zu haben, die höher als dreiunddreißig Meter waren.«

»Was für mächtige Stöße müssen solche Höhen erzeugen!«

»Zweifellos ganz außerordentliche, aber die Schiffe müssen so etwas aushalten. Gib auf das Segel acht, Enrico, es droht uns ein heftiger Windstoß.«

Mit zunehmender Dunkelheit verstärkte sich der Wind. Er kam aus dem Westen, also vom Land her, und die Wellen schlugen mit immer größerer Wut gegen das kleine Boot.

Die Robinsons hatten gerade eine gefährliche Stelle erreicht, an der es von Sandbänken und Klippen nur so wimmelte, die schwer zu vermeiden waren.

Dennoch mussten sie sich dem Ufer nähern, da es zu offensichtlich gefährlich war, mit dem kiellosen Boot bei solchem Unwetter auf offener See zu bleiben.

Unglücklicherweise nahm die Zahl der Klippen und Riffe fortwährend zu, und zum grüßten Unglück war ihnen der Wind entgegen und trieb sie immer wieder ins Meer hinaus.

[1] Jules-Sébastien-César Dumont d'Urville (1790 bis 1842) war ein französischer Seefahrer, Entdecker und Polarforscher.

»Tausend Erdbeben!«, rief der Genuese aus, der anfing, unruhig zu werden. »Ich fürchte, es wird schwierig sein zu landen, Herr Albani. Wir müssen auf offener See bleiben, wenn wir nicht unser Boot verlieren wollen.«

»Siehst du denn keinen Weg, zwischen den Klippen hindurchzukommen?«

»Es ist unmöglich, ihn bei dieser Dunkelheit und dem ganzen aufspritzenden Schaum um uns herum zu unterscheiden. Wir laufen Gefahr, auf die Felsen zu stoßen.«

»Und auf dem Meer nehmen die Wellen fortwährend zu«, sagte Marino.

»Lasst uns unser Glück versuchen, meine Freunde.«

»Ich versichere Ihnen, es ist unmöglich, mein Herr«, wiederholte Enrico. »Man kommt hier nicht durch.«

»Dann wenden wir uns also aufs Meer hinaus.«

Sie taten es und wandten sich nach Osten zu, um an den Sandbänken und Klippen vorbeizukommen, aber diese schienen sich sehr weit zu erstrecken, da man ungefähr zwei Meilen weit die Wellen in so ungeheurer Höhe ans Ufer schäumen sah, als ob sie fortdauernde Hindernisse zu überwinden hätten.

Inzwischen wogte das Meer immer heftiger, und der Wind heulte schauerlich durch das Segelwerk des kleinen Boots.

Die Nacht war rasch hereingebrochen, und die Dunkelheit, die nur hier und da von einem Blitz zerrissen wurde, machte die Lage der Robinsons noch kritischer, da sie die sich vor ihnen immer mehr auftürmenden Hindernisse nicht mehr erkennen konnten.

Enrico, der am Bug stand, starrte angestrengt und signalisierte dem Venezianer die Stellen, an denen sich die Wellen brachen. Dabei war es nicht immer möglich, die Klippen zu sehen oder aber die Nähe von Unterwasserbanken vorauszuahnen. Bereits zweimal hatte das Boot eines dieser Hindernisse berührt und war Gefahr gelaufen, zu kentern oder kaputtzugehen.

Marino, mit der Schot in der Hand, war bereit, sie jeweils nach dem Wind zu verändern oder das Segel loszulassen, während Albani das lange Ruder manövrierte, das als Steuer diente.

Sie waren von der Insel schon fünf oder sechs Meilen weit entfernt, aber eine ganze Klippenreihe dehnte sich vor ihnen aus und verwehrte ihnen die Durchfahrt.

Glücklicherweise widerstand das Boot dem Anprall des Windes und der Wellen, tanzte aber wild auf den Wogen dahin. Von Zeit zu Zeit drang aber Wasser ein.

Mit einem Mal bemerkte Enrico beim Leuchten eines Blitzes nach Osten zu eine dunkle Masse, die ein Felsenriff von großer Ausdehnung oder eine kleine Insel zu sein schien.

»Blitz und Erdbeben!«, rief er aus.

»Was gibt es?«, fragte Albani.

»Ich fürchte, mein Herr, dass wir sehr weit hinaussegeln müssen, wenn wir um diese verdammte Kette von Klippen herum wollen. Sie scheint sich bis zu jener kleinen Insel zu erstrecken, die ich im Osten gesehen habe.«

»Sehr weit also? …«

»Mehrere Meilen sicherlich.«

Albani zeigte ungeachtet seines erstaunlichen Muts eine große Unruhe.

»Was ist, wenn wir versuchten umzukehren?«, fragte er.

»Aber dann haben wir die Wellen längs des Schiffs, mein Herr«, antworteten Enrico und Marino.

»Es ist wahr, das Boot liefe Gefahr, plötzlich umzuschlagen, aber ich wage mich nicht, so weit von der Insel zu entfernen, meine Freunde.«

»Das Boot ist fest genug, mein Herr«, sagte der Genuese. »Wenn wir an diesen Riffen vorbei können, dann finden wir auf der anderen Seite gewiss ein ruhigeres Meer, da uns alle diese Hindernisse als Schutzdamm dienen.«

»Aber die Wellen steigen immer höher und drohen, das Ruder zu zerbrechen, und der Wind bläst immer heftiger aus Westen.«

»Verflixter Orkan!«, rief Enrico aus. »Frischauf denn und vorwärts, mein Herr. Die Gefahr droht uns sowohl von vorne als auch von hinten.«

»Reffe das Segel noch etwas mehr, Marino«, sagte Albani. »Vorwärts, möge Gott uns beschützen!«

Das vom immer stärker werdenden Sturm getriebene Boot flog wie ein Pfeil dahin. Trotz seiner Schwere stieg es kühn auf die Schaumkämme der Wogen hinauf und stürzte dann in die Wellentiefen hinab, aus denen es wieder auftauchte, aber immer etwas Wasser schöpfte.

Enrico hatte seinen Beobachtungsposten am Vorderschiff verlassen müssen und bemühte sich, mit seinem Rotanghut das Wasser auszuschöpfen, um das Boot zu erleichtern.

Auf der Steuerbordseite gab es noch immer Riffe. Im Schein der Blitze konnte man ihre schwarzen und scharfen Spitzen auftauchen sehen, und rund um sie herum tobte das Meer mit tausendfachem Getöse, wobei es Schaumsäulen in großer Höhe aufwarf.

Das von dem Matrosen signalisierte Felsenriff war jetzt deutlich beim hellen Schein der Blitze zu erkennen. Es schien das äußerste Ende eines unterseeischen Berges zu sein, mit steilen Abhängen und durch den ewigen Anprall der Wellen tausendfach zerklüftetem Grund. Die Wogen brachen sich mit äußerster Wut daran, und der Schaum umgab es von allen Seiten, als ob sich von ihm aus zahlreiche andere kleine Riffe erstreckten.

»Aufgepasst, Herr Albani!«, schrie plötzlich Enrico, der seinen Posten am Vorderschiff wieder eingenommen hatte. »Klippen an Backbord! …«

Der Venezianer, der sich erhoben hatte, um rascher handeln zu können, drehte das Steuerruder nach der Luvseite, während Marino das Segel losließ.

Das Boot war gerade vor dem Felsenriff angelangt und begann sich zu drehen.

»Siehst du nichts vor uns?«, fragte Albani.

»Es scheint mir, als ob das Meer vor dem Felsen frei sei.«

»Können wir wenden?«

»Ich glaube schon, mein Herr.«

»Nun dann, los!«, schrie Albani.

Er hatte kaum das Kommandowort ausgesprochen, als eine riesige Welle das Schiff von der Seite fasste, es aus dem Kurs brachte und gegen die Ostfront des Felsenriffs schleuderte.

Es gab einen fürchterlichen Zusammenstoß, dem drei Schreckensrufe folgten.

Die von der Kraft der Wellen erfasste *Roma* überschlug sich und verschwand inmitten des Schaumwirbels, während der Orkan seine Wut verdoppelte.

## 30. Die Schiffbrüchigen

Wenige Augenblicke nach dem Unglück, das die Robinsons ihres Fahrzeugs beraubte, entstieg ein Mann den schäumenden Wogen, die sich wütend am Fundament Felsen brachen. Es war ihm gelungen, sich an einigen Vorsprüngen anzuklammern und sich mit übermenschlicher Anstrengung den fortreißenden Wellen zu entziehen, und er kletterte mühsam das Ufer empor, sich mit Hand und Fuß an den Felsenrissen und Spalten festhaltend.

Als er den brutalen Angriffen der Sturzwellen entgangen war, hielt er einen Augenblick inne und warf einen verwirrten Blick umher. Das Boot sah man nicht mehr, aber eine dunkle Gestalt kämpfte mit dem Wellenschaum und versuchte zu landen.

»Herr Albani! …«, schrie er. »Sind Sie es? …«

»Wer ruft da?«, fragte der mit den Wellen ringende Schiffbrüchige. »Bist du es, Marino?«

»Ja.«

»Und Herr Albani? …«

Eine Stimme antwortete von der offenen See her:

»Hier bin ich! …«

»Tausend Erdbeben!«, erwiderte der Genuese von der Höhe des Ufers herab. »Wo sind Sie, mein Herr?«

»Beunruhige dich nicht, Enrico. Die Wellen tragen mich.«

Unterdessen war es dem Malteser gelungen, am Felsen hinaufzuklimmen und sich in Sicherheit zu bringen, aber er blickte prüfend in die schwarze Flut hinab.

»Dort unten ist er, Enrico«, schrie er. »Ich sehe ihn ungefähr fünfzig Schritt weit schwimmen.«

»Halten Sie sich tapfer, mein Herr«, donnerte der Genuese. »Wir kommen Ihnen zu Hilfe.«

»Es ist nicht nötig«, antwortete der Venezianer.

Eine Welle hatte ihn erfasst und nach dem Felsen zu geschleudert. Man sah ihn einen Augenblick auf dem Kamm der Wellen schaukeln, dann erscholl ein lauter Schmerzensschrei.

»Donner und Blitz!«, schrie der Genuese und erbleichte. »Marino! –«

»Hier bin ich, Kamerad«, erwiderte der Malteser, der eilends den Felsen hinabkletterte, um dem armen Venezianer zu Hilfe zu eilen.

»Siehst du ihn? …«

»Nein«, sagte Marino mit halberstickter Stimme. »Ich sehe ihn nicht mehr!«

Enrico war den Abhang hinuntergeglitten.

Er warf einen raschen Blick auf die Brandung rings umher, wozu ihm ein heller Blitz leuchtete, aber Herr Albani war nicht mehr zu sehen.

Eine furchtbare Erregung verzerrte die Züge des braven Matrosen, und ein Schrei der Verzweiflung drang aus seiner Brust hervor.

»Versunken? … Vielleicht getötet? …«, rief er mit gebrochener Stimme aus. »Marino … wir müssen ihn suchen!«

Ohne an die eigene Gefahr zu denken, hatten die beiden Seeleute den Fuß des Felsens erreicht und liefen quer zur Brandung dahin, verzweifelt gegen die Sturzwellen ankämpfend, die sie zu überwältigen und ins Meer zurückzuziehen drohten.

Sie schienen wie wahnsinnig vor Schmerz zu sein. Sie stürzten zwischen den Felsen und Sandbänken umher und riefen laut nach ihrem unglücklichen Gefährten, fielen beim heftigen Anprall der Wellen hin, aber richteten sich sofort wieder auf, ohne auf die Beulen zu achten oder auf die scharfen Kanten, die ihre Füße zerschnitten, und setzten ihre Nachforschung fort, wobei sie immer lauter nach dem Verlorenen riefen.

Oh weh! Keine menschliche Stimme antwortete; nur das Pfeifen des Sturmes und das Brüllen des stürmischen Meeres war um den einsamen Felsen zu vernehmen.

Nach einer Stunde vergeblicher Anstrengung, blutend, zerschlagen und ermattet, sahen sie sich gezwungen, den Kampf, der ihnen zum Verhängnis werden konnte, aufzugeben. Marino musste Enrico auf den Strand ziehen, da der brave Matrose noch schwimmend seine Forschungen fortsetzen wollte, weil er nicht mehr auf den Füßen stehen konnte.

»Komm, Kamerad!«, sagte der Malteser, indem er ihn unter eine Klippe drängte, welche sie vor dem Wind und dem Regen schützen konnte, der sturzbachartig zu fallen begann.

»Wir müssen weiter nach ihm suchen, Marino«, schluchzte der Matrose. »Nein, er kann nicht tot sein.«

»Wir suchen später weiter. Du hast keine Kräfte mehr, und auch ich kann mich nicht mehr aufrecht halten.«

»Glaubst du, dass er tot ist? …«

»Wir wollen die Hoffnung nicht aufgeben, Enrico. Die Wellen können ihn weit von hier auf den östlichen oder den südlichen Strand geworfen haben.«

»Aber er hat auf unser Rufen nicht geantwortet.«

»Das Brüllen der Wellen wird ihm nicht erlaubt haben, uns zu hören.«

»Der arme Herr Albani! Lass uns nach ihm suchen, Marino.«

»Aber bei dieser Dunkelheit ist es unmöglich.«

»Komm schon, sage ich dir.«

»Aber die Wellen werden uns ins Meer ziehen.«

»Wir bleiben am Ufer. Ob tot oder lebendig, ich muss ihn finden!«

Der Matrose, der ganz außer sich zu sein schien, hatte sich mit äußerster Energie wieder erhoben und lief, von dem Malteser gefolgt, am Strand entlang, sein lautes Schreien mit dem Gebrüll des Unwetters vermischend.

Von Zeit zu Zeit hielten sie an, weil sie glaubten, im Pfeifen des Windes die Stimme ihres unglücklichen Gefährten gehört zu haben. Dann setzten sie ihre Suche wieder fort, indem sie sich bis an den Rand der Brandung vordrängten.

Es regnete in Strömen und war so dunkel, dass man keine sechs Schritte weit einen Gegenstand unterscheiden konnte, aber die beiden Matrosen ruhten und rasteten nicht.

Gebeugt, um dem heftigen Sturmgebraus zu widerstehen, völlig durchnässt und barfuß, nachdem sie ihre bereits ziemlich heruntergekommenen Stiefel verloren hatten, suchten sie zwischen den Klippen nach offenen Spalten, Rissen und Höhlen, in welche die Wellen mit dumpfem Brüllen eindrangen, um sich gegenseitig beim Klettern und dem Abstieg zu helfen.

Sie verdoppelten ihre Anstrengungen, um den Sturm mit ihren Stimmen zu übertönen, bekamen aber keine Antwort. Erschöpft sanken sie zum zweiten Mal in einer kleinen Höhle am südlichen Ufer des Felsens nieder.

»Er ist tot«, schluchzte Enrico. »Das Meer hat ihn verschlungen.«

Der Malteser antwortete nicht; auch er hatte alle Hoffnung verloren.

»Was sollen wir ohne diesen Mann beginnen, der unsere Vorsehung war?«, fuhr der Matrose mit wachsender Verzweiflung fort. »Was liegt mir ohne ihn an dieser ganzen Insel? Und das alles, um euch zu retten, ihr Mordbrenner!«

»Enrico!«, sagte Marino voller Schmerz.

»Ja, um euch zu retten«, wiederholte der Genuese mit heiserer Stimme. »Ohne euch würden wir diese unheilvolle Fahrt nicht unternommen haben.«

»Es ist wahr«, murmelte der Malteser. »Du hast recht, mir die Schuld zu geben, aber ich werde Herrn Albani finden, oder das Meer soll mich verschlingen.«

»Ich sage dir, er ist tot.«

»Dann werde ich wenigstens seinen Leichnam finden.«

Er hatte sich erhoben und wollte gerade den Felsen hinabsteigen, als es ihm so vorkam, als ob durch das Heulen des Sturms eine menschliche Stimme an sein Ohr dränge. Er wandte sich rasch zurück und rief:

»Hast du gehört, Enrico?«

Der in seinen Schmerz versunkene Matrose schien ihn nicht verstanden zu haben.

»Aber hast du denn nicht gehört?«, rief der Malteser, ihn schüttelnd.

»Was denn?«, fragte der Matrose, den Kopf hebend.

»Eine menschliche Stimme.«

»Wo?«

»Dort unten«, sagte der Malteser, auf das äußerste Ende des Felsens deutend.

»Sollte er es vielleicht sein? …«

»Still!«

Durch das Gebrüll der Wogen hörte man einen Schrei. Ein Mann schien um Hilfe zu rufen.

Enrico war in die Höhe gesprungen.

»Ja!«, rief er aus. »Ich habe es gehört, Marino.«

»Herr Albani?«

»Ich weiß es nicht, eilen wir dorthin.«

Sie waren beide vorwärts gestürzt und glitten die Abhänge hinab, ohne darauf zu achten, ob sie sich Hals oder Beine auf den Klippen brächen.

Man hörte noch immer die Stimme, aber in Pausen, und es schien wirklich Herrn Albanis Stimme zu sein. Sie schien vom äußersten Ende des Felsens her zu schallen, aber da diese Stelle sehr steil und durch Risse sowie von oben durch von Erdrutschen abgelösten Felsen versperrt war, konnten die beiden Seeleute ohne irgendwelche Beleuchtung nur sehr langsam und vorsichtig dorthin gelangen, ständig auf der Hut, nicht in eine der offenen Spalten zu fallen.

Nach zehn Minuten erreichten sie endlich die äußerste Ecke, die wohl aufgrund ihrer Form durch die beständig anschlagende Brandung noch mehr zerklüftet war als der Rest. Sie hielten einen Moment inne, die Ohren spitzend, und hörten nun deutlich eine schwache Stimme, die um Hilfe rief. Seltsamerweise schien sie aus den Wellen heraus zu kommen.

»Tausend Millionen Blitze!«, schrie Enrico. »Herr Albani kann doch nicht mehr im Wasser sein? Hätten wir nur Licht, um ihn entdecken zu können!«

»Es ist ja unmöglich, dass er noch schwimmt«, sagte der Malteser. »Es sind bereits zwei Stunden vergangen, seitdem unser Bott umgeschlagen ist, und kein Schwimmer der Welt kann diesen Wellen so lange widerstehen.«

»Aber es kommt aus dem Meer, sage ich dir! … Hör nur! …«

Es war keine Täuschung möglich; die Stimme erklang unter dem Felsen her, aber seltsamerweise schien sie diesmal eher aus der Erde als aus dem Wasser herauszukommen.

»Herr Albani!«, rief Enrico. »Sind Sie es? …«

»Ja«, antwortete die Stimme einen Augenblick darauf.

»Schwimmen Sie noch?«

»Nein … ich bin am Ertrinken …«

»Um Gottes willen, sagen Sie nur, wo Sie sind.«

Diesmal kam keine Antwort,

»Steigen wir hinunter, Marino«, sagte Enrico. »Er hat sich vielleicht an die Klippen geklammert.«

Sie kletterten hinab und kämpften sich durch die Wellen hindurch, die von allen Seiten emporschäumten. Sich an der Hand haltend, erreichten sie endlich eine schwarze Öffnung, die sich unter dem Ufer zu erstrecken schien.

»Eine Meereshöhle!«, rief der Malteser aus.

»Gehen wir hinein«, antwortete Enrico mit entschlossenem Ton.

»Und wenn wir darin ertrinken? – Die Wellen überschwemmen sie.«

»Es tut nichts; vorwärts!«

Sie warteten, bis der Wind die Wellen etwas zurückgedrängt hatte, und drangen dann mutig in den dunklen Gang ein, in dem das Wasser brausend an die Wände schlug.

»Herr Albani!«, schrie Enrico. »Sind Sie hier?«

»Zu Hilfe, Enrico«, erklang eine matte Stimme.

Der Matrose ließ sich von einer in die Höhle schäumenden Welle hineinziehen und sank gegen einen Körper, der nicht die Härte des Steins besaß und der sich im Hintergrund der unterseeischen Höhle niedergelegt zu haben schien.

Da er sich in diesem Augenblick des fürchterlichen Cephalopoden erinnerte, der ihn in der Inselhöhle angegriffen hatte, sprang er auf die Füße, um zu entfliehen, aber ein Seufzer hielt ihn zurück.

»Aber sind Sie es denn, Herr Albani?«, schrie er.

»Hilf mir, Enrico«, sagte der Venezianer. »Die Wellen ersäufen mich.«

»Tausend Erdbeben! Sie, mein Herr! Sind Sie vielleicht verletzt?«, rief er, auf seinen unglücklichen Gefährten zueilend.

»Ja, Enrico! … Bring mich fort von hier.«

Der Matrose bückte sich und tastete umher, bis er ihn fand, nahm ihn dann in seine kräftigen Arme und drückte ihn fest an seine Brust. Marino kam ihm dabei zu Hilfe.

Sie warteten, bis die Welle sich zurückzog, verließen dann eiligst die Höhle und liefen am Strand entlang, um nicht zwischen die Klippen gezogen zu werden.

Als sie an der kurz vorher entdeckten Höhlung des Felsens angelangt waren, blieben sie stehen und legten Herrn Albani an der Stelle nieder, die dem Regen und dem Wind am wenigsten ausgesetzt war.

»Dank, meine Freunde«, stammelte er mit schwacher Stimme.

»Sagen Sie mir, mein Herr, wo sind Sie verletzt?«, fragte der Matrose, seinen Kopf haltend.

»Ich bin ganz gequetscht und zerschunden, aber ich hoffe, es hat nichts Ernstliches zu bedeuten. Mir ist, als ob mir alle Rippen zerbrochen wären, so heftig war der Stoß, der mich gegen die Klippen warf.«

»Großer Gott!«

»Beruhige dich, Enrico, sie sind nicht gebrochen«, sagte Albani, sich zu einem Lächeln zwingend. »Und das Boot?«

»Es ist verloren, mein Herr; aber warten wir ab, ob das Meer es uns nicht wiederbringt, und beschäftigen wir uns mit Ihnen. Was sollen wir tun?«

»Am Ende einen Doktor rufen? …«

»Sie scherzen! Bewunderungswürdiger Mann!«

»Lasst mich hier ausruhen, weiter verlange ich im Moment nichts.«

»Aber Sie leiden Schmerzen!«

»Pah! … Das geht vorüber, Enrico. Morgen früh werden wir sehen, ob irgendeine Feder in meiner Maschinerie kaputt gegangen ist, aber ich hoffe, es ist alles heil geblieben. Ich bin durch und durch erschüttert und zerschlagen, das ist alles.«

»Aber waren Sie schon lange in der Höhle?«

»Ein paar Stunden, wenn nicht sogar mehr.«

»Und die Wellen haben Sie dort hingeworfen?«

»Ich weiß es nicht. Als ich auf die Klippen geschleudert wurde, bekam ich einen solchen Schock, dass ich ein wenig das Bewusstsein verlor. Was dann geschehen ist, weiß ich nicht; als ich wieder zu mir kam, befand ich mich im Hintergrund der Höhle, in welche die Wellen drangen, die mich zu ersäufen drohten. Mit verzweifelter Kraftanstrengung schleppte ich mich bis an das äußerste Ende der Höhle und verlor dort noch einmal das Bewusstsein.«

»Haben Sie unser Rufen nicht gehört, mein Herr?«, fragte Marino.

»Es war unmöglich, euch zu hören, weil die Wellen, die in die Höhle eindrangen, so ein ohrenbetäubendes Geräusch hervorbrachten.«

»Wir hielten Sie für tot, mein Herr«, sagte Enrico. »Welch Unglück für uns, wenn wir Sie verloren hätten.«

»Ihr hättet es jetzt auch ohne mich schaffen können.«

»Nein, mein Herr. Ohne Sie hätte unsere Insel nicht mehr den mindesten Reiz für mich gehabt.«

»Braver Junge«, murmelte Herr Albani bewegt. »Welch gutes Herz diese Seeleute doch haben!«

## 31. Auf dem Felsenriff

Der Sturm tobte die ganze Nacht hindurch, ohne einen Augenblick nachzulassen. Das aufgewühlte Meer peitschte unausgesetzt den Felsen mit donnerndem Gebrüll, wobei es Blöcke von mehreren Doppelzentnern Gewicht bewegte, und spritzte seine Gischt bis auf die Höhe hinauf, wo die drei Schiffbrüchigen sich aneinandergeschmiegt hatten.

Unterdessen fiel der Regen weiter und ergoss sich in wilden Bächen vom Gipfel des Felsens herab.

Gegen Morgen zerrissen indessen die Wolken, die sich am Himmel angesammelt hatten, unter einem heftigen Nordwind, und der Platzregen hörte fast augenblicklich auf.

Kurz darauf schaute die Sonne verstohlen durch die Wolkenrisse, verjagte die Dunkelheit und beleuchtete das noch immer stürmisch bewegte Meer. Sofort erblickte man im Osten die Insel, aber in so weiter Ferne, dass die Schiffbrüchigen sich bestürzt ansahen.

»Ist das unsere Insel oder eine andere?«, fragte der Genuese. »Es ist doch unmöglich, dass wir uns so weit entfernt haben!«

»Ich entdecke keine andere«, sagte Marino. »Und außerdem muss sie doch auch in dieser Richtung liegen.«

»Ist sie denn sehr weit entfernt?«, fragte Albani, der es aus seiner liegenden Stellung nicht gut sehen konnte.

»Mindestens fünfundzwanzig Meilen, mein Herr«, antwortete Enrico.

»Also haben wir gestern Abend einen solch weiten Weg zurückgelegt, um einen Durchgang durch die Klippen zu finden? … Das ist eine ernste Sache, meine Freunde. Helft mir, mich aufzurichten.«

»Nein, mein Herr, bleiben Sie ruhig liegen; Sie sind noch sehr schwach.«

»Ich fühle mich bereits besser, Enrico.«

»Aber Sie sind verletzt, mein Herr. Ich sehe Blutstropfen auf Ihren Hosen.«

»Ich habe eine Quetschung über dem rechten Knie, aber es hat nichts zu sagen, mein Freund. Ich glaubte, weit schlimmere Verletzungen davongetragen zu haben.«

Auf die Arme des Genuesen und Marinos gestützt, erhob er sich und blickte nach Osten.

In einer Entfernung von fünfundzwanzig bis dreißig Meilen konnte man den hohen Berg der Insel sehen, der sich deutlich vom hellen Hintergrund des Himmels abhob, aber die Küsten selbst waren nicht zu sehen. Eine Reihe von Felsenriffen zog sich nach der Richtung hin, aber diese ursprünglichen Korallenriffe hingen nicht untereinander zusammen und schienen an einzelnen Stellen ganz zu fehlen. Es existierten vielleicht noch andere, deren Bänke das Boot daran gehindert hatten, an ihnen vorbeizukommen, aber man konnte sie bei dem aufgeregten Meer nicht erkennen.

»Die Sache ist ernst«, wiederholte Herr Albani, der sehr nachdenklich geworden war. »Wie sollen wir diese fünfundzwanzig bis dreißig Meilen zurücklegen, nachdem wir unser Boot verloren haben? Sollten wir dazu bestimmt sein, auf dieser kleinen Insel gefangen zu bleiben?«

»Sie werden uns schon aus den Schwierigkeiten herausholen, mein Herr«, sagte Enrico. »Sie wissen so viel, dass Sie alles nutzbar machen können.«

»Aber diese kleine Insel scheint ein unfruchtbares Felsenriff zu sein, dem es an allem fehlt, Enrico.«

»Wir haben es noch nicht näher untersucht, mein Herr.«

»Helft mir, diesen Felsen zu besteigen. Von dort oben werden wir besser erkennen können, ob sich die Reihe der Riffe bis an unsere

Insel erstreckt, und auch, was für Hilfsquellen uns dieses Felsenriff darbieten kann.«

Die beiden Matrosen legten ihre Arme unter die Achseln des Venezianers und führten ihn auf diese Weise bis auf die höchste Spitze der kleinen Insel, die sich etwa fünfzig Meter über dem Meeresspiegel erhob. Von dort beherrschte der Blick das umliegende Meer, und sie konnten, wenn auch etwas undeutlich, die hohen Ufer ihrer Insel erkennen und mit einem Blick ihren neuen Zufluchtsort überschauen.

Herr Albani hatte sich nicht getäuscht. Diese kleine Insel, die sich am äußersten Ende jener langen Reihe von Riffen und Sandbänken befand, konnte ihnen nicht die mindesten Hilfsquellen bieten, um ihr Leben zu fristen oder ihnen die Mittel zu verschaffen, nach ihrer Hütte zurückkehren zu können.

Es schien das Überbleibsel eines alten Vulkans zu sein, der während eines Seebebens entstanden war, da die Abhänge mit alter Lava, Schlacken und Versteinerungen bedeckt waren. Man sah überall, auch nach dem Gipfel zu, zahlreiche Muschelschalen und Korallenstücke, wie sie in diesen Meeren so häufig vorkommen, wo die kleinen Infusorien[1] jene bewunderungswürdigen Riffe herstellen, die schließlich zu wirklichen Inseln werden.

Dieses Felsenriff hatte eine beträchtliche Ausdehnung, da es wohl einen Umfang von mindestens tausend Metern haben durfte. Nicht alles war schroff: Während die Südküste fast steil abfiel, senkten sich seine nördlichen und westlichen Ufer sanft nach dem Meer ab und bildeten einen breiten sandigen Strand.

Es wuchs kein Baum zwischen den Felsen, nur wenige kümmerliche Gebüsche und Reisigsträucher fristeten ihr Leben am Boden der kleinen Schluchten, in denen sich der Regen sammelte.

An Tieren schien es ganz zu fehlen, nur Vögel waren vorhanden, deren fröhliches Zwitschern man ab und zu von den Felsvorsprüngen her hörte.

Es waren wahrscheinlich Seeschwalben, in der Art der Salanganen[2], die auf allen Inseln dieses Archipels verbreitet waren, besonders auf den öden oder wenig bewohnten, da sie nicht gern gestört werden.

---

[1] Auch Aufgusstierchen genannt. Damit sind Tiere gemeint, die sich in abgestandenem Wasser bzw. im Aufguss von Pflanzenmaterial entwickeln. Im 19. Jahrhundert hatten die Infusorien sogar eine eigene Ordnung inne; Salgari zählt hier offensichtlich die Korallen als Nesseltierchen dazu.

[2] Salanganen (*Collocaliini*) sind den Schwalben verwandte Vögel, die zu den sog. Seglern gehören.

»Nun, wie ist es, mein Herr?«, fragte Enrico den Venezianer, der fortfuhr, die kleine Insel zu betrachten. »Glauben Sie, dass wir unsere Insel wieder erreichen können?«

»Ich fürchte, lieber Freund, dass wir durch dieses unerwartete Abenteuer böse Augenblicke erleben werden«, antwortete Albani. »Sag mir, glaubst du, dass unser Boot an den Riffen zerschellt ist?«

»Nein, mein Herr, denn es schlug um, bevor es das Ufer dieses verdammten Felsens berührte.«

»Wenn es nicht zertrümmert ist, dann muss es noch schwimmen.«

»Das glaube ich auch, da es aus einem einzigen Stück bestand und sehr schwer war.«

»Hoffen wir, dass die Wellen es auf diese Riffe oder an irgendeine Sandbank geworfen haben. Ohne das Boot können wir diese Insel überhaupt nicht verlassen.«

»Aber die Wellen können es sehr weit fortgetragen haben, mein Herr«, bemerkte Marino. »Der Wind blies aus Westen und wird es nach Osten getrieben haben.«

»Das ist wahr,« sagte Albani, den Kopf schüttelnd.

»Aber es sind ja die vielen Riffe da«, sagte Enrico. »Wir könnten immer von einem bis zum anderen schwimmen und uns auf diese Weise der Insel nähern.«

»Es sind aber beträchtliche Zwischenräume vorhanden«, erwiderte Albani. »Und dann weißt du ja, wie zahlreiche Haifische und Zitterrochen es in diesen Wassern gibt, und wir besitzen jetzt nicht einmal eine Waffe, um uns zu verteidigen.«

»Dann sind wir also gezwungen, auf diesem wüsten Felsenriff vor Hunger zu sterben? …«

»So schnell dürfen wir nicht verzweifeln, Enrico. Wenn das Meer sich beruhigt hat, werden wir sehen, ob die Riffe und Sandbänke uns gestatten, die Insel zu erreichen, und dann, wer weiß, ob man nicht ein großes Feuer von der Plattform unserer Hütte aus erkennen könnte.«

»Haben Sie noch das Feuerzeug und den Schwamm?«

»Ja, Enrico, es ist immer in der wasserdichten Schachtel verschlossen.«

»Und glauben Sie, dass der kleine Tonno ein auf diesen Felsen angezündetes Feuer entdecken könnte?«

»Wahrscheinlich, denn ich glaube, dass dieser kleine Vulkan nicht sehr weit von unserer nördlichen Küste entfernt ist. Suchen wir, uns inzwischen irgendeine Unterkunft zu verschaffen und wenn möglich einen Bissen zum Essen. Es kann auf diesem sandigen Strand nicht an Muscheln fehlen.«

Sie verließen die Höhe und es gelang ihnen beim Herumwandern um den vulkanischen Kegel, eine tiefe Höhle zu entdecken, die genügte, um sie vor den glühenden Sonnenstrahlen zu schützen, denn der Himmel war beinahe wolkenlos geworden.

Herr Albani und Marino legten ihre Kleidungsstücke ab, um sie trocknen zu lassen, aber Enrico fuhr fort, die Insel zu durchforschen, in der Hoffnung, das Boot auf den Sand gelaufen zu finden oder in irgendeiner Schlucht Bäume, aus denen sie sich ein Floß herstellen könnten. Sein Suchen war jedoch vergebens, denn es war nur Gebüsch vorhanden und so wenig, dass daraus kein Fahrzeug zu machen war. Am sandigen Strand fand er jedoch eine Menge Dattelmuscheln[1], verschiedene andere Muscheln und sogar einige von den vortrefflichen Singapuraustern[2], die mehrere Kilogramm wiegen. Er sah auch zahlreiche Spuren von Schildkröten, konnte aber keine einzige entdecken, obwohl er sich sicher war, dass sie sich in den Felsspalten verborgen hielten.

Hier und da versuchte er, den Sand zu durchwühlen, konnte aber nicht wissen, dass jene Reptilien, die sehr geschickt darin sind, die kleinsten Spuren verschwinden zu lassen, die Gewohnheit haben, ihre befruchteten Eier darin zu vergraben.

Bei der Rückkehr fand er auch ein Wasserbecken mit einem beträchtlichen Fassungsvermögen, das von zwei tief eingeschnittenen Felsen eingeschlossen war. Diese Entdeckung freute ihn sehr, weil nun die Gefahr des Verdurstens ausgeschlossen war, für den Fall, dass sich ihre Gefangenschaft verlängern sollte.

Während des ganzen Tages blieb das Meer unruhig und hinderte die Schiffbrüchigen daran, sich davon zu überzeugen, wo sich jene Bänke erhoben, welche das Boot am Vorbeifahren gehindert hatten. Erst gegen Abend wurden die Wellen niedriger und schlugen weniger heftig gegen den Fuß des Felsens.

Als die Dunkelheit hereinbrach, kehrten die Schiffbrüchigen auf die Höhe zurück, beladen mit trockenen Schlingpflanzen und abgerissenen Zweigen der Gebüsche, um ein Signalfeuer daraus zu entzünden.

---

[1] Auch Große Bohrmuschel (*Pholas dactylus*) genannt.

[2] Heute Pazifische Auster (*Magallana gigas*) genannt.

Sobald sie oben angelangt waren, blickten sie gespannt zur Insel hinüber, deren hoher Berg sich vom sternenbesäten Himmel undeutlich abhob, und versuchten, einen leuchtenden Punkt zu entdecken, der die Richtung ihrer luftigen Hütte angeben konnte.

»Sehen Sie nur, Herr Albani«, sagte mit einem Mal der Malteser, der starr nach Nordwest blickte.

Der Venezianer und Enrico schauten nach der angegebenen Richtung und bemerkten am äußersten Rand ihrer Insel, beinahe auf der Oberfläche des Wassers schwebend, ein kleines Licht, das man nicht mit dem Leuchten eines Sterns verwechseln konnte.

»Es ist der kleine Tonno, der sich seine Abendmahlzeit vor der Hütte bereitet«, sagte Enrico. »Wenn der brave Junge wüsste, wie sehnsüchtig wir nach ihm ausspähen und seine Hilfe herbeiwünschen! Ach, wie glücklich wäre ich, wenn ich sein Mahl teilen könnte!«

»Ja«, sagte Albani. »Das Feuer ist von dem Knaben angezündet worden. Ich hatte mich in Bezug auf die Lage dieses Felsenriffs nicht getäuscht. Es muss dasselbe sein, das wir vom Fenster unserer Höhle aus gesehen haben.«

»Dann befinden wir uns also gegenüber von unserem Vorratsmagazin?«

»Ja, wenn auch nicht ganz gerade gegenüber, sondern etwas mehr südlich, aber ungefähr fünfundzwanzig bis dreißig Meilen weit davon entfernt.«

»Glauben Sie, dass der kleine Tonno unser Feuer erkennen kann?«

»Gewiss, Enrico.«

»Und dass er uns zu Hilfe eilt?«

»Das können wir nicht wissen. Er könnte fürchten, dass das Feuer von Piraten angelegt sei, und statt uns Zeichen zu machen, an Flucht denken.«

»Teufel«, murmelte Enrico, sich wütend den Kopf kratzend. »Aber wenn er sieht, dass wir nicht zurückkehren, wird er sich schon denken, dass uns ein Unfall widerfahren ist.«

»Aber es müssen erst mehrere Tage vergehen, da wir den Zeitpunkt unserer Rückkehr nicht festgesetzt hatten. Wenn er jedoch jeden Abend dieses Feuer sieht, wird er schon merken, dass man seine Aufmerksamkeit auf sich zu lenken sucht. Vorwärts, zünden wir die Zweige an.«

Sie legten auf der höchsten Spitze des Gipfels die mitgebrachten Ranken und Zweige zusammen und steckten sie an. Eine große Flamme loderte sofort in die Höhe und streute zahllose Funken in die Luft, die der Nachtwind wie tausend kleine Sterne über das Meer wehte.

Der alte Vulkan schien aus seinem jahrhundertelangen Schlaf erwacht zu sein. Seine Abhänge, die das vom Wind belebte Lagerfeuer bestrahlte, schienen mit glühender Lava bedeckt zu sein, während sich das Meer ringsum mit blutroten Reflexen färbte.

Dieses helle Licht, das sich vom dunklen Hintergrund des Himmels und der Wellen abhob, konnte, trotz der beträchtlichen Entfernung, die das Felsenriff von den nördlichen Küsten der Insel trennte, von dem Schiffsjungen nicht unbemerkt bleiben.

Das Feuer funkelte eine Viertelstunde lang durch die Finsternis, dann sank es langsam, da es sich nicht mehr nähren konnte, und erlosch schließlich ganz.

Die aufrecht stehenden Schiffbrüchigen blickten unausgesetzt nach Nordosten, in der Hoffnung, den hellen Punkt größer aufflammen zu sehen, aber stattdessen verschwand er plötzlich.

»Der kleine Tonno hat uns nicht verstanden,« sagte Enrico. »Vielleicht hat er sogar Angst bekommen.«

»Es ist möglich«, sagte Albani, »aber schließlich wird er am Ende verstehen, dass unser Feuer ein Signal war.«

»Wiederholen wir es, mein Herr.«

»Es wäre unnütz, Enrico. Der kleine Tonno muss das Licht bemerkt haben, und wir müssen sparsam mit den wenigen Pflanzen auf dieser kleinen Insel umgehen. Wenn wir auch das Feuer die ganze Nacht brennen ließen, würden wir ihn doch nicht davon überzeugen, dass es ein Notsignal ist.

Wenn wir es aber an mehreren Abenden wiederholen und er uns nicht heimkehren sieht, dann wird er vielleicht darauf kommen, dass wir es sind, die um Hilfe bitten.

Steigen wir hinunter, liebe Freunde, und versuchen wir zu schlafen.«

Es war unnötig, eine Wache aufzustellen, da es nichts zu befürchten gab, und da alle sehr müde waren, nachdem sie die ganze vorherige Nacht wachgeblieben waren, beeilten sie sich, an ihren Zufluchtsort zurückzukehren und die Augen zu schließen.

Ihr Schlaf wurde auch nicht gestört und so konnten sie sich bis zum Tagesanbruch ruhig erholen, ungeachtet der brüllenden Wellen. Schließlich war das Meer ruhig geworden und die Wellen schlugen nur noch sanft an das Ufer.

Am nächsten Tag blieb das Meer weiterhin ruhig. Nur weite Wellen durchzogen es und brachen sich an der Küste.

Sie verzehrten ein paar Dutzend Austern, die der Malteser am Sandstrand gesammelt hatte, und stiegen dann auf den Gipfel des Vulkans, um zu schauen, ob auf ihrer Insel irgendein Signalzeichen zu entdecken sei, aber es war vergeblich.

Weder auf dem Gipfel des Berges noch am Ufer stieg eine Rauchsäule empor.

Ohne Zweifel hatte der kleine Tonno, der nicht ahnte, wer das Signalfeuer angezündet hatte, es für richtiger gehalten, nicht darauf zu antworten. Er hatte wahrscheinlich gedacht, dass es Piraten oder Fischer von Sulu oder Borneo seien, die man sich lieber nicht auf die Insel lockt.

Sie wandten nun ihre ganze Aufmerksamkeit auf die Riffe, um zu sehen, ob es möglich wäre, den Übergang zu wagen, aber die langen Wellen, die von Zeit zu Zeit darüber hinzogen, machten es unmöglich zu unterscheiden, ob die Riffe sich bis in die Richtung der Insel erstreckten. Man musste abwarten, bis das Meer vollkommen ruhig geworden war.

»Für heute können wir keinen Versuch machen«, sagte Albani. »Heute Abend wiederholen wir das Signalfeuer, und wenn wir keine Antwort erhalten und das Meer ruhig ist, wagen wir uns morgen auf die Riffe hinaus.«

Ein wenig entmutigt durch die Enttäuschungen stiegen sie wieder zum Strand hinab, um Austern zu sammeln, da ihnen keine andere Speise zur Verfügung stand.

Während die beiden Matrosen bis an die Knie eingetaucht im Wasser standen und die benachbarten Felsen nach den appetitlichen Mollusken durchsuchten und Krebse aufstöberten, durchforschte der noch immer etwas hinkende Herr Albani die kleine Insel in der Hoffnung, einige Schildkröten aufzufinden oder wenigstens einige Löcher mit Eiern derselben.

Aber seine Bemühungen blieben fruchtlos. Er konnte zwar am Strand noch einige frische Spuren entdecken, aber am Ufer tauchte keine Schildkröte auf. Dann stieg er den Felsen empor, um in den Felsspalten vielleicht einige nützliche Pflanzen zu entdecken, aber es waren nur halb vertrocknete Schlingpflanzen, karges Buschwerk und Gestrüpp vorhanden. Dafür Unmassen von Lava und Bimsstein, besonders in einem kleinen Tälchen, das zum Gipfel hinaufstieg.

Als er einen wahren Strom erkalteter Lava gefunden hatte, der noch nicht ganz so alt zu sein schien, schlug er mit einem großen Stein die verschiedenen Krusten entzwei und entdeckte, dass diese Lava in einer gewissen Tiefe noch etwas Wärme besaß.

»Was machen Sie da, mein Herr?«, fragte Enrico, der seine Ernte beendet hatte. »Hoffen Sie, irgendeinen Schatz unter diesen Steinen zu finden?«

»Nein, ich habe nur geprüft, ob in dieser Lava vielleicht mineralische Bestandteile wären, die uns nützen könnten.«

»Vielleicht Gold?«

»Nein, aber Eisen.«

»Und haben Sie welches gefunden?«

»Nein, Enrico, aber ich habe eine merkwürdige Entdeckung gemacht.«

»Und welche, mein Herr?«

»Ich habe Lava gefunden, die noch eine gewisse Wärme besitzt.«

»Etwa Lava aus diesem kleinen Vulkan?«

»Ja, Enrico.«

»Und noch warm!«, rief der Matrose erstaunt aus. »Aber dann ist der Vulkan ja noch nicht erloschen.«

»Wenn der Krater nicht mehr existiert, muss er erloschen sein.«

»Aber wir haben ihn doch nie speien sehen, mein Herr.«

»Er kann seit zwanzig, fünfzig, ja hundert Jahren erloschen sein.«

»Aber wenn Sie sagen, dass die Lava noch warm ist! … Dann müsste ja vor wenigen Tagen ein Ausbruch erfolgt sein, und wir haben keine Flamme in dieser Richtung gesehen.«

»Du musst wissen, lieber Freund, dass die Lava, die sich sofort mit einer Kruste bedeckt und eine sehr schwache Ausstrahlung hat, ihre Wärme viele Jahre lang behält, nach der Ansicht von einigen glaubwürdigen Gelehrten sogar bis zu einem Jahrhundert.«

»Tausend Erdbeben! … Wenn mir das ein anderer erzählte, würde ich es ihm, auf mein Seemannswort, nicht glauben.«

»Ich kann noch hinzufügen, dass die Wärmeausstrahlung der Lava eine so geringe ist, dass es Vulkane gibt, die schon zu gleicher Zeit Massen von Eis und Lava ausspien.«

»Eismassen aus einem Flammen sprühenden Vulkan?«

»Ja, Enrico. Dieser merkwürdige Fall hat sich in Island schon häufig ereignet.«

»Glauben Sie, mein Herr, dass dieser kleine Vulkan sehr alt ist?«

»Ich glaube es nicht, denn die Muscheln, die wir in seinen Schluchten aufgehäuft fanden, befinden sich in einem vortrefflichen Zustand.«

»Aber ich möchte wohl wissen, wie es diese Inseln anfangen, aus dem Meer aufzusteigen. Dass sie versinken, das kann ich mir schon vorstellen, aber wie sie sich erheben, ist mir unerklärlich.«

»Sie erheben sich infolge eines furchtbaren Stoßes, den die im Inneren der Erde eingeschlossenen Dampfmassen hervorbringen. Wie du wohl weißt, sind im Inneren unserer Erdkugel die Feuer nie verloschen. Das Wasser, das durch die Poren der Erdkruste dringt, verwandelt sich, wenn es in Berührung mit diesen Feuern kommt, in Dampf.«

»Das verstehe ich, Herr Albani. Der Dampf, der keinen Ausweg findet, trifft auf die Kruste und zerbricht sie.«

»Ja, Enrico, aber mit unwiderstehlicher Kraft, die die unterirdischen Gänge zerstört und riesigen Schaden hervorbringt, besonders nach der Höhe zu, und hier und da die Erdkruste aufhebt. Eine ähnliche, sicherlich ganz gewaltige Katastrophe muss vor einer mehr oder weniger fernen Zeit auf dem Grund dieses Meeres stattgefunden haben und der Stoß so stark gewesen sein, dass er die Kruste stark angehoben und diesen Kegel aus den Wassern herausgehoben hat. Die auf diese Weise gebildeten Inseln sind nicht selten. Beinahe die ganzen Azoren sind vulkanischen Ursprungs, und auch vor nicht allzu langer Zeit, wenn ich nicht irre im Jahre 1812, entstand ganz unvermutet eine solche an unserer sizilianischen Küste, die aber später von den Fluten wieder zerstört wurde.«

»Solche Erhebungen bringen Erdbeben hervor, nicht wahr?«

»Nein, sie entstehen durch die Erdbeben selbst.«

»Aber wie mag später der Vulkan erloschen sein?«

»Vielleicht durch heftiges Eindringen von Seewasser.«

»Er muss wie eine Bombe explodiert sein.«

»Gewiss, Enrico. Vielleicht war er viel höher, ist aber beim Ausbruch verstümmelt worden und hat den Krater mit Bruchstücken angefüllt.«

»Gibt es noch mehr Vulkane, die explodiert sind, Herr Albani?«

»Verschiedene, aber nicht immer durch Eindringen von Wasser, und sie sind auch nicht stets dabei erloschen. Auch unser Ätna brach aus und bildete das sogenannte Val di Bove[1], und ebenso unser Vesuv

[1] Das Valle del Bove (dt.: Tal des Ochsen) ist eine Caldera, also ein Vulkankessel, am Südosthang des Vulkans Ätna auf Sizilien.

im Jahre 79, als er Herculanum, Pompeji und Stabia[1] unter einem Ascheregen und Lapilli[2] verschüttete. Als in Mittelamerika der Coseguina[3] ausbrach, bedeckte er die Felder rings umher mit einer fünf Meter hohen Ascheschicht in einer Ausdehnung von neunundvierzig Kilometern, und die Entladung wurde bis auf eine Entfernung von fünfzehnhundertsechzig Kilometer gehört.«

»Blitz und Donner! … Was für ein Getöse! …«

»Als indessen im Jahre 1698 der Timboro auf der Insel Sumbawa[4] ausbrach, warf er eine solche Masse von Bruchstücken umher, dass sie dreimal die Höhe des Montblanc ausgemacht hätte und sich auf einer Oberfläche verteilte, die Italien und dem halben Frankreich gleichkam, während Bimssteine von der Dicke eines Meters auf dem Wasser herumschwammen.«

»Blitz und Erdbeben! Danken wir dem kleinen Vulkan hier, dass er den guten Einfall gehabt hat, schon vor fünfzig oder hundert Jahren auszubrechen. Von solchen Ungeheuern hält man sich besser fern, mein Herr!«

## 32. Die Signale zwischen der Insel und dem Felsenriff

Gegen Abend erstiegen die drei Schiffbrüchigen wieder den Kegel und brachten neues Gestrüpp und Arme voll Seealgen mit, die sie am Ufer des Felsens gesammelt und dann in der Sonne getrocknet hatten.

Sie beabsichtigten mehrere Feuer anzuzünden, um die Aufmerksamkeit des kleinen Tonno sicherer zu erregen. Vielleicht, so hofften sie, wenn sie ihr Signalfeuer widerholten oder sogar vermehrten, würde er schließlich wohl verstehen, dass seinen Gefährten ein Unfall widerfahren war.

Sie schauten zuerst mit großer Aufmerksamkeit nach dem äußersten Punkt ihrer Insel, und der Malteser, der den schärfsten Blick von ihnen hatte, bemerkte sehr bald den hellen Punkt, den sie schon am

[1] Die ehemalige römische Siedlung Stabiae, heute Castellammare di Stabia genannt, lag am Golf von Neapel etwa 4,5 Kilometer südwestlich von Pompeji und wurde beim Ausbruch des Vesuvs im Jahre 79 n. Chr. wie Pompeji und Herculaneum zerstört.

[2] Kleine Steine, welche aus Vulkanen mit der Asche und Schlacken ausgeworfen und dabei oft über weite Strecken fortgeschleudert werden.

[3] Der Cosigüina (auch Cosegüina genannt) ist ein Vulkan im Westen Nicaraguas.

[4] Besagter Vulkan heißt heute Tambora (oder Temboro). Die Insel Sumbawa gehört zu den Kleinen Sundainseln und liegt östlich von Java in Indonesien.

vergangenen Abend beobachtet hatten. Er schien sich jedoch nicht mehr in gleicher Höhe mit der Oberfläche des Meeres zu befinden, sondern auf einem erhöhten Punkt, vielleicht auf dem Gipfel eines Felsens.

»Sollte der kleine Tonno auf die Felsenriffe gegangen sein, um sein Abendessen zu kochen?«, sagte Enrico. »Oder hat er das Feuer in größerer Höhe angezündet, um es sichtbarer zu machen?«

»Ich glaube, dass der brave Junge es aus einem guten Grund dort oben entzündet hat«, sagte Albani.

»Und aus welchem, mein Herr?«

»Um sich zu vergewissern, ob man ihm darauf antwortet.«

»Dann beeilen wir uns, unsere Feuer anzuzünden.«

Aus Zweigen und trockenen Algen bildeten sie drei Haufen, die mehrere Schritte voneinander entfernt waren, und zündeten sie an, durch Hineinblasen die Flamme stärker anfachend.

Als sie wieder aufstanden, sahen sie, dass sich der helle Punkt auf der äußersten Spitze der Insel beträchtlich vergrößert hatte.

Kurz darauf erschienen zwei andere Punkte in gewisser Entfernung vom ersten.

Ein Freudenschrei tönte von den Lippen des Maltesers und Enricos.

Jetzt gab es keinen Zweifel mehr, der kleine Tonno antwortete auf ihre Signale.

»Ich bin mir sicher, dass der gute Junge sich gedacht hat, dass wir es sind, die diese Feuer entzündet haben«, sagte Enrico.

»Das glaube ich auch«, erwiderte Albani.

»Und morgen wird er uns zu Hilfe kommen.«

»Aber auf welche Weise, da das Boot ja nicht mehr existiert?«, fragte Marino.

»Er wird ein Floß herstellen«, antwortete Albani. »Der Junge ist klug und wird vor keiner Schwierigkeit zurückschrecken.«

»Wir müssen mit den Signalen fortfahren«, sagte Enrico. »Lass uns weiteres Holz suchen, Marino.«

Die beiden Matrosen stiegen in die Schluchten hinab, um Buschwerk zu holen, während Albani als Wache auf dem Gipfel des Kegels blieb.

Es war schon eine Viertelstunde verstrichen, als er einen vierten leuchtenden Punkt gerade gegenüber dem Felsenriff auftauchen sah, aber diesmal sehr niedrig, beinahe auf gleicher Höhe mit dem Meeresspiegel. Dieser Punkt breitete sich rasch aus, und eine Rauchsäule mit roten Reflexen stieg in die Höhe, überragt von Funkenbüscheln. Es sah aus, als ob ein Stück des großen Waldes brenne.

»Jetzt zeigt uns der kleine Tonno, dass er weiß, wir befinden uns hier«, sagte Albani zu den beiden Matrosen, die mit Zweigen und Schlingpflanzen beladen heraufkamen. »Es ist keine Täuschung mehr möglich.«

»Aber wie hat er es so rasch gemerkt?«, fragte Enrico. »Sollte etwas von unseren Sachen an das Ufer der Insel getrieben sein?«

»Vielleicht«, antwortete Albani. »Irgendein Ruder, die Blasrohre oder die Segelstange, die sich vom Boot gelöst haben kann.«

»Ha! Jetzt brennt eine andere Baumgruppe etwas weiter nach dem Süden. Der Kleine scheint unsere ganzen Wälder vernichten zu wollen.«

»So töricht wird er nicht sein, Enrico. Aber schürt das Leuchtfeuer, das im Begriff ist, auszugehen.«

Neue Zweige wurden auf die glühenden Scheite geworfen, und die Flammen schlugen in die Höhe. Der Kegel war jetzt vollständig beleuchtet und musste in großer Entfernung sichtbar sein. Auch auf die Insel warfen die Feuer ein helles Licht, sodass sie sich deutlich vom dunklen Himmel abhob.

Zwei Stunden lang tauschten die Schiffbrüchigen und der kleine Tonno Signale aus, dann erloschen nach und nach auf beiden Seiten die Feuer. Aber weder Albani noch die beiden Matrosen dachten daran, zu schlafen oder die Spitze des Kegels zu verlassen, da sie immer hofften, auf den Ufern der Insel ein weiteres Feuer auftauchen zu sehen.

Sehnsüchtig erwarteten sie die Morgendämmerung, in der sicheren Aussicht, den kleinen Tonno mit irgendeinem Floß ankommen zu sehen, aber die Nacht schien ewig zu währen, und die Dunkelheit nahm kein Ende.

Tatsächlich schien das Wetter ihren Hoffnungen wenig günstig zu sein, denn der Himmel bedeckte sich mit schweren Wolken, als ob ein neues Unwetter drohte, und der Wind fing mit der Zeit immer heftiger an zu wehen.

Wenn das Meer unruhig wurde, konnte der Schiffsjunge nicht so schnell herbeieilen und sie aus der Gefangenschaft befreien, die sie anfingen, unerträglich zu finden.

Gegen drei Uhr morgens begann der Donner, in den Wolken zu

grollen, während einige Blitze den östlichen Himmel durchfurchten. Das Meer fing schon an, gegen die Klippen und Riffe zu schäumen.

»Tausend Millionen Blitze!«, rief Enrico wütend aus. »Werden wir denn diese verdammten Ungewitter nicht mehr los?«

»Es ist vielleicht das letzte der Regenzeit«, sagte Albani.

»Das letzte oder vorletzte, jedenfalls verhindert es unseren Aufbruch.«

»Leider, Enrico.«

»Ach, wenn der kleine Tonno sich doch beeilte!«

»Er wird sich nicht zwischen die Riffe und Sandbänke wagen, ehe der Morgen dämmert. Üben wir uns in Geduld und warten es ab.«

Sie kauerten sich hinter einen Felsen, um vor dem Wind geschützt zu sein, der mit großer Heftigkeit auf dieser isolierten Höhe blies, und erwarteten, die Augen starr auf die Insel gerichtet, die Morgenröte.

Unterdessen nahm das Unwetter mit riesiger Schnelligkeit zu, kam aber diesmal aus Osten her. Jetzt waren alle Sterne unter dichten Wolkenmassen verschwunden, die der Wind vor sich hertrieb, und das Meer schlug mit dumpfem Gebrüll gegen den Fuß des Felsens. Wenn es so fortfuhr, konnte der kleine Tonno sich entschieden nicht allein auf einem Floß in die Wellen wagen.

Um vier Uhr tauchte ein schwacher Lichtschimmer am östlichen Himmel auf und färbte die Fluten mit stahlfarbenen Reflexionen.

Albani, der Genuese und Marino hatten sich in lebhafter Aufregung erhoben und richteten ihre Blicke nach der Insel. Sie schienen sofort einen grauen Fleck zu erkennen, der sich an den Riffen entlangzog.

»Es ist ein Segel!«, rief der Malteser. »Ich bin mir sicher, dass ich mich nicht irre.«

»Sollte der brave Junge sich schon aufs Meer hinausbegeben haben?«, sagte Enrico. »Ach, wie gern möchte ich den tapferen Jungen umarmen!«

»Ja, es ist ein Segel«, bestätigte Albani nach aufmerksamer Beobachtung. »Er hat sich sicherlich ein Floß zurechtgemacht und einen Mast darauf errichtet.«

»Nein, das ist kein Floß«, sagte der Malteser, der auf die höchste Spitze des Kegels hinaufgeklettert war. »Ich sehe eine schwarze längliche Form unter dem Segel.«

»Du bildest dir etwas ein, Kamerad.«

»Nein, Matrose«, antwortete Marino. »Ich sage dir, der kleine Tonno kommt uns mit einem Boot zu Hilfe.«

»Mit einem Boot?«, riefen Albani und Enrico aus.

»Ja! … Ja! … Ich erkenne es jetzt ganz deutlich.«

»Aber wo sollte er ein Boot gefunden haben?«, fragte Enrico.

»Wenn es nun das unsrige wäre?«, sagte der Venezianer.

»Es ist unmöglich, mein Herr!«

»Warum unmöglich? Irgendeine Strömung kann es auf unsere Insel getrieben haben, und der kleine Tonno hat es dort aufgefunden.«

»In der Tat, mein Herr, wenn der Junge es nicht gefunden hätte, glaube ich nicht, dass er so schnell auf unsere Signale geantwortet hätte. Der kleine Tonno ist vorsichtig, und anstatt jenes Feuer anzuzünden, hätte er sogar das des Ofens ausgemacht, aus Angst davor, unsere Aufmerksamkeit auf sich zu lenken. Denn er hatte allen Grund, uns für Piraten zu halten.«

»Ja, es ist unser Boot«, schrie Marino. »Jetzt erkenne ich es ganz genau.«

Inzwischen konnte man sich nicht mehr täuschen. Auch Albani und Enrico konnten es unterscheiden, da es sich den ersten Riffen genähert hatte und die Sonne ein wenig durch die Wolkenschlitze blickte.

Der kleine Tonno lenkte es mit sicherer Hand, weit von den Riffen ab, aus Furcht, dass die Wellen es gegen diese gefährlichen Hindernisse schleudern könnten.

Da er sah, dass das Unwetter zunahm, beeilte er sich und schlug die geradeste Linie ein, um den Weg abzukürzen.

Die Sturzwellen überfielen ihn mit großer Gewalt, aber er ließ sich nicht abschrecken, und man sah, wie er mit der einen Hand ein langes Ruder hielt, das ihm als Steuer diente, während die andere das Segel regierte.

Herr Albani, Enrico und der Malteser, die außer sich vor Freude und tief bewegt waren, hatten den Gipfel des Felsens verlassen und sich bei den ersten Felsenriffen versammelt.

»Bravo, mein kleiner Tonno!«, schrie der Genuese. »Du bist ein rechter Seemann!«

Um sieben Uhr früh landete das Boot, nachdem es eine Korallenbank passiert hatte, auf dem sandigen Strand, und der tapfere Junge, der abwechselnd lachte und weinte, stürzte erst Herrn Albani in die Arme, dann in die Enricos und schließlich in Marinos.

»Ach!«, rief er aus. »Ich beweinte euch schon alle, da ich euch ertrunken glaubte. Umarmt mich noch einmal, Herr Albani, und du auch, mein guter Enrico.«

»Aber wann hast du das Boot gefunden?«, fragte ihn Albani.

»Gestern Abend, kurz vor Sonnenuntergang.«

»Aber wo?«

»Es war dicht bei den Fischweihern auf Grund gelaufen. Ihr könnt euch meine Verzweiflung denken, als ich es umgestürzt fand, und dann wieder meine Freude, als ich die drei Feuer auf diesem Felsen erblickte. Ich zweifelte nicht mehr, dass ihr es wäret, und beeilte mich, darauf zu antworten.«

»Hattest du das Feuer zwei Abende früher auch gesehen?«

»Ja, Herr, und es hatte mich sehr erschreckt, da ich fürchtete, es wären Piraten, die auf unserer Insel landen wollten. Wie glücklich bin ich nun, mein Herr! Ich hielt euch für verloren und finde stattdessen noch einen Kameraden mehr.«

»Du verzeihst mir also auch?«, fragte Marino.

»Glaubst du, dass ich dir nicht vergeben würde, wenn Herr Albani und Enrico dir verziehen haben? Komm und umarme mich, du bist einer der Unseren und ebenfalls ein italienischer Robinson; aber … wo ist denn dein Kamerad? Ihr entfloht doch zu zweit?«

»Das erzählen wir dir später, kleiner Tonno«, sagte Albani. »Beeilen wir uns, dieses Felsenriff zu verlassen, sonst laufen wir Gefahr, noch einmal Schiffbruch zu leiden.«

Ein Aufschub konnte ihnen in der Tat verhängnisvoll werden, da die Wellen sichtlich höher wurden und der Wind fortwährend zunahm, während große Regentropfen anfingen, auf die Oberfläche des Meeres zu prasseln.

Sie verließen den kleinen Vulkan ohne Bedauern, auf dem sie in Gefahr geschwebt hatten, ohne jene zufällig entdeckten Austern wie die Schiffbrüchigen der Medusa[1] ihr Ende zu finden, und gewannen das offene Meer in der Richtung nach der Ostküste der Insel zu.

Albani hatte sich wieder an das Steuer gesetzt, Enrico in das Vorderteil, um besser die Klippen und Riffe zu sehen, und der kleine Tonno und der Malteser lenkten das Segel.

---

[1] Anspielung auf die französische Fregatte *Méduse*, die 1816 vor Westafrika Schiffbruch erlitt. Die Überlebenden retteten sich auf ein Floß, das danach zehn Tage lang steuerlos auf dem offenen Meer trieb, wobei es aus Mangel an Nahrung und Trinkwasser zu Kannibalismus kam. Berühmt geworden ist in diesem Zusammenhang ein Gemälde des Franzosen Théodore Géricault (1791 bis 1824) aus dem Jahr 1819 mit dem Titel »Das Floß der Medusa«.

Die Dunkelheit wuchs von Minute zu Minute. Die Sonne war hinter dichten Wolkenmassen verschwunden, und obgleich es kaum zehn Uhr vormittags war, schien die Nacht hereinzubrechen.

Glücklicherweise war der Wind günstig, und das Boot, das die Wellen vom Heck her empfing, schwebte für den Augenblick wenigstens in keiner Gefahr. Es flog wie ein Seevogel dahin und ließ sich von den schäumenden Wogen tragen, wobei es sich zwei- oder dreihundert Schritte von den Riffen entfernt hielt.

»Schnell, schnell«, sagte Herr Albani, der sah, wie das Unwetter zunahm und gelegentlich Wasser in das Boot spritzte. »Lasst das ganze Segel los.«

Die Küsten der Insel waren schon vollständig sichtbar, als der Matrose, der sich nach Osten wandte, um die zurückgelegte Strecke zu schätzen, am düsteren Horizont zwei weißliche Punkte bemerkte, die sich von Süden nach Norden zu bewegen schienen.

»Sind das Vögel oder Segel?«, fragte er sich. »Blick einmal dort hinüber, Marino, du hast schärfere Augen als ich.«

Der Malteser drehte sich um und richtete seinen Blick, der es mit dem besten Fernrohr aufnehmen konnte, auf die beiden angegebenen Punkte.

»Es sind zwei große Segel«, sagte er.

»Vielleicht wieder ein *Tia-kau-ting*? Es fehlte uns nichts weiter in diesem Augenblick als ein neuer Angriff von Piraten.«

»Betrachte es ganz genau, Marino,« sagte Albani.

»Es scheint mir, nach der Form der Segel zu urteilen, dass dieses Schiff eher eine Dschunke ist«, antwortete der Malteser.

»Kommt es dir vor, als ob es sich der Insel näherte?«

»Ja, es versucht, nach dieser Küste zu steuern.«

»Ob es wohl Piraten sind, mein Herr?«, fragte Enrico.

»Die Dschunken sind gewöhnlich von chinesischen Seeleuten bemannt. Wenn es im Golf von Tonkin[1] wäre, dann könnte man Zweifel hegen, aber die in diesen Gewässern verkehrenden Dschunken treiben ehrlichen Handel.«

»Vielleicht schickt uns das Unwetter neue Gefährten? Auf unserer Insel gibt es keine Häfen, die als sicherer Zufluchtsort dienen können.«

»Aber dieses Schiff hofft vielleicht, einen solchen zu finden. Wenn

[1] Ein Ausläufer des Südchinesischen Meeres östlich von Vietnam und westlich von Teilen Chinas gelegen.

es den Seeleuten gelingt zu landen, dann sollen sie sich nicht über uns zu beklagen haben. Bekümmern wir uns aber jetzt um unser eigenes Fahrzeug; das Meer wird immer stürmischer und droht, uns eine böse Viertelstunde zu bereiten.«

Sie waren nur noch zwei Meilen von der Insel entfernt, aber die Wellen, die zwischen der steil abfallenden Küste und der Klippenreihe eingeschlossen waren, kehrten lärmend und tosend ins offene Meer zurück und brachten gefährliche Gegenströmungen hervor.

Herr Albani war aufgestanden, um besser zu sehen, wo sich die Riffe verbargen, die nur durch unausgesetztes Schäumen und überschlagende Wassersäulen zu erkennen waren.

Das Boot schien jeden Augenblick unter den anstürmenden Wogenmassen zu verschwinden, kam aber immer wieder in die Höhe.

Um die Mittagszeit umsegelten sie ein hohes Felsenriff, das sich vor der Küste entlang erstreckte und mit den hohen, steilen Ufern eine Art tiefen Fjord bildete, der vor Wind und Wellen geschützt war.

»Endlich!«, rief Enrico aus.

Sie zogen das Segel ein und banden das Boot an einem riesigen Felsstück fest, während ein wahrer Wolkenbruch herniederging.

»Suchen wir uns eine Unterkunft«, sagte Albani und betrat die Küste. »Bei diesem Hundewetter und so müde, wie wir sind, können wir uns nicht bis zu unserer Hütte begeben.«

»Aber unsere Vorratsräume können nicht weit sein«, sagte Enrico.

»Zwei Meilen«, antwortete der kleine Tonno.

»Das ist bei diesem Wolkenbruch zu viel.«

»Es muss hier Höhlen geben,« sagte Albani. »Alle diese Felsen sind mehr oder weniger durchlöchert.«

»Suchen wir eine auf, mein Herr. Ich falle vor Müdigkeit um und kann mich kaum noch auf den Beinen halten«, meinte Marino.

Sie waren gerade dabei, dem Meer den Rücken zu kehren und auf die hohen Klippen der Küste zuzuhalten, als der Malteser die folgende Frage stellte:

»Und die Dschunke?«

»Sieht man sie noch?«, fragte Albani und blieb stehen.

Der Malteser blickte nach Osten, aber es war nichts mehr am Horizont zu sehen. Der Regen verhinderte gewiss den Ausblick, oder die Mannschaft hatte den Gedanken aufgegeben, auf die Insel loszusteuern, und den Kurs nach Norden wieder aufgenommen.

»Sie ist verschwunden«, sagte Marino.

»Umso besser für die Mannschaft«, antwortete Enrico. »Sie würden an diesen Riffen gescheitert sein. Kommt, es ist eine wahre Sintflut und wir besitzen nicht die Arche des braven Noah.«

## 33. Der Schiffbruch der Dschunke

Es goss in Strömen, und Blitze durchfurchten die dunklen Wolkenmassen, als sie eine Höhlung fanden, die ihnen als Zufluchtsort dienen konnte.

Es war eine Art von offener Höhle am Fuß eines hohen Felsens, die einige Meter lang, aber anscheinend sehr tief war. Ohne sich darum zu bekümmern, ob sie auch leer oder von irgendeinem gefährlichen Bewohner der nahen Wälder eingenommen war, stürzten sie hinein, um sich vor der Sintflut zu retten, die aus dem dichten Wolkenknäuel herabströmte.

Nachdem sie einige Sagozwiebacke gegessen und ein Gefäß mit Toddi geleert hatten, das der Schiffsjunge vorsorglicherweise im Boot mitgebracht hatte, kauerten sie sich, dicht aneinander gelehnt, in einer Ecke nieder und versuchten zu schlafen, da sie während der ganzen Nacht kein Auge geschlossen hatten. Sie konnten auch ganz sicher sein, denn kein Raubtier würde bei diesem Unwetter sein Lager verlassen haben, um sich eine Beute zu suchen.

Dann brach der Orkan mit einem ohrenbetäubenden Donner los; vielleicht war es ein letztes Aufbäumen der schlechten Jahreszeit.

Der Regen fiel in solchen Strömen herab, wie als wenn in den Wolken ein riesiger Wasserbehälter geplatzt wäre.

Der Sturmwind heulte und pfiff durch die dunklen Wälder, bog die Äste und Stämme und riss große Bambusstauden um, während das Meer sich mit unbeschreiblichem Getöse an den Riffen brach und in allen Tonarten brüllte.

Ab und zu durchzuckten blendende Blitze die Wolken und erhellten den schäumenden Ozean, gefolgt von so furchtbaren Donnerschlägen, dass die ganze Insel erbebte.

Die vier Robinsons vermochten trotz ihrer großen Ermüdung bei all diesem Lärm nicht zu schlafen. Von Zeit zu Zeit traten sie hinaus, um einen Blick auf ihr Boot zu werfen, denn sie fürchteten, dass die Wellen bis in diese Bucht dringen und es am Ufer zerschellen könnten.

Sie wandten auch häufig ihre Blicke nach dem einsamen Felsenriff, in der Erwartung, dort vielleicht die am Morgen bemerkte Dschunke auftauchen zu sehen, aber das Schiff blieb verschwunden.

Gegen Abend, als das Unwetter fortfuhr zu wüten, begaben sie sich in den Hintergrund der Höhle und versuchten, nachdem sie es sich so bequem wie möglich gemacht hatten, etwas Schlaf zu finden. Der Donner war seltener geworden, aber der Wind pfiff noch mit der gleichen Heftigkeit durch die Bäume der nahen Wälder.

»Hoffentlich können wir morgen zu unserer Hütte zurückkehren«, sagte Enrico. »Es kommt mir vor, als sei ein Jahrhundert vergangen, und ich freue mich darauf, Hinkepfot wiederzusehen.«

Seine Gefährten antworteten nicht. Sie schnarchten wie die Murmeltiere.

Ihr Schlaf war jedoch nicht von langer Dauer, denn es waren kaum zwei Stunden vergangen, als die scharfen Ohren des Maltesers einen Knall vernahmen, der von der Seeseite herzukommen schien. Es war weder Donnerhall eines Blitzschlags noch der Aufprall eines Wasserbergs an den Klippen, sondern ein dumpfes Geräusch, das dem Abfeuern einer kleinen Kanone oder einer Drehbasse[1] glich.

Überrascht und etwas beunruhigt erhob er sich und blickte auf das stürmische Meer hinaus, wo er aber in der Dunkelheit kaum die Schaumkämme der Wellen erkennen konnte.

»Habe ich mich getäuscht oder vielleicht nur geträumt?«, murmelte er.

Er horchte noch einige Minuten, aber als der Knall sich nicht wiederholte, legte er sich wieder hin. Eben war er im Begriff, die Augen wieder zu schließen, als er einen zweiten Schuss hörte.

Er hatte sich nicht geirrt, eine Kanone oder ein größeres Schiffsgeschütz war auf dem Meer abgefeuert worden.

»Herr Albani!«, rief er und schüttelte ihn heftig. »Aufgestanden, Enrico, kleiner Tonno, wach auf!«

Der Venezianer und seine Gefährten sprangen in die Höhe.

»Was ist vorgefallen?«, fragte Albani.

»Es werden Kanonenschüsse auf dem Meer abgefeuert, mein Herr«, sagte der Matrose.

»Kanonenschüsse! …«

[1] Eine besondere Art von leichterem Geschütz auf Kriegsschiffen, das gewöhnlich nur mit Schrot oder Kartätschen geladen wird und durch einen besonderen Mechanismus in jede Richtung gestellt werden kann. Je nach Konstruktion und Kaliber war es aber auch möglich, Kugeln von einem halben bis zwei Pfund zu verschießen.

»Hören Sie nur! …«

Ein dritter Knall erdröhnte auf dem Meer und hallte an den Felsen der Insel wieder.

»Sollte es die Dschunke sein?«, fragte sich Albani.

Sie verließen eilends die kleine Grotte und stürzten ans Ufer, ohne auf den Wolkenbruch zu achten, der sie durchnässte.

Da die Blitze nachgelassen hatten, war es so dunkel, dass man nicht zu erkennen vermochte, was auf dem Meer vorging. Aber inmitten des Pfeifens des Windes und des Heulens der Wogen hörte man von der hohen See her das Schreien von Menschenstimmen.

»Ein Schiff droht zu versinken«, sagte Albani. »Der Sturm muss es nach unserer Insel treiben.«

»Aber man sieht ja nichts«, antworteten die drei Seeleute.

»Wir müssen ein Feuer anzünden, damit die Unglücklichen verstehen, dass sie hier Hilfe finden können.«

»Bei diesem Regenschauer! …«

»Versucht irgendeine harz- oder gummihaltige Pflanze abzuhauen. Ich habe ein paar Giunta-wan in der Nähe der Höhle gesehen, die wie mit Harz getränktes Stroh brennen werden. Habt ihr irgendwelche Waffen?«

»Ja«, sagte der kleine Tonno. »Ich habe mein Messer.«

»Dann geh und schneide sie ab.«

In diesem Augenblick sah man am dunklen Horizont eine Flamme aufsprühen und hörte gleich darauf einen Kanonenschuss widerhallen.

»Schnell!«, schrie Albani. »Es ist ein Schiff!« …

Die drei Matrosen stürzten nach der Höhle, schnitten ein paar Arme voll von den gummihaltigen dicken Schlingpflanzen ab und brachten sie an den Strand, wo sie sie unter einem Felsenvorsprung aufhäuften.

Herr Albani hatte schon einige Büschel Baumwollstaudenfasern, die ihm der Schiffsjunge gegeben, entzündet. In wenigen Augenblicken fingen die Giunta-wan Feuer, obwohl sie klatschnass waren, und eine große Flamme stieg empor und beleuchtete die Felsenriffe und die an das Ufer schlagenden Wellen.

Im selben Augenblick wurde es auch am Himmel hell; ein riesiger Blitz fuhr wie eine funkelnde Schwertklinge durch die Wolken und ließ das Meer bis an den fernsten Horizont aufleuchten.

»Die Dschunke!«, riefen die drei Seeleute wie aus einem Mund.

Sie hatten sich nicht getäuscht. Beim bläulichen Schein des Blitzes hatten sie, ungefähr eine Meile vom Strand entfernt, eines jener schwerfälligen, sonderbar geformten Schiffe entdeckt, mit dem hohen, beinahe viereckigen Bug, welche die Chinesen Dschunken nennen. Es war sicherlich das am Morgen signalisierte Schiff.

Mit einem kurzen Blick hatten die Seeleute erkannt, dass sich das Schiff in einer verzweifelten Lage befand, da man weder Mast noch Segel sehen konnte.

Zweifellos war die Takelage von der Wut des Sturmes niedergerissen worden und so wurde das Fahrzeug steuerlos weggezogen und gegen die Klippen der Insel geschleudert.

Ab und zu erdröhnte die Kanone auf dem Verdeck des unglücklichen Fahrzeugs, und lautes, verzweiflungsvolles Schreien flehte um Hilfe und Beistand.

»Enrico«, sagte der Venezianer, der sich nicht mehr zurückhalten konnte. »Glaubst du, dass man sich mit unserem Boot in die Wellen hinauswagen kann? …«

»Nein, mein Herr, es wäre eine Tollkühnheit, die uns das Leben kosten würde, ohne den Schiffbrüchigen Nutzen zu bringen.«

»Aber wir können nicht untätig bleiben, während diese Unglückseligen Gefahr laufen unterzugehen.«

»Die Wellen treiben sie auf uns zu, mein Herr«, sagte der Malteser. »Wenn die Dschunke zerschellt, dann sind wir bereit, den Schiffbrüchigen beizustehen.«

»Still! … Ich habe ein Krachen gehört!«

Ein furchtbarer Schrei hallte über das Meer, dem ein letzter Schuss und ein entsetzlicher Krach folgten.

»Ans Ufer!«, schrie Herr Albani, einen brennenden Ast schwenkend und auf die Klippen zueilend.

Ein neuer Blitzstrahl erhellte die Nacht.

Die Dschunke war jetzt auf das Felsenriff aufgelaufen, mit dem Steuerbord umgekippt und zersplitterte an den spitzen Ausläufern der Korallen.

Beim Schein des Blitzes hatten die Robinsons verschiedene Personen erkannt, die in wirrem Durcheinander auf dem schiefliegenden Verdeck des Schiffs hin und her liefen, inmitten der Wellen, die heulend und schäumend daran emporstiegen.

Herr Albani und seine Gefährten waren, mit brennenden Scheiten versehen, in das Boot gesprungen, das sich an einer durch die Klippen geschützten Stelle befand und ohne Gefahr des Untertauchens wieder ins offene Meer hinausfahren konnte.

Mit kräftigen Ruderschlägen gelangten sie rasch hinaus und befanden sich gerade hinter den Felsen, als ein noch furchtbarerer Krach erdröhnte und beim Schein ihrer Holzbrände sahen die Robinsons, wie das arme Schiff in der Mitte auseinanderbrach und Vorder- und Hinterdeck bei dem unwiderstehlichen Anprall der Wogen in Trümmer gingen.

»Blitz und Donner!«, rief Enrico erbleichend aus.

»Sie sind verschlungen!«, schrien der Malteser und der Schiffsjunge.

»Nein«, sagte Albani. »Ich höre sie schreien!«

Tatsächlich vernahm man durch den Lärm der Sturzwellen menschliches Geschrei. Es schien einigen Leuten geglückt zu sein, sich an das Felsenriff zu klammern.

»Mut!«, rief der Venezianer. »Wir kommen euch zu Hilfe.«

Er klammerte sich an den Vorsprüngen des Felsenriffs an und zog sich daran in die Höhe, gefolgt von Enrico, während der Malteser und der kleine Tonno das Boot ruhig hielten.

Die Wellen schlugen über die Felsen und fielen wie wütende Katarakte auf der anderen Seite wieder herab. Die beiden Robinsons aber kletterten weiter empor und durchspähten die Felsspalten und die Wrackstücke des Schiffs. Mit einem Mal stießen sie gegen Hindernisse, die in einer Spalte aufgehäuft waren, und strauchelten.

»Erdbeben von Genua!«, schrie der Matrose, der sofort das Gleichgewicht wiedergewann.

Jammervolle Stimmen antworteten auf diesen Ausruf.

»Sind hier Schiffbrüchige?«, fragte Albani.

Es erhoben sich mehrere menschliche Gestalten vor ihm, die Klagetöne ausstießen.

»Nur Mut, ihr Leute«, sagte der Matrose. »Es liegt ein Boot bereit, um euch aufzunehmen. Herauf, tausend Blitze … Steht nur auf und achtet auf die Wellen!«

»Caballeros«, ließ sich eine Stimme hören.

»Potztausend! … Spanier!«, rief der Venezianer aus. »Folgt uns! …«

»Arme Tagalen[1], mein Herr«, sagte die erste Stimme,

»Tagalen oder Spanier, folgt uns, aber nehmt euch vor den Wellen in Acht. Gibt es noch andere Überlebende? …«

[1] Bewohner der Philippinen.

»Die Chinesen fehlen.«

»Enrico, bekümmere dich um die Chinesen, wenn du noch welche am Leben findest. Ich werde für diese armen Schiffbrüchigen Sorge tragen. Beeilt euch, oder die Wellen spülen euch fort.«

Fünf Personen hatten sich erhoben und folgten ihm, sich an der Hand haltend, den Felsen hinunter. Der Malteser und der kleine Tonno erwarteten sie, mit den noch brennenden Giunta-wan-Zweigen in der Hand.

Der Venezianer und die Schiffbrüchigen kletterten in das Boot. Jetzt erst bemerkten die Robinsons, dass die den Wellen Entrissenen nicht aus lauter Männern bestanden; es waren drei junge Mädchen, ein Jüngling und ein alter Mann.

»Bring sie an das Ufer«, sagte Albani zu dem Malteser. »Ich will noch den Felsen untersuchen.«

Er schob das Boot ins Meer hinaus und kehrte zu dem Matrosen zurück, der laut rufend alle Felsenspalten durchforschte.

»Hast du noch jemanden gefunden?«, fragte er.

»Die Wellen scheinen die Chinesen fortgespült zu haben«, antwortete der Matrose. »Ich höre keine Stimme.«

»Und die Dschunke? ...«

»Das Meer hat alle Trümmer weggefegt.«

Sie durchstreiften das ganze Felsenriff, sich fest an der Hand haltend, um der Wut der Sturzwellen zu widerstehen, untersuchten alle Felsenriffe und Spalten, aber fanden keinen weiteren Schiffbrüchigen.

»Das Meer hat sie alle verschlungen«, sagte der Matrose. »Es ist nutzlos, unsere Suche bei diesen Wasserschlägen, die uns zu zerreißen drohen, zu verlängern.«

»Die Unglücklichen!«, murmelte Albani. »Wohlan, kehren wir zurück.«

Der Malteser und der Schiffsjunge waren, nachdem sie die Schiffbrüchigen in der Nähe der Höhle ans Land gebracht hatten, mit dem Boot zurückgekehrt und erwarteten sie am Strand.

»Denken wir jetzt an die Schiffbrüchigen«, sagte der Venezianer. »Du, Marino, schneide einen neuen Arm voll Giunta-wan ab, damit sie sich ein wenig trocknen können.«

## 34. Die Tagalen

Die Schiffbrüchigen hatten sich dicht nebeneinander um das Feuer gekauert, damit ihre wassertriefenden Kleider trocknen sollten.

Es waren, wie schon gesagt, fünf Personen: drei Mädchen, ein Jüngling und ein alter Mann.

Sie gehörten alle zu den Tagalen, den Bewohnern der Philippineninseln. Diese Rasse ist eine der schönsten, unternehmungslustigsten, arbeitsamsten und kräftigsten unter den Volksstämmen der chinesischen Meere.

Ihre Hautfarbe ist weder grünlich gelb wie die der Malaien noch braun wie die der Buginesen, sondern rötlich. Ihre Backenknochen stehen etwas vor, aber die Form ihrer Gesichter ist mehr länglich als viereckig, ihre Nase etwas vorstehend und ihre Augen ein wenig schräg, was aber nicht stört, sondern ihnen sogar eine gewisse Grazie verleiht.

Die drei Mädchen, die fünfzehn bis zwanzig Jahre alt sein mochten, waren sehr anmutig mit ihren lebhaften schwarzen Augen, dem kupferfarbenen Teint und den schönen, roten Lippen mit den elfenbeinweißen Zähnen.

Sie trugen faltige Röcke in lebhaften, bunten Farben und gestickte Hemden, während ihre Füße in goldgestickten Samtschuhen steckten. Um den Hals trugen sie Perlenketten und in den Ohren große Gehänge spanischen Ursprungs.

Der Jüngling konnte höchstens fünfundzwanzig Jahre zählen, und der alte Mann war ein Sechziger. Beide waren von großer, schlanker Gestalt, aber der erstere hatte Züge, die von denen der Tagalen etwas abwichen, und seine Gesichtsfarbe war erdfarben, ja beinahe grau zu nennen. Sie waren beide in Leinen gekleidet mit dem nach der Sitte ihres Landes über den Beinkleidern frei flatternden Hemd.

Als der alte Mann Herrn Albani herankommen sah, erhob er sich und sagte zu ihm:

»Ich danke euch für eure Hilfe, Señor. Ohne euch würden wir von den Wellen fortgerissen worden sein.«

»Jeder andere würde dasselbe getan haben«, antwortete Albani bescheiden. »He, kleiner Tonno, haben wir noch ein wenig Tuwah? … Ein Schluck davon würde diesen armen Leuten guttun.«

»Ja, mein Herr«, antwortete der Knabe.

Er kehrte in das Boot zurück und brachte gleich darauf ein Bambusgefäß mit diesem starken Getränk und einen Vorrat von Zwieback mit.

Die Mädchen und die beiden Männer dankten von Neuem, worauf sie einige Schlucke tranken und etwas Zwieback aßen.

Der alte Mann erzählte inzwischen ihre Geschichte. Die Mädchen waren seine Töchter, der junge Mann der Verlobte der jüngsten von ihnen, und sie hatten sich auf einer chinesischen Dschunke eingeschifft, die nach den Molukken segelte, um eine Besitzung zu besuchen, die der zukünftige Schwiegersohn, der von dort stammte, in Ternate[1] besaß.

Nahe bei den Sangir-Inseln hatte sie ein heftiger Sturm überfallen, der die Dschunke nach Westen trieb, trotz der verzweifelten Anstrengungen der aus fünfzehn Leuten bestehenden Mannschaft.

Als der Aufprall erfolgt war, hatten sie sich trotz des Abratens des chinesischen Kapitäns ins Wasser geworfen, und die Wellen hatten sie auf das Felsenriff getrieben. Kurz darauf war das an den scharfen Korallenriffen zerschellte Schiff mit der ganzen Besatzung versunken.

»Wohnten Sie in Manila?«, fragte Albani den Alten.

»Nein, auf den Calamianes[2]«, antwortete der Tagale. »Ich war der Häuptling eines Dorfes.«

»Haben Sie vom chinesischen Kapitän den Namen dieser Insel gehört?«

»Nein, mein Herr. Ich glaube, dass der Kapitän nichts von ihrer Existenz wusste.«

»Dann wissen Sie also nicht, wo Sie sich hier befinden?«

»Ich nehme an, dass es eine Suluinsel ist, weil wir von den Sangir-Inseln aus fortwährend in nordwestlicher Richtung getrieben wurden.«

»Das glaube ich auch«, sagte der Molukke.

»Seid ihr auch Schiffbrüchige?«, fragte der Alte.

»Ja, aber beunruhigt euch nicht darüber. Wir besitzen ein Haus, Tiere, Lebensmittel und ein Feld, sodass ihr nicht Hunger leiden werdet.«

»Besitzt ihr denn kein Schiff, um diese Insel verlassen zu können?«

»Nur ein Boot, das ihr schon gesehen habt und das eine längere Schifffahrt nicht aushalten kann. Wir sind wie Gefangene auf dieser

[1] Eine indonesische Insel, die zu den Molukken gehört.

[2] Die Calamian-Inseln liegen im Norden der Sulusee und gehören zur Provinz Palawan im Westen der Philippinen.

Insel, aber wir beklagen es nicht, weil wir uns durch Fleiß und Ausdauer alles verschafft haben, was zum Leben notwendig ist.«

»Aber wir? …«, fragte der alte Mann.

»Wenn ihr wollt, dann könnt ihr in unsere Familie, die Familie der italienischen Robinsons, eintreten, aber unter einer Bedingung, dass ihr uns Gehorsam gelobt und gleich uns für das Wohl aller arbeitet.«

»Mein Herr«, sagte der alte Häuptling mit bewegter Stimme, »wir verdanken Ihnen unser Leben, bestimmen Sie daher vollständig über mich, meine Töchter und meinen künftigen Schwiegersohn. Wenn Sie es wollen, so werden wir eure Diener, eure Sklaven sein.«

»Nein, es gibt weder Diener noch Sklaven auf dem Grund und Boden der italienischen Robinsons«, sagte der Venezianer. »Ihr werdet unsere Gefährten, unsere Brüder sein, denn ihr seid Schiffbrüchige wie wir, und hier sollen keine Unterschiede bestehen. Nicht wahr, Enrico? … Nicht wahr, kleiner Tonno und Marino?«

»Ja, Herr, hier sind wir alle gleich«, sagte der Genuese, »aber wir alle erkennen in Ihnen unser Haupt, den Gouverneur der Insel.«

»Gut gesagt!«, rief der Malteser aus.

»Nein, meine Freunde«, sagte Albani.

»Doch, mein Herr«, sagte der Matrose. »Sie haben uns zu allem angeleitet, haben uns vor Hunger und Not geschützt und uns durch Ihr Wissen und Ihre Geschicklichkeit ein glückliches Los bereitet, und daher ist es nur recht und billig, dass wir Sie als unseren Führer anerkennen.«

»Dann werde ich versuchen, mich des Vertrauens würdig zu zeigen, das ihr mir entgegenbringt. Wir sind alle kräftig und bereit zu arbeiten, versuchen wir daher diese Insel, die vor wenigen Monaten noch wüste und wild war, in eine blühende Kolonie zu verwandeln, die unserem italienischen Vaterland Ehre macht.«

»Es lebe Herr Albani!«, riefen der Malteser, Enrico und der kleine Tonno. »Hoch unser Kapitän! …«

Unterdessen dämmerte der Morgen, und das Unwetter legte sich nach und nach. Der Himmel wurde klar, der Wind, der in allen Tonarten gepfiffen hatte, besänftigte sich, und die Wellen wurden allmählich glatt.

Die Robinsons beschlossen, das Felsenriff noch ein letztes Mal zu durchforschen, um zu sehen, ob auch kein anderer Schiffbrüchiger mehr vorhanden sei oder ob sie irgendwelche Überreste der Dschunke finden könnten, die für sie von Nutzen wären. Dann wollten sie aber nach der schwebenden Hütte zurückkehren, da ihr Proviant beinahe zu Ende war.

Albani und die beiden Matrosen begaben sich über den Meeresarm nach dem Riff, aber ihr Ausflug war erfolglos, denn sie brachten nichts mit zurück.

Die Wellen hatten die Trümmer des Schiffs fortgespült, und kein Schiffbrüchiger wurde aufgefunden.

Inzwischen war die Sonne aufgegangen und das Meer ruhig geworden; sie beschlossen daher, ohne weiteren Aufenthalt aufzubrechen.

Das Boot konnte jedoch seines Tiefgangs wegen nicht alle tragen, und so wurde der Malteser, der die Insel ziemlich gut kannte, damit beauftragt, die Schiffbrüchigen nach der nördlichen Küste zu geleiten, während Albani, Enrico und der kleine Tonno es auf sich nahmen, das Boot zurückzubringen.

Sie gaben jenen noch das Blasrohr des Schiffsjungen, damit sie sich im Fall eines Tigerangriffs verteidigen konnten, und spannten dann das Segel auf, das sie rasch ins offene Meer hinausbrachte.

Kurz darauf machten sich der Malteser und die Schiffbrüchigen der Dschunke auf den Weg und wanderten an der Küste entlang.

Die von einer frischen Brise getriebene *Roma* segelte mit einer Geschwindigkeit von fünf Knoten[1] und hielt sich zwei Meilen weit vom Ufer entfernt, um die tiefen Einbuchtungen der Insel und die nach allen Richtungen vorstehenden Riffe und Klippen zu vermeiden

Wenn diese Geschwindigkeit nicht nachließ, konnten sie ihrer Berechnung nach etwa um die Mittagszeit die kleine Bucht auf der nördlichen Küste erreichen.

»Wie freue ich mich darauf, unsere Hütte wiederzusehen«, sagte Enrico, der das Segel so führte, dass es möglichst viel Wind sammelte. »Der brave Hinkepfot wird recht unruhig gewesen sein, als er merkte, dass wir nicht wiederkamen.«

»Wenn ich es nicht verhindert hätte, würde er mich begleitet haben«, sagte der Schiffsjunge.

»Welche Überraschung wird es für die Tagalen sein, wenn sie unsere Tiere sehen, unser schönes Haus, unser Feld und unsere Vorratsmagazine. Sie scheinen brave Leute zu sein, diese Tagalen, nicht wahr, Herr Albani?«

»Es sind die arbeitsamsten und kräftigsten unter allen Volksstäm-

[1] 1 Knoten = 1 Seemeile/Stunde (1 sm = 1,852 km).

men der Sundainseln. Sie werden wertvolle Gefährten für uns sein und uns viel Nutzen bringen.«

»Wir werden noch mehr Hütten erbauen müssen, mein Herr.«

»Das werden sie selbst tun.«

»Und unsere Vorräte müssen verdoppelt und verdreifacht werden.«

»Gewiss, und wir werden ein schönes Stück Land urbar machen und bebauen.«

»Mein Herr«, sagte der Matrose zögernd, »fanden Sie nicht die Töchter des Häuptlings sehr schön?«

»Sie sind wirklich sehr anmutig, Enrico.«

»Es schwirrt mir ein Gedanke durch den Kopf.«

»Was denn für einer? …«

»Erdbeben von Genua! …«, rief der Genuese aus, der sich schon seit einigen Augenblicken heftig den Kopf kratzte.

»Nur vorwärts, was willst du sagen, mein Freund?«

»Wissen Sie, Herr Albani, dass es mir gar nicht unangenehm sein würde … wenn …«

»Sprich dich aus«, sagte der Venezianer, der ihn lächelnd ansah.

»Da wir jetzt hier sind … wohlan denn … es ist wohl am besten, wenn ich es euch sage … Blitz und Donner! … Ob mir der Häuptling wohl eine Tochter zur Frau gäbe? …«

»Ha! … Du Spitzbube! … Du denkst schon daran, eine Familie zu begründen! …«

»Die Älteste gefällt mir am besten, Herr Albani. Erdbeben! … Das ist ein schönes Mädchen, und sie scheint mir auch sehr gut zu sein.«

»Das ist die Frage.«

»Aber was wird der Häuptling dazu sagen? …«

»Ich glaube, dass er sich sehr geehrt fühlen wird durch die Verwandtschaft mit einem Mann von der weißen Rasse.«

»Blitz und Donner! … Was für eine herrliche Kolonie! … Und ich weiß, dass dem Marino die andere auch sehr gefiel, wissen Sie! … Der Schlaukopf sah sie mit förmlich schmachtenden Augen an! …«

»Gut!«, rief der Venezianer lachend aus. »Dann wird unsere Kolonie nicht aussterben. Ich werde mit dem Häuptling darüber sprechen.«

»Sie …«

»Warum nicht? In einem Monat feiern wir dann drei Hochzeiten auf einmal, deine und Marinos und die des Molukken.«

»Mein Herr! …«, rief in diesem Augenblick der Schiffsjunge aus, der aufrecht am Bugspriet stand.

»Was hast du? …«

»Die Hütte! … Dort oben kommt sie hinter jener Baumgruppe zum Vorschein! … Hurra! …«

Der Venezianer blickte nach der Küste, die sich scharf nach Westen umbog. Hinter einem Gehölz kleiner Duriobäume sah man das Dach der schwebenden Hütte.

Eine lebhafte Bewegung malte sich auf den Zügen des Venezianers und Enricos.

»Hurra! … Hurra! …«, schrie der Matrose aus voller Kehle.

Gleich darauf sah man Hinkepfot, gefolgt von den beiden Affen, auf den Gipfel des Felsens eilen. Der Orang-Utan hüpfte vor Freude umher und winkte höchst komisch mit Kopf und Armen.

Nachdem die *Roma* ein Felsenriff umsegelt hatte, lief sie in die kleine Bucht nahe bei den Fischweihern ein, und die drei Robinsons zogen sie auf den sandigen Strand.

Enrico, der tief bewegt war, schloss Hinkepfot in die Arme und hätte ihn beinahe zwei Küsse auf die haarigen Wangen gegeben.

»Jetzt wollen wir nachsehen, was für Schäden das Unwetter angerichtet hat«, sagte Albani. »Ich bin in Sorge wegen unserer Tiere.«

Trotz seiner Heftigkeit hatte der Sturm weder Dächer noch Zäune beschädigt. Nicht einmal die luftige Hütte hatte gelitten, obwohl sie ihm besonders ausgeliefert war.

»Beeilen wir uns, ein Mittagessen für unsere neuen Freunde zu bereiten«, sagte Albani. »In ein paar Stunden werden sie hier sein.«

»Ich laufe zum Fischweiher und hole eine Schildkröte und Fische«, sagte Enrico.

»Und ich werde weißen Wein und Toddi abzapfen«, sagte der kleine Tonno.

»Ich drehe inzwischen einem Paar Tukans den Hals um«, beschloss Albani. »Bereiten wir unseren Gefährten ein ordentliches Mahl und zeigen ihnen, wie es arbeitsamen Leuten gelingt, sogar auf einer wüsten Insel tausend Hilfsquellen zu finden.«

## 35. Die Familie der Robinsons

Vier Stunden später langten der Malteser und die Schiffbrüchigen der Dschunke, die tapfer marschiert waren, bei der Besitzung der italienischen Robinsons an, wo sie ein beinahe lukullisches Mahl erwartete.

Wir verzichten darauf, ihr Erstaunen und ihre Verwunderung zu schildern, als sie am äußersten Punkt dieser öden und wilden Insel eine so reich besetzte Tafel fanden, ein so behagliches Haus, ein sorgfältig bebautes Feld, ein Gehege mit zahlreichen Tieren und Vögeln und so reich gefüllte Vorratsmagazine.

Wir verzichten auch darauf, die Glückwünsche zu schildern, mit denen sie die arbeitsamen Robinsons überschütteten, die beinahe von allem entblößt hier gelandet waren und dank ihrer Tatkraft und Ausdauer sich alles Notwendige zu ihrem Leben zu verschaffen gewusst hatten. Sie konnten wohl sagen, dass ihre kleine Kolonie in ihren mikroskopischen Verhältnissen wohl imstande war, mit den hundertjährigen blühenderen Kolonien des Sundaarchipels zu wetteifern.

Der Malteser war am erstauntesten darüber, denn er erinnerte sich nur zu gut der Entbehrungen, die er am südlichen Strand dieser selben Insel erlitten, welche ihm und seinem Gefährten als ganz unbewohnbar vorgekommen war.

Am nächsten Morgen begab sich die kleine Kolonie unter der Leitung des tüchtigen und unermüdlichen Venezianers an die Arbeit. Die Tagalen, der Molukke und der Malteser wünschten nichts mehr, als den Robinsons nützlich zu sein und ihnen in keiner Weise zur Last zu fallen.

Nach fünfzehn Tagen erhoben sich drei neue schöne Hütten am Strand und bildeten ein kleines, aber sehr zierliches Dorf, worauf neue Zäune, Vogelhäuser und Fischweiher entstanden.

Einen Monat später hatte sich das Feld um das Zehnfache vergrößert. Sie hatten einen Teil des Waldes und des Bambusdickichts niedergebrannt, den Boden urbar gemacht und mit einem starken Palisadenzaun umgeben, um das Feld vor den umherstreifenden wilden Tieren zu schützen.

Bananen, Durios, Mangostanen, Kokosnusspalmen, Sago, Palmen aller Arten und *Arenga saccharifera* waren gepflanzt worden. Außerdem hatten die Tagalen den Ertrag an Süßkartoffeln verdreifacht, da sie weitere an den Abhängen des Berges entdeckt und im Wald auch noch andere, nutzbare Pflanzen gefunden hatten, wie zum Beispiel Yamswurzeln[1] mit großen, bis vierzig Pfund schweren Knollen, die an unsere Kartoffeln erinnern; kleine Melonen mit schneeweißem,

[1] Yams (*Dioscorea*) sind eine Pflanzengattung mit über 800 Arten, die essbare Wurzelknollen besitzen.

äußerst saftigem Fleisch und *Uva marina*[1], die ähnlich wie Sauerampfer schmeckt.

Aus dem Wald hatten sie große Mengen von Sagomehl gewonnen und Zwieback und Biskuits daraus bereitet, mit denen neu angelegte Vorratsräume gefüllt wurden, sodass auf lange Zeit hinaus neue Lebensmittel vorhanden waren. Aber auch die anderen Pflanzen waren nicht vergessen worden, besonders die kostbaren *Arenga saccharifera*, aus deren Saft Zucker, Sirup und Liköre gewonnen wurden, oder die Kokosnüsse, welche einen beträchtlichen Vorrat von weißem Wein geliefert hatten, der sich vortrefflich in einem unter einem Felsen in der Nähe der Küste ausgehöhlten Keller hielt.

Eines Tages bemerkte Herr Albani, dass ihre Kleidungsstücke infolge der fortwährenden Ausflüge in die Wälder Stück für Stück zu zerfallen begannen, und es kam ihm der Gedanke, auch Leinwand aus diesen kostbaren Bäumen zu gewinnen.

Es handelte sich wieder um die wunderbaren *Arenga saccharifera*, die das hauptsächlichste Material dazu lieferten, eine Art von Baumwolle, welche die Bewohner der Sundainseln als Zündschwamm benutzen.

Er ließ eine beträchtliche Menge davon sammeln, vermischte sie mit den feinsten Kokosfasern und ließ sie von den drei Tagalinnen spinnen.

Mit der Hilfe der Matrosen war es ihm nach langen und geduldigen Versuchen gelungen, eine Art von Webstuhl zu bauen, mit dem man eine etwas grobe und raue Leinwand herstellen konnte, die aber trotzdem ganz gut und vor allem haltbar war.

Das erste Stück erhielt die Braut des braven Genuesen zum Geschenk, das zweite die des Mariano, und das dritte die des Molukken. Damit war die Mitgift verteilt, nun fehlte nur noch die Hochzeit.

Zwei Monate darauf, als die verschiedenen und wichtigen Arbeiten beendet waren, heirateten die beiden Matrosen und der Molukke zur großen Freude des alten Häuptlings die drei braven Mädchen nach dem Tagalen-Ritus, einem sehr schnellen und einfachen Brauch, zu dem man nur einen Becher und ein wenig Toddi-Likör benötigte, den die Verlobten gemeinsam trinken mussten.

Die drei glücklichen Paare nahmen in den drei schönen Hütten Wohnung, die zu diesem Zweck hinter der luftigen Hütte im Schatten einer Gruppe herrlicher Duriobäume erbaut waren.

Das Bestehen der Kolonie war nunmehr gesichert.

[1] Eine Art Weintraube.

Als vier Jahre später, im Jahre 1845, das vom Konteradmiral Campbell[1] kommandierte englische Orientgeschwader an dieser Insel landete, nachdem es dem Sultan von Sulu[2] einen Besuch abgestattet hatte, fand es die Kolonie blühender als je und die Zahl der Ansiedler schon vermehrt.

Ein großer Teil der Insel war urbar gemacht, und die Kolonisten schwammen im Überfluss. Große Magazine erhoben sich an den nördlichen Küsten, die Felder trugen reiche Frucht, die Gehege wimmelten von schon gezähmten Affen, Babirusas, schwarzen Bären und Tapiren.

Erst bei dieser Gelegenheit erfuhren die Kolonisten, deren Zahl um vier Knaben und drei Mädchen zugenommen hatte, dass ihre Insel die südlichste des Suluarchipels und nur achtzig Meilen von Tawi-Tawi entfernt war.

Die Kolonisten waren so glücklich, dass sie es ablehnten, ihr Land zu verlassen. Sie beschränkten sich darauf, einige unentbehrliche Gegenstände anzunehmen, vor allem Schusswaffen und Munition, um die letzten Tiger auszurotten, die noch die Wälder des Berges unsicher machten, sowie landwirtschaftliche Gerätschaften und Samenkörner im Austausch gegen frische Lebensmittel.

Ebenso nahmen sie eine Barke an, die ihnen der Konteradmiral anbot, um sich mit Tawi-Tawi in Verbindung setzen zu können.

Heute heißt die von den Schiffbrüchigen der *Liguria* besiedelte Insel Samary[3], so wie sie auch schon vor der Landung der italienischen Robinsons hieß. Sie ist eine der blühendsten des ganzen Archipels und wird von einer Rasse von Mestizen bewohnt, die von den italienischen Seeleuten, dem Molukken und den drei Töchtern des Häuptlings der Calamianes abstammen.

---

[1] Der einzige Konteradmiral der Royal Navy dieses Namens zur fraglichen Zeit war Donald Campbell (1788 bis 1856), der sich allerdings bereits 1832 zur Ruhe gesetzt hatte.

[2] Sultan Mohammed Pulalun Kiram, 28. Sultan von Sulu von 1844 bis 1862.

[3] Vermutlich handelt es sich hierbei um einen fiktiven Namen und eine ebensolche Ortsangabe, denn die südlichste Insel des Sulu-Archipels liegt näher an der Insel Sibutu als an Tawi-Tawi.

Im gleichen Verlag in der Buchreihe:

# Taschenschmöker aus Vergangenheit und Gegenwart

In der Reihe Taschenschmöker aus Vergangenheit und Gegenwart erscheinen Werke der klassischen Unterhaltungsliteratur, die seit vielen Jahrzehnten nicht mehr oder noch niemals in deutscher Sprache verlegt worden sind.

1. *Jules Verne / Michel Verne*
   DER HUMBUG
   Vier Erzählungen
2. *Alexandre Dumas*
   EINE AMAZONE
   Zwei Novellen
3. *Gustave Aimard*
   EINE MEXIKANISCHE RACHE
   Eine Erzählung a. d. wilden Mexiko
4. *Jules Verne*
   DER WEG NACH FRANKREICH
   Historischer Roman
5. *Friedrich J. Pajeken*
   IN STURM UND NOT
   Eine Erzählung a. d. Wilden Westen
6. *Jules Verne*
   DER GRAF VON CHANTELEINE
   Eine Episode aus der Revolutionszeit
7. *Anthologie*
   EIN DRAMA IN DEN LÜFTEN
   Erzählungen aus luftigen Höhen
8. *Alexandre Dumas*
   EL SALTEADOR
   Ein Roman aus der Zeit Karls V.
9. *Emilio Salgari*
   IN DER EISWÜSTE
   Erzählungen aus arktischen Regionen
10. *Sir John Retcliffe*
    DAS TOTE HAUS
    Eine Novelle aus Düsseldorfs Vorzeit
11. *Gustave Aimard*
    DER LÖWE DER WILDNIS
    Zwei Erzähl. aus dem wilden Mexiko
12. *Sir John Retcliffe*
    DER LETZTE WÄRINGER
    Nov. a. d. letzten Tagen Konstantinopels
13. *Emilio Salgari*
    DIE ROSE VOM DONG-GIANG
    Eine abent. Nov. a. Cochinchina
14. *François-Édouard Raynal*
    DIE SCHIFFBRÜCHIGEN
    Zwanzig Monate a. d. Aucklandinseln
15. *Alexandre Dumas*
    DIE TAUBE
    Ein Briefroman
16. *Edgar Wallace*
    DER GEIST VON DOWN HILL
    Zwei Kriminalkurzromane
17. *Sir John Retcliffe*
    NACH CAYENNE!
    Eine historisch-politische Novelle
18. *Philip Francis Nowlan*
    ARMAGEDDON 2419
    Eine Science Fiction Erzählung
19. *Jules Verne*
    EIN LOTTERIELOS
    Eine norwegische Geschichte
20. *Max Eschner*
    AN DER PAZIFIKBAHN
    Eine Erzählung aus dem Wilden Westen
21. *Alexandre Dumas*
    EIN MASKENBALL
    Vier Novellen
22. *Max Eschner*
    DAS ZAUBERGEWEHR
    Zwei Erzählungen a. d. Wilden Westen

Im gleichen Verlag in der Buchreihe:

# Taschenschmöker aus Vergangenheit und Gegenwart

In der Reihe Taschenschmöker aus Vergangenheit und Gegenwart erscheinen Werke der klassischen Unterhaltungsliteratur, die seit vielen Jahrzehnten nicht mehr oder noch niemals in deutscher Sprache verlegt worden sind.

23. *Henry Rider Haggard*
    SMITH UND DIE PHARAONEN
    Zwei fantastische Erzählungen
24. *Anthologie*
    IN EIS UND SCHNEE
    Eisige Erzählungen
25. *Emilio Salgari*
    D. SCHATZ D. PRÄSIDENTEN …
    Eine Erz. a. d. argentinischen Pampa
26. *Jules Verne / Michel Verne*
    DIE WELT D. MESSIEURS VERNE
    Biog. und wissen. Plaudereien
27. *André Laurie / Jules Verne*
    DER FINDLING V. D. CYNTHIA
    Ein Roman
28. *Jules Verne*
    SAN CARLOS
    Zwei Schmugglergeschichten
29. *Anthologie*
    NACHRICHTEN VOM MARS
    Eine Anthologie v. Mars-Geschichten
30. *Anthologie*
    IM GLANZ DES MONDES
    Eine Anth. v. lunaren Geschichten
31. *Jules Verne*
    DIE EROBERUNG ROMS
    Eine historische Erzählung
32. *Alexandre Dumas*
    PAULINE
    Ein Roman
33. *Anthologie*
    BESUCH AUS DEM GRAB
    Eine Sammlung klass. Vampir-Gedichte
34. *Anthologie*
    MEHR DRAMEN IN DER LUFT
    Eine Anthologie mit Ballon-Geschichten
35. *Emilio Salgari*
    DIE ITALIENISCHEN ROBINSONS
    Eine Robinsonade

Sonderausgaben der Buchreihe:

# Taschenschmöker aus Vergangenheit und Gegenwart

1. *Jules Verne*
   Eine Überwinterung im Eis
   Eine Erzählung
2. *Jules Verne / Michel Verne*
   Pierre-Jean / Jean Morénas
   Zwei Erzählungen

– Weitere Bände in Vorbereitung –